Werner Bergengruen

Deutsche Reise

Werner Bergengruen

Deutsche Reise

Mit dem Fahrrad durch Kultur und Geschichte

Mit 88 Abbildungen

nymphenburger

Besuchen Sie uns im Internet unter
www.nymphenburger-verlag.de

Umschlaggestaltung: Wolfgang Heinzel
Produktion:
VerlagsService Dr. Helmut Neuberger
& Karl Schaumann GmbH, Heimstetten
Gesetzt aus der 13/16 Punkt Amsterdamer Garamont
Druck und Binden: Westermann, Zwickau
Printed in Germany
ISBN 3-485-01010-3

Inhalt

INHALT

Vorwort

Werner Bergengruens »Deutsche Reise« fand im unheilvollen Sommer 1933 statt. Mit einem heute unvorstellbar einfach ausgerüsteten Fahrrad durchstreifte er von seinem Wohnort Berlin aus die deutschen Landschaften, als baltischer Emigrant aus Riga ohnehin ein moderner Nomade, dem das Unterwegssein ein Leben lang als die ihm gemäße Existenzform galt.

»Auf dieser Reise bin ich glücklich gewesen mitten in einer unglücklichen Zeit«, schreibt er zwölf Jahre später, »in der ich nicht nur gegenwärtigen Bedrängnissen, sondern auch der Erwartung einer heranreifenden Zukunft standzuhalten hatte. Jetzt erkenne ich, worin vorzüglich die Bedeutung dieser Reise für mich lag. Ich durfte die noch lebendige Kontinuität der deutschen Geschichte anschauen und einen über die Zeiten hinwegtönenden Akkord vernehmen, bevor die Kluft aufgerissen wurde, die in alle Zukunft niemand mehr wird ausfüllen oder überspringen können. Ein letztes Mal durfte ich all das insgeheim schon zur Zerstörung Verdammte und heute unwiederbringlich Dahinsinkende auf mich wirken lassen und von dieser Wirkung mir und anderen Rechenschaft geben.« (Aus Bergengruens Aufzeichnungen »Compendium Bergengruenianum« S. 808–809, Nr. 681, 1945, heute im Deutschen Literatur-Archiv Marbach a. N.)

Das klingt pessimistisch. Bergengruen, der in jungen Jahren Geschichte studiert hatte, dem politisches Tagesgeschehen und historische Zusammenhänge vertraut waren, sah dennoch die Geschichte als ein Ganzes an, »denn in ihr wie in der Natur waltet ein verborgener Zieltrieb«. Einer solchen Ganzheit nachzuspüren, mag zu seinen Reisezielen gehört haben.

So ist die »Deutsche Reise« das letzte unbeschwerte Werk Bergengruens in der nationalsozialistischen Ära gewesen. 1958 bemerkt er dazu: »Im Winter 1933/34 schrieb ich dann das mir vorschwebende Buch, gestützt auf eine nicht geringe Anzahl von Notizheften mit unterwegs zu Papier gebrachten Aufzeichnungen. Das Buch erschien 1934. Damals war die Tyrannei noch in den Anfangsstadien. Sie war totalitär, aber noch nicht total. So konnte die »Deutsche Reise« passieren. Einige Zeitungen freilich rügten das, was sie meine Liebe zur Vergangenheit nannten, und fragten befremdet, warum ich denn nicht mit einem einzigen Wort der großen, alle Vergangenheit überbietenden und zur Erfüllung führenden Gegenwart gedacht hätte? Aber es ging noch mit einigem Tadel und einigem Stirnerunzeln ab. Das politische Klima verschärfte sich schnell. Schon in der zweiten Hälfte der dreißiger Jahre wäre eine unveränderte Neuauflage, wie man damals sagte, »untragbar« erschienen, und keinem Verleger hätte ich das Risiko zumuten können. Zu Änderungen aber mochte ich mich nicht verstehen, und so habe ich das Buch im Zustande der Vergriffenheit belassen.«

1933 war Werner Bergengruen 41 Jahre alt. Mit Frau und drei Kindern bewohnte er seit 1927 ein Reihenhäuschen in der Siedlung Onkel Toms Hütte in Berlin-Zehlendorf, die der jüdische Architekt Bruno Taut einige Jahre vor seiner Emigration nach USA konzipiert hatte: »Ist da einer, der sich traut und dem großen Bruno Taut seinen bunten Pinsel klaut?« hieß es damals in Berlin. Der bürgerliche Vorort Zehlendorf sah dies Quartier als Wohnsitz von Kommunisten, Emigranten und armen Schluckern an. Zum Kauf des Hauses hatte der jüdische Schwiegervater, ein Enkel der Fanny Mendelssohn-Bartholdy, Geld zuschießen müssen, Ressourcen und Professur wurden ihm im Nationalsozialismus abgenommen.

In der Zehlendorfer Nachbarschaft der Bergengruens wohnten die Schriftsteller Oda Schaefer und Horst Lange, in Michendorf Peter Huchel mit seiner ersten Frau. Trotz ständiger finanzieller Engpässe lebte man bis 1933 sehr heiter hier. Oda Schaefer hat die »Köstlichkeiten der damaligen gänzlich ungesicherten Existenz, frei wie der Vogel auf dem Ast«, in einem Brief an den Freund Bergengruen 1962 geschildert:

»Lieber Werner!
Wir lernten Dich, nachbarlich in der Riemeisterstraße in Zehlendorf hausend, zuerst als die am schnellsten erreichbare Pumpstation kennen. Dein Beruf als

Dichter war uns zu selbstverständlich: »Selber Dichter!« Jeden Sonnabend holten wir uns fünf Mark, – in den dreißiger Jahren ein Vermögen, denn ein Viertel Blutwurst, sie erscheint später, kostete nur achtzehn Pfennig –, um sie artig und gewissenhaft am Mittwoch zurückzubringen und am nächsten Sonnabend wieder zu holen. Als jedoch ein Boheme-Freund von uns versuchte, ohne unser Wissen euch um ganze zehn Mark zu erleichtern, schämten wir uns entsetzlich und verzichteten auf diese Methode des flotten Giroverkehrs. Wir waren zwar entsetzlich arm, dafür aber ungeheuer begeistert. Und uns alle schmiedete das Katakomben-Dasein der Anti-Nazis fest zusammen.

Deine zweite Funktion war die eines raffinierten Schnaps-Destillierers. Ich sehe Dich geheimnisvoll eine Flasche voll wasserklarer Flüssigkeit, den Bergengruen-Wodka, in das jeweilige Sonnenfenster eures kleinen Siedlungshauses tragen, damit sie, gewürzt mit Pfeffer, Salz und neunzig fürchterlichen Ingredienzen, die notwendige Reife erlange. Da wir Dich von Herzen liebten, tranken wir diesen Schnaps. Wir wurden ungemein heiter, fast albern, und plötzlich fiel der baumlange Buchhändler Erwin Weber, aus der Ladenstraße des Bahnhofs Onkel Toms Hütte, schweigend vom Stuhl und lag malerisch da, denn er konnte wegen seiner ein Meter fünfundachtzig Länge in dem engen Zimmer nicht ausgestreckt liegen.

Aber die Blutwurst! Du liebtest es, auf den Zehlendorfer Wochenmarkt zu gehen, um dort das Leben pulsieren zu sehen, uns bei den Einkäufen mit witzigen Reden und Anekdoten zu begleiten und selbst vielleicht etwas total Nutzloses, Dich Reizendes einzukaufen. Die Schlächter liebten mich, weil ich so ätherisch aussah (damals!!), und gaben mir, wenn ihre dicke Frau nicht hinsah, immer eine »Zuwaage«. An einem solch verlockend rot, von Fleisch und Wurst aller Sorten leuchtenden Stand fiel es Dir ein, eine Riesenportion Blutwurstfülle direkt vom Backblech zu kaufen. Du hattest einen ungeheuren Appetit darauf und ludest auch uns zum »Frühschoppen« ein. – Wir eilten in eure Küche, aber dort war Lotte mit dem Braten beschäftigt, der für die Mittagsgäste bestimmt war, die Du ganz vergessen hattest. Doch als mutiger Mann, der durch das Rußland der Revolution geritten war und sich auch in Kiew als Gefangener und »Ingenieur« bei den Roten, in einer Erfassungsstelle für bolschewistische Schrauben und Nieten, bewährt hatte – Dich konnte nichts abschrecken, du bestandest auf Deinem Willen und warfst die Wurst in die Pfanne.

Wieviel herrliches Gelächter haben wir zusammen angestimmt, wie oft ist uns die bange Frage gekommen: »Wie lange kann das noch dauern?«

In der Siedlung fiel Werner Bergengruen auf: Daß er keinem bürgerlichen Beruf nachging, weder Schirm noch Geldbeutel besaß, dafür aber ein Stöckchen mit Silberknauf schwang, selbstgedrehte russische Zigaretten rauchte, beim Einkauf seine Kopeken in der Rocktasche klimpern ließ und oft vergnügt mit dem alten Fahrrad unterwegs war, wo doch alles schon nach einem eigenen Auto Ausschau hielt – das machte ihn verdächtig.

»Es kränkt mich, daß man mich bemitleidet, weil ich kein Auto habe, sondern nur ein Fahrrad«, schreibt er 1932 in seinem »Baedeker des Herzens«. »Es steht jedem frei, an die sauren Trauben zu denken und mir den Glauben zu versagen, aber wenigstens den guten möge er mir zubilligen. Mir liegt ja nichts an der Geschwindigkeit, alles aber an der Intensität der Reise. Dazu gehört das Erleben der kleinsten Verschiedenheit der Nuance. Der Autofahrer erfaßt nur die großen Übergänge oder gar nur die krassen Unterschiede, ich erlebe jede Einzelheit des allmählichen Überganges von einer Landschaft und Menschenart zur andern.

Man darf mich nicht fragen, wieviel Kilometer ich täglich mache. Ich habe sie nicht gezählt und bin immun gegen die Lockung der Ziffer. Jetzt nimmt man an, meine sonderbare und anachronistische Reisegepflogenheit sei vielleicht durch den aus früheren Jahren stammenden Besitz eines Rades zu erklären, das, einmal vorhanden, eben benutzt werden müsse. Auch dies ist zu verneinen. Mein erstes Fahrrad gab ich als Student einem Kellner, der mir lange kreditiert hatte, bei endlicher Bezahlung als Beilage zum Trinkgeld, mein zweites mußte ich in der Inflationszeit zu Geld machen (ach Gott, zu was für Geld!). Dann bin ich manchmal auf geliehenen Rädern gefahren. Aber Räder werden noch unlieber verliehen als Zahnbürsten, so kaufte ich mir vor wenigen Jahren mein jetziges.

Es gibt keine tiefere Reisewollust als diese: Gipfel und Wasserscheide erstiegen zu haben, sich oben, im freien Winde, ins Gras zu schmeißen, womöglich an einer Quelle, dann, erfrischt, sich durch die freundliche Paarung von Schwerkraft und Freilauf abwärts tragen zu lassen! Unvergeßliche

Abfahrt vom St. Gotthard! Der milchige Nebel gab kaum zwanzig Schritte weit Sicht. Dann plötzlich riß der Vorhang, es ging talwärts wie ein Sturzbach, der ganze Süden lag hingebreitet! Dies kann kein Auto, kein Bahnreisender so erfahren, dies unversehene Geschenk völliger Leichtigkeit. Das wirksamste, unser Dasein am stärksten einspannende Gesetz, das der Schwere, ist aufgehoben, du atmest trunken in einem Reich zauberischer Gnade.«

Drei Jahre nach dem Beginn des Nationalsozialismus verschwand Bergengruen mit seiner Familie aus Berlin und zog weiter. Gefahr drohte. Bergengruens Ausschluß aus der Reichsschrifttumskammer begleitete von behördlicher Seite das dringende Anraten zur Scheidung. Das lehnte er strikt ab. Sechs Jahre blieb man in Solln bei München, wo der Boden noch weniger heiß war als in Berlin. 1942 tauchte das Ehepaar im tiefsten Tirol unter. Da war es mit der Fahrradseligkeit vorbei, und Bergengruen wurde zum unermüdlichen Wanderer. Ein Nomade aus Überzeugung war er immer schon gewesen.

Zehn Jahre nach seiner »Deutschen Reise« wird »Der Wanderer« sechs lapidare Zeilen hinsetzen:

»Der Mondennebel hebt sich weiß.
Du gehst und gehst. Auf weß Geheiß?
Wohin? Am Wege hier und dort
stehn Totenbäume, schwarz verknorrt.
Du wanderst. Und im Fernen wird
ein letzter Wagen angeschirrt.«

N. Luise Hackelsberger

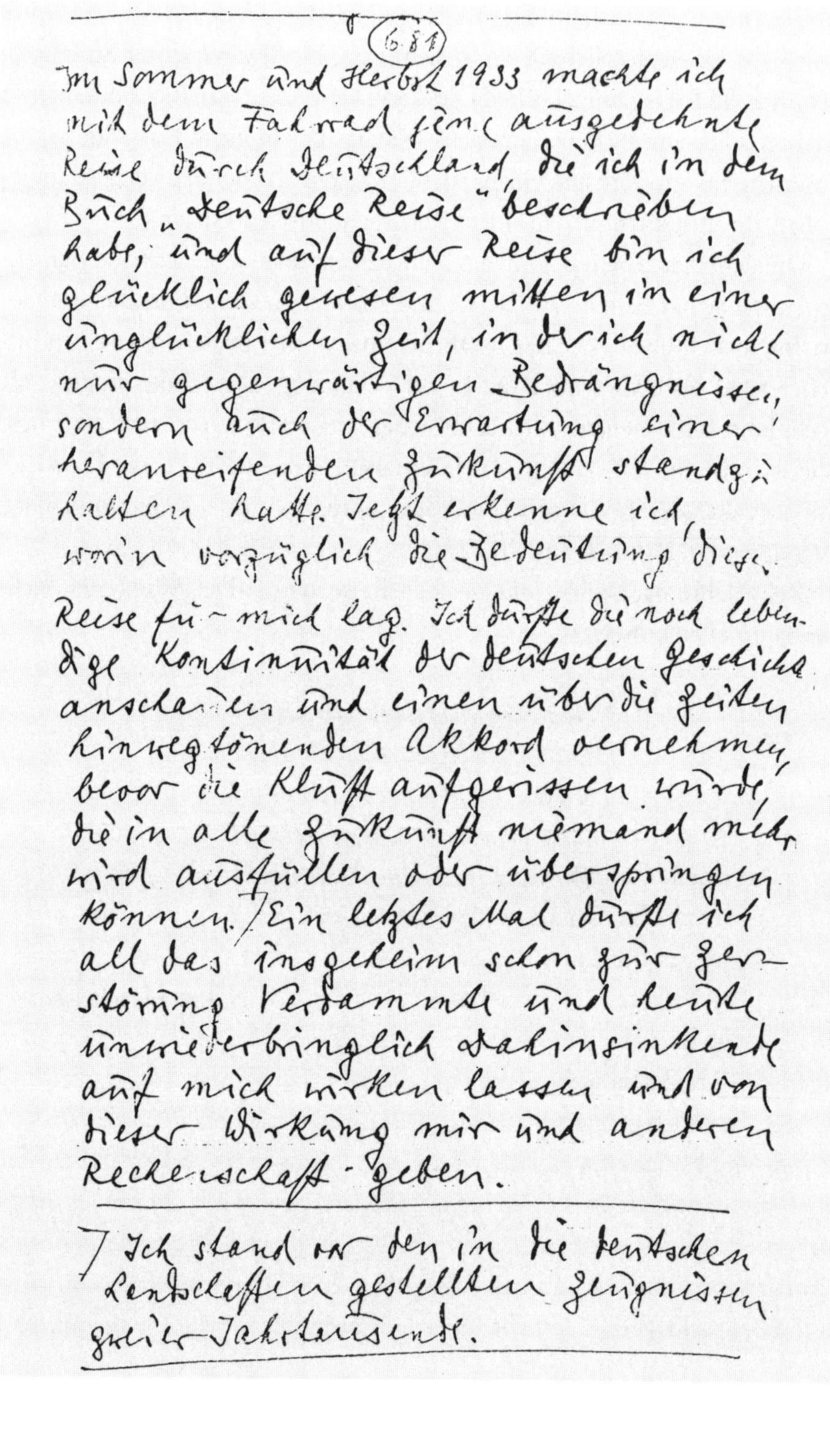

(6.81)

Im Sommer und Herbst 1933 machte ich mit dem Fahrrad eine ausgedehnte Reise durch Deutschland, die ich in dem Buch „Deutsche Reise" beschrieben habe, und auf dieser Reise bin ich glücklich gewesen mitten in einer unglücklichen Zeit, in der ich nicht nur gegenwärtigen Bedrängnissen, sondern auch der Erwartung einer heranreifenden Zukunft standzuhalten hatte. Jetzt erkenne ich, worin vorzüglich die Bedeutung dieser Reise für mich lag. Ich durfte die noch lebendige Kontinuität der deutschen Geschichte anschauen und einen über die Zeiten hinwegtönenden Akkord vernehmen, bevor die Kluft aufgerissen wurde, die in alle Zukunft niemand mehr wird ausfüllen oder überspringen können. / Ein letztes Mal durfte ich all das insgeheim schon zur Zerstörung Verdammte und heute unwiederbringlich Dahinsinkende auf mich wirken lassen und von dieser Wirkung mir und anderen Rechenschaft geben.

7 Ich stand vor den in die deutschen Landschaften gestellten Zeugnissen zweier Jahrtausende.

Ausschnitt aus dem handschriftlichen Manuskript Werner Bergengruens zum Vorwort aus dem Jahr 1945

Die tiefere Schicht

Kommt man von Potsdam nach Brandenburg, so ist es, als sei man auf der Suche nach Ursprüngen um eine Schicht tiefer hinabgelangt. Potsdam ist in seinem Hauptbestand Schöpfung und Ausdruck des jungen königlichen Preußen; Brandenburg ist das alte Herzstück jenes Landes, das nach ihm heißt, heute eine Provinz unter anderen ist, ehemals jedoch mit Namen und Umfang das ganze Staatswesen deckte. Allein unter der Schicht des kurfürstlichen, markgräflichen, bischöflichen Brandenburg liegt, freilich schwächer spürbar, noch eine andere, die des wendischen Brennaburg; unter dieser wiederum, ganz in der Tiefe, die germanische Schicht der vorslawischen Zeit.

Nicht immer haben die Ortschaften, die einem Lande den Namen gaben, ihre alte Bedeutung bewahren können. Schloß Tirol bei Meran, Württemberg, Waldeck, die Starkenburg an der Bergstraße, die einem der drei hessischen Landesteile die noch heute gültige Benennung lieh, sind kaum mehr als Erinnerungsstätten. Brandenburg hat seine alte Geltung behauptet oder doch, auf einem merkwürdigen Umwege, zurückgewonnen. Herrisch, laut, blitzend im Spiel hundertfacher Energien, schoß Berlin auf und drängte den alten Vorort des Landes, von dem es einst sein Stadtrecht erhielt, in einen ruhmvollen Schatten; die Einwohnerzahl der Stadt Brandenburg macht heute nur noch ein Fünfundsechzigstel der berlinischen aus. Aber mit diesem Auftrieb löste Berlin sich vom brandenburgischen Wesen, dem es, ein Land für sich, nur noch geographisch zugehört. Und damit ist der tausendjährigen »Chur- und Hauptstadt« ihr alter Rang wieder zugefallen. Sogar als neuzeitliche Industriestadt ist sie die erste der Mark geworden; ihr bekanntestes Unternehmen hat seine Arbeit, in überaus folgerichtiger Steigerung, vom Kinderwagen über das Fahrrad zum Automobil vordringen lassen, auch hierin beispielhaft eine Aufeinanderfolge der Epochen widerspiegelnd.

Ich, der ich mir eine Reise durch Deutschland vorgesetzt habe, ich habe es mit dem zweiten dieser Erzeugnisse zu schaffen, und ich kam ja auch nicht seiner jungen Industrie zuliebe in diesen Ort, sondern um jenes Geheimnisses willen, als welches die Seele einer Stadt dem Ankömmling sich entgegenbreitet oder sich entzieht, voll Beglückung eingeatmet oder in Beharrlichkeit umworben sein will. Ein Stück der brandenburgischen Stadtseele spricht sehr vernehmlich aus der Lage im See- und Flußland, ein anderes aus den Bauten der Vergangenheit, ein drittes, nicht minder vernehmlich, aus der noch heute fortwirkenden Art, in welcher die Stadtwerdung sich hier vollzogen hat. Brandenburg ist nicht gegründet worden, sondern entstanden; entstanden durch Zusammenwuchs. Noch heute haben wir es mit drei deutlich geschiedenen Bereichen zu tun: Altstadt, Neustadt und Dom. Die Altstadt nimmt das rechte, die Neustadt das linke Havelufer ein; nördlich davon liegt im Havelwasser die Dominsel, ein Festungs- und Zufluchtsort von Natur. Hier saßen die Semnonen, nach ihnen die wendischen Heveller. Über das Eis der Havel drang König Heinrich der Vogelsteller und gewann die Inselburg; wie die Chronik lapidar meldet: durch Hunger, Schwert, Frost. Viel später freilich gelingt erst die endgültige Gewinnung, Eindeutschung, Bekehrung. Aus einem Prämonstratenserkloster erwächst die Altstadt, aus einem deutsch besiedelten Dorf die Neustadt, die Burginsel wird als Dombezirk Eigentum der Bischöfe, noch heute gehört diese Kernzelle Brandenburgs nicht zur Stadt, sie ist unter der amtlichen Bezeichnung »Dom Brandenburg« ein selbständiges Dorf. Bald friedlich, bald feindlich, immer jedoch im Wettstreit, lebten Alt- und Neustadt nebeneinander her, wie Berlin und Kölln erst im 18. Jahrhundert zu einem Stadtwesen vereint. Dem Heutigen, der »praktisch« denkt (und noch stolz darauf ist!), will es unbegreiflich bleiben, daß man diese kostspielige Doppelverwaltung nicht längst aufhob. Er vergißt, daß hier zwei lebendig erwachsene Organismen in Nachbarschaft lebten, deren jeder seine eigene Entstehung, seine eigene Überlieferung, sein eigenes Gemeinschaftsgefühl hatte. Und wir dürfen uns daran erinnern, welche Schwierigkeiten es machte – und noch immer macht! –, die beiden, an formbildender Überlieferung doch so viel ärmeren Städte Elberfeld und Barmen nach jahrzehntelanger Rivalität zum heutigen Wuppertal zu verschmelzen. In Danzig, das aus vier selbständigen Städten erwuchs, hat sich ein besonderes Lokalgefühl in den einzelnen Vierteln nicht erhalten können, in der Alt- und Neustadt von Brandenburg begegnet man ihm noch durchaus.

Brandenburg ist, aller anderen Eigenschaften unbeschadet, noch heute eine Fischerstadt und verrät damit seine wendische Vergangenheit. Überall drängen sich blankes, blaues Wasser, Netze, Kähne, sportliche Fahrzeuge ins Blickfeld. Die Dominsel, einst gänzlich von Wasser umschlossen, ist heute durch zwei Dämme mit Alt- und Neustadt verbunden. Dennoch hat sie sich gleich der Dominsel von Ratzeburg eine träumerische Abgeschiedenheit bewahrt. Die Straße, die auf der Insel den Mühlendamm fortsetzt, trägt den klangvollen Namen »Domlinden«; solch ein Name ist mehr wert als ein Gedicht, selbst als ein gutes. Der Dom mit allem, was zu ihm gehört, Domherrnkurien, Ritterakademie, Kreuzgang und sonstigen Stiftsgebäuden, läßt in seiner ummauerten Stille noch deutlich das Burghofmäßige der alten Anlage empfinden; denn hier ist ja ein kriegerischer Mittelpunkt gewesen, lange bevor der geistliche wurde. Erst zwei Jahrhunderte nach der von Otto I. vorgenommenen Gründung des Bistums waren die schwankenden Dinge so weit verfestigt, daß Bischof und Kapitel ihren dauernden Wohnsitz auf der Insel nehmen konnten und der Grund zum heutigen Kirchenbau gelegt wurde.

Brandenburg, Nikolaikirche

Die einflußreiche, gebietende Körperschaft des Domkapitels zu St. Peter und Paul hat die Reformation überdauert und besteht noch heute aus zwölf Domherren, drei geistlichen und neun weltlichen Standes, die alljährlich am 29. September in damastenen Chorröcken und Baretts ihr feierliches Kapitel halten. Bald nach dem großen Kriege wurde Hindenburg zum Domdechanten erwählt, gleichwie eine ähnliche Würde seitens des ebenfalls noch blühenden Merseburger Domstifts dem alten Husaren Mackensen übertragen wurde.

Das letzte Mal, daß dem Brandenburger Dom eine sichtbare geschichtliche Rolle zufiel, war im Jahre 1848, als das Ministerium Brandenburg-Manteuffel, das »Ministerium der rettenden Tat«, die konstituierende preußische Nationalversammlung, »um ihre Beratung vor dem Schein der Einschüchterung zu bewahren«, aus der Singakademie des tumultuarisch brodelnden Berlin in die schweigsamere Domkirche von Brandenburg verlegte.

An einem blauen und windstillen Sommertage muß man Turm, Giebel und Mauern sehen, die bei trübem Licht farblos und altersgrau erscheinen; da flammen sie auf, glühend jubiliert der Backstein, die Sonne spielt im Lindenlaub, das Wasser leuchtet. Die Domkirche selbst muß freilich durch das Gewicht ihrer geschichtlichen Bedeutsamkeit, durch die prächtigen Tierfabeleien des Hauptportals und durch manche Einzelheit des Inneren für den Mangel eines großen und geschlossenen Außeneindrucks entschädigen; allzu reichliche Umbauten haben es zu keiner Einheit kommen lassen. Hierin steht der Dom den städtischen Gotteshäusern des Mittelalters nach, St. Gotthardt, St. Nikolai, St. Johann, dem Paulikloster, vor allem aber dem eigentlichen Wunder des geistlichen Brandenburg, der Katharinenkirche mit ihrer überquellenden farbigen Schmuckfülle an Giebeln und Seitenkapellen.

Sehr groß ist der Reichtum Brandenburgs an Schönem, Altem, Ehrwürdigem: seine beiden Rathäuser, manche kraftvolle Bürgerbauten, der mächtige, schwerthaltende Roland, dem eine lustige grüne Kräuterperücke auf dem grausteinernen Kopf wächst, das edle Zellengewölbe der Petrikapelle auf der Insel, der Kreuzgang und Friedgarten des Pauliklosters, die herrlichen Taufbecken der vier großen Kirchen, die grünen Flußufer, die Mauerreste und Tortürme. In einem von ihnen, dem des neustädtischen Steintores, hat Peter Wannemacher anno 1022 durch zehn Wochen gefangengesessen. Peter Wannemacher? Nein, Unkenntnis dieses Namens ist keine Bildungslücke, man weiß nichts von ihm als die Tatsache seiner Gefangenschaft, und die hat er uns selber in allerlei geritzten Wandinschriften überliefert. Da liest man: »Dit is min Himmelbette gewest« oder: »Ade faler Stentorm – die Zeit wogt mir so lang – Ich komm nicht wider mer.« Und an anderer Stelle: »Gelük und Ungelük – ist alle Morg mein Früstük.« Es hat etwas Versöhnliches, daß Herr Wannemacher doch nicht bloß Unglück, sondern auch Glück als Bestandteil seines täglichen Steintorfrühstücks aufführt. Volkstümlicher wurde ein anderer Bürger von Brandenburg, der Barbier, Angler und Kinderspott Fritze Bollmann, ein kleines, groteskes Männchen, Held mancher Lokalschnurre und eines noch heute in Brandenburg gesungenen Liedes; am Beetzsee, in welchem er endlich ertrank, hat man ihm ein hübsches Brunnendenkmal gesetzt, unweit eines anderen und an dieser Stelle überraschenderen Brunnenbildwerks: nämlich einer von muschelblasenden Tritonen umgebenen Galathea, die keinen Geringeren zum Schöpfer hat als den Großherrn der Barockplastik Giovanni Lorenzo Bernini und auf allerhand wunderlichen Umwegen an das Ufer des märkischen Sees gespült worden ist.

Brandenburg, Preußischer Adler an einem Hause der Domlinden

Wannemacher und Bollmann sind Kuriositäten wie der Brandenburger Bernstein, der hier eine Zeitlang, mitten im festen Lande, gegraben worden ist, oder wie die im Dom aufbewahrten Reliquien: lauter Dinge, an denen gewiß auch das Mittelalter eine mehr derblustige als gläubige Freude gehabt hat, etwa Davids Schleudertasche, ein Knopf von der Bettstelle Mariä, das geräumige Portemonnaie des Riesen Goliath, der Futtersack des Esels, auf dem die Flucht nach Ägypten geschah.

Allein Brandenburg hat noch eine Reliquie anderer Art beherbergt, und es ist seit mehr als hundert Jahren über ihre Echtheit gestritten worden. Sieben

Jahre lebte hier der geheimnisvolle Uhrmacher Naundorf, der sich als Dauphin und Thronerben von Frankreich, Sohn des hingerichteten Ludwig XVI., bezeichnete. Eine Feuersbrunst, bei der er wichtige Dokumente eingebüßt haben will, wird ihm zur Last gelegt, doch spricht ihn das Brandenburger Gericht, mangelnder Beweise halber, von der Anklage der Brandstiftung ebenso frei wie von derjenigen der Falschmünzerei. Bald danach aber wird er zu dreijähriger Einschließung verurteilt, weil er sich betrügerischerweise für ein Glied des bourbonischen Königshauses ausgegeben habe. Man überführt ihn in die Krossener Strafanstalt; als er sie endlich verläßt, gehört ihr Direktor, ein Herr von Seckendorff, zu seinen entschiedensten Anhängern. Des Dauphins ehemalige Kindheitswärterin, allerlei Männer und Frauen der französischen Hofaristokratie, darunter Ludwigs XVI. letzter Staatsminister, treten für Naundorfs Echtheit ein. Er verficht seine Ansprüche in Frankreich, später aus dem englischen und holländischen Exil, mehrfach werden Attentate auf sein Leben unternommen; er befaßt sich mit theologischem Schriftwerk, er macht artilleristische Erfindungen, denen die Kronen von Großbritannien und den Niederlanden ihr Augenmerk zuwenden. Bis zuletzt beharrlich im Kampf um seine Anerkennung, stirbt er 1845 in Delft. Mit Genehmigung der niederländischen Regierung werden auf seinen Grabstein die Worte gesetzt »Ludwig XVII., König von Frankreich und Navarra, Herzog der Normandie«. Und seine sechs Kinder werden unter dem Namen »de Bourbon« in Holland eingebürgert.

Die Geschichtsforschung hat nicht aufgehört, dem Geheimnis dieses Mannes nachzuspüren; heute scheint es fast, als neige die Waage sich wiederum zu seinen Gunsten. So hätte denn ein heimlicher König in der Uhrmacherwerkstätte der Chur- und Hauptstadt seine Residenz gehabt, nach so vielen namhaften und namenlosen Stammes-, Staats- und Bistumshäuptern altgermanischer, wendischer, deutscher Zeit.

Der Harlunger Berg

Nähert man sich Brandenburg, so gewahrt man schon von weitem eine aus der Ebene kräftig aufsteigende Erhebung. Viel stärker noch als heute hat dieser Berg in vergangenen Jahrhunderten das Bild der Havellandschaft bestimmt. Ja, obwohl er niemals innerhalb der brandenburgischen Stadtmauern gelegen hat, ist er vielleicht das Unwegdenkbarste dieser Stadt – neben dem Dom, der ja auch außerhalb der Stadtmauern lag und noch heute nicht zur Stadt gerechnet wird.

Diese Höhe, die jetzt Marienberg heißt, trug vormals den mythenhaft anmutenden, volltönigen Namen des Harlunger Berges und weist damit in älteste Sagenzeit zurück. Als Harlungen werden in den Heldenliedern die Brüder Imbrecke und Fritele genannt, seßhaft zu Breisack, Herren eines gewaltigen Goldschatzes, leidenschaftliche und unzähmbare Jünglinge, die in der Obhut des getreuen Eckart heranwuchsen und von ihrem habgierigen Oheim Ermanarich tückisch gefangen und zum Strick verdammt wurden. Höchst merkwürdig stimmen hierzu die Angaben mittelalterlicher Chronisten: Karl der Große habe das den Wenden entrissene Brandenburg den Harlungen zu Lehen gegeben, deren Geschlecht einstmals in Breisack geherrscht habe. Anderthalb Jahrhunderte nach Kaiser Karl, so heißt es weiter, seien die Harlungen von aufständischen Wenden erschlagen worden. Auch zum Mythos von der wilden Jagd und dem wütenden Meere hat man das harlungische Dioskurenpaar in eine Beziehung gesetzt. Verhalte sich dies, wie es will: überliefert ist, daß auf dem Harlunger Berge – man darf ihn sich dunkelbewaldet denken – der suebische Stamm der Semnonen seine Gottheiten angerufen hat. Danach, in der Wendenzeit, stand hier riesenhaft das gekrönte Bild des dreiköpfigen Gottes Triglaw, die Augen verhüllt, das Mondhorn in den Händen. Heidnische Priester warfen die Lose, erforschten den göttlichen

Willen durch Befragung des heiligen schwarzen Rosses. Das Land wird deutsch, der Triglaw-Tempel zur Kirche. Der große Wendenaufstand von 983 setzt den Dreiköpfigen noch einmal für anderthalb Jahrhunderte an die Stelle des Dreieinigen; bis endlich Pribislaw, letzter Fürst wendischen Stammes, den Tempel Triglaws in eine bescheidene Marienkirche umwandelt.

So erscheint der Berg als Palladium: Wer auf ihm beten und opfern darf, in dessen Hände ist die Herrschaft des Landes gelegt. Im 13. Jahrhundert erwächst aus dem Bau des Wendenfürsten die mächtige viertürmige Kirche zu Sankt Marien. Bilder und Pläne des romanischen Baues geben noch heute einen Begriff seiner großartigen und landbeherrschenden Wirkung. Ein Gnadenbild unserer lieben Frau begründet über ganz Deutschland den Ruhm der Kirche, die an Bedeutung von keinem märkischen Bischofsdom erreicht wird; von weither kommen die Wallfahrer. Kurfürst Friedrich, der erste märkische Hohenzoller, gliedert ihr ein stattliches Prämonstratenserkloster an. Sein Sohn Friedrich II. erhebt sie zur Ordenskirche seiner »Schwanengesellschaft«, mit deren Hilfe Männer und Frauen der rauhborstigen märkischen Ritterschaft von mancher Wildheit zu den geschliffeneren Lebensformen des alten oberdeutschen Kulturbodens geleitet werden sollen; wie denn die ersten Hohenzollern in der Mark noch durchaus als Verkörperer süddeutschen Lebens- und Formenreichtums erscheinen. Die Mitgliederzahl des Schwanenordens war begrenzt, und so wurde es bald ein kräftig umworbenes Ziel gesellschaftlichen, ja, snobistischen Ehrgeizes, die zackige Silberkette mit dem Bilde Mariä, des Jesuskindes und des Schwans tragen zu dürfen. Friedrich II. baute zu St. Marien eine eigene Ordenskapelle, und hier hielt die »Schwanengesellschaft« unserer lieben Frauen Kettenträger« ihre glanzvollen Feierlichkeiten ab. Vierhundert Jahre danach suchte König Friedrich Wilhelm IV. in romantischer Rittertreue vergeblich den erloschenen Orden zu beleben, inmitten einer Zeit, die von Dampfbahnen, Dividenden, Parlamenten und Volksschulen schwärmte. Diese Zeit lächelte spöttisch, – unfähig, das menschliche Echte, ja, Rührende dieses späten Nachfahrenversuches zu begreifen.

In aller Herrlichkeit der Marienkirche behauptet sonderbarerweise das wendische Götzenbild sein unzerstörtes Dasein. Es wird Fremden als Merkwürdigkeit gezeigt, die Wallfahrer mögen es in gruseliger Neugier bestaunt haben; vielleicht, daß hie und da ein wendischer Ankömmling sich vor ihm der alten Gottheiten, der alten Freiheiten seines in Verachtung abgesunkenen Volkes erinnert hat. In der Lutherzeit erbittet es sich des Kurfürsten Schwager, der landflüchtige Christian von Dänemark, Norwegen und Schweden für seine Kuriositätensammlung. Das Geschenk wird gegeben, der vertriebene König, der drei Kronen von seinem Haupte verlor, nimmt den dreiköpfigen gekrönten Wendengott mit sich; niemand weiß, wo er verblieben ist. Die Zeitgenossen haben gespöttelt: Christian, der abwechselnd die evangelische und die katholische Partei ergriff und verriet, sei bereit, sogar dem wendischen Götzendienst sich zu verschreiben, wenn er damit seine Königreiche wiedergewinnen könnte.

Kloster und Kirche veröden in den nachreformatorischen Jahrhunderten. In den verfallenden Bauten suchen Landstreicher ihre Unterkunft. Noch immer aber steht die Kirche, stolz und ehrwürdig selbst in solcher Erniedrigung, weithin sichtbar über der Altstadt, Denkstein für den Sieg des christlichen, des deutschen Abendlandes über das heidnische, naturhafte, wenig geformte Wendenwesen. König Friedrich Wilhelm I. will in Potsdam ein Haus für die Waisen seiner Soldaten bauen. Wozu gute Taler für Baumaterial ausgeben, wenn eine alte Kirche, zu nichts Gescheitem mehr nütze, sich als Steinbruch darbietet? Einer seiner Offiziere berichtet dem König von Schätzen, die in den Fundamenten vermauert sein sollen. Der König beschließt den Abbruch.

Die Stadt Brandenburg, das Domkapitel bitten die Majestät, von Höchstdero Vorhaben in Gnaden abzustehen. Die Stadt erbietet sich, dem Könige auf ihre Kosten Bausteine zu liefern. Aus den dringlichen Bitten spricht ein letztes Gefühl für die alte Würde des heiligen Berges und seiner halbtausendjährigen Kirche. Der König bleibt unerbittlich, die Kirche wird abgetragen bis auf den letzten Stein. Überflüssig zu sagen, daß kein Harlunger Goldhort im Mauerwerk gefunden wurde. Dieses Geschehnis zu verteidigen, reicht eine monarchische Herzensgesinnung nicht hin; dazu müßte man schon mit einem höfischen Gemüt zur Welt gekommen sein. Es erinnert an eine verwandte Begebenheit, die berühmte Potsdamer Bouillontaufe. Der nämliche

König wollte Pate stehen, aber tätig und jeder Zeitverschwendung abhold, verlor er über dem Anwärmen des eisigen Taufwassers die Geduld und befahl kurzerhand, das Kind mit Bouillon zu taufen; denn offenbar hatte man es mit den Zurüstungen zum Taufschmause sorgfältiger genommen als mit denen zu seinem Anlaß. Der Pfarrer zögerte nicht, dem Befehl seines summus episcopus nachzukommen, ohne Rücksicht darauf, daß es hiermit im Grund jeder geistlichen und weltlichen Behörde unmöglich gemacht wurde, das königliche Patenkind je als getauften Christen anzuerkennen.

Heute trägt der Marienberg zahme und freundliche Gartenanlagen unter allerlei gleichgültigem Denkmalsbauwerk. Eine rechte Freude aber ist der Blick, der sich hier oben auftut, über die rotdachige Stadt, die blanken Havelbuchten und die grünufrigen Seen bis zu den Türmen von Potsdam, Magdeburg, Stendal und Rathenow. Und so ist aus der alten Kultstätte, auf der Jahrtausende hindurch Göttern und Götzen und dem einen Gott gedient wurde, ein behaglicher Ausflugs- und Aussichtsort für steuerzahlende Bürger geworden.

Altmärkische Stromübergänge

Im späten Nachmittagslicht fahre ich von Brandenburg westwärts, durch Wald- und Wasserland. Die Havel blitzt rötlich. Unmittelbar aus dem Wasser wächst steil die prunkhafte Barockfront des Planer Schlosses, das seit zweihundert Jahren den Raum der alten Quitzowburg einnimmt.

Das feste Plaue mit seinen vierzehn Fuß dicken Mauern fiel in jenem Kampf, den Burggraf Friedrich von Hohenzollern gegen die Quitzowsche Adelsfronde führte. Erzbischöflich magdeburgische Truppen belagerten und beschossen es drei Wochen lang gemeinsam mit den Bürgern der Alt- und Neustadt Brandenburg, denen Hans von Quitzow einmal auf einen Schlag dreihundert Schweine weggetrieben hatte. Dem Fall ihrer Feste zu entgehen, flohen zwei Quitzows, Hans und Henning, über die Havel, hielten sich in Rohr und Bruch verborgen, wurden aber aufgespürt und in der Kirche von Plaue in den Stock gesetzt. Nicht lange zuvor hatte noch Hans von Quitzow den Herzog Johann von Mecklenburg ein Jahr lang im Plauer Turm gefangengehalten. Im eroberten Schloß fanden sich gewaltige Vorräte, der altmärkische Chronist berichtet allein von siebenhundert Speckseiten; die neustädtischen Schweinemäster mögen ihre Freude gehabt haben. Die Burg wurde geschleift, doch blieb Plaue auch weiterhin als der Havelübergang zwischen Berlin und Magdeburg und als Erhebungsort für Brücken-, Land- und Wasserzoll ein wichtiger Platz. Allerlei Schnurren werden von den späteren Schloßherren berichtet, vornehmlich von dem kratzbürstigen, aufgeblasenen und weibertollen Emporkömmling Wilhelmi, der ein Ableger des Anhaltiner Fürstenhauses sein wollte und es unter dem Namen Anhalt zum preußischen General brachte.

Anderen Tages finde ich mich in Jerichow. Die alte Prämonstratenserniederlassung ist heute ein ödes Landstädtchen; ihr ehemaliger Glanz drückt sich noch darin aus, daß der Ortsname in den Landkreisen Jerichow I und II fortlebt – allein keine dieser Kreisbehörden hat es über sich gebracht, in Jerichow ihren Sitz zu nehmen. Abseits des betrüblichen Ortes steht die Kirche, ein kräftiger Bau von äußerster Schlichte, bewunderungswürdig in der Klarheit und Reinheit aller Proportionen. Als junger Orden hatten die Prämonstratenser noch keinen eigenen Baustil entwickeln können, als sie, Vorläufer der Zisterzienser, christianisierend die Elbe überschritten. So trugen sie die Baugewohnheiten der Benediktiner vom schwarzwäldischen Kloster Hirsau in das neugewonnene, nein, noch zu gewinnende Tiefland des Nordostens.

Tangermünde, Roßpforte

Die flachgedeckte romanische Säulenbasilika in Kreuzform mit den zwei Westtürmen ist ganz solchen süddeutschen Bauvorbildern entsprungen und hat von Jerichow aus beispielgebend weithin im Koloniallande gewirkt. Selbst unter den Abwandlungen, die durch das Aufkommen des Backsteinbaus bedingt wurden, läßt sich von Hirsau her eine tiefgegründete Gemeinsamkeit erkennen, die noch den Dom von Riga mit einschließt, Ausdruck des großen Gemeinschaftserbes, das zu verwalten allen deutschen Stämmen aufgetragen war.

Die Jerichower Kirche steht inmitten der Wirtschaftsgebäude des Gutshofes, denn der alte Klosterbesitz ist heute eine staatliche Domäne. Jerichow liegt am Westrande eines Waldgebietes, gleich hinter der Kirche beginnt ein weites Wiesenland und erinnert an den Ursprung des Ordens, dessen erste Niederlassung eine Wiese bei Laon war; dies hält der Name fest, Premontre bedeutet die »gezeigte Wiese«, denn dem Ordensgründer Norbert wurde von der heiligen Jungfrau selbst die Wiese gezeigt, auf welcher das Stammkloster sich erheben sollte.

Das sumpfige Wiesengebiet hinter Jerichow flimmert bunt, voller Störche, voll einsamer, in der Sonne brütender Tümpel mit gelben und weißen Wasserrosen. Mitten aus den Wiesen hebt sich leuchtend ein weißes Segel, hier fließt, noch unsichtbar, die Elbe. Dann erscheint die Silhouette von Tangermünde, Kirche, Türme, Fabrikschornsteine. Eine freundliche Fähre setzt mich und mein Rad über den Strom und verweigert sogar die Annahme eines Fährgeldes. Sie macht es besser mit mir als die Fähre von 1410 mit den Quitzows.

Jerichow, Klosterkirche

Die vier Quitzowbrüder mit all ihrem Anhang feierten zu Tangermünde ein strahlendes Tauffest, das die Sippe ein letztes Mal in ihrer fast fürstlichen Herrlichkeit versammelt zeigt. Die Tanzfestlichkeiten jener Zeit hatten die Sitte des Totentanzes, der etwa dem entsprach, was man später eine Kotillontour nannte. Ein durchs Los bestimmter Herr hatte mitten im Tanz als Toter niederzustürzen. Der Tanz brauste, – solch äußerste Gegensätze lagen dem mittelalterlichen Geist nahe, – lebenpreisend über den Liegenden hinweg, bis endlich unter Trauerklängen der Reihe nach die Damen sich über ihn beugten und ihm den Totenkuß gaben. Beim großen Tangermünder Taufball bestimmte das Los Konrad von Quitzow, den mildesten und beliebtesten der Brüder, den schon auf dem Herritt düstere Ahnungen bedrückt haben sollen. Am folgenden Tage, beim Aufbruch der Festgesellschaft von Tangermünde, sank die überlastete Elbfähre, unter den zahlreichen Ertrunkenen war auch der Tote des Tauftanzes. Nicht einmal die Leiche konnte geborgen werden. Und von diesem Tage an begann der Quitzowsche Verfall: vier Jahre später fielen ihre Schlösser Golzow, Beuthen, Friesack und Plaue.

Eine Kaiserpfalz in der Mark

Die altpreußischen Gebiete sind das klassische Land des Staatsgedankens, dessen Verwirklichung durch Zucht, Opfer, Arbeit möglich war. Der universale Gedanke des abendländischen Reiches mit dem zu Rom gekrönten deutschen Kaiser an der Spitze – unstreitig die geistig gewaltigere, die nur im Unendlichen realisierbare Konzeption – hat sich gegenüber diesem irdisch faßlicheren Staatsgedanken in der Mark kaum entfalten können. Erinnerungen an die alte Reichs- und Kaiserherrlichkeit sind selten, wie ja auch für die Entwicklung reichsstädtischer und überhaupt reichsunmittelbarer Gebilde kein rechter Raum war. Tangermünde macht eine merkwürdige Ausnahme, es hat noch heute einen Nachklang von reichsstädtisch anmutender Kraft, obwohl es nie Reichsstadt gewesen ist. Freilich, hier waren Kaiser und Landesfürst identisch.

Erstaunlich, wie hoch im Flachlande schon kleine Erhebungen wirken. Der Marienberg bei Brandenburg ist keine achtzig Meter hoch und beherrscht die ganze Gegend. Die Kaiserpfalz von Tangermünde hebt sich auf ihrem Uferfelsen schroff und gebieterisch über die Elbe. Burg, Stephanskirche und Strom geben der Landschaft einen Akzent von Größe. Turmbewehrte Mauern aus Back- und Feldstein umziehen, reich an reizvollen Einzelblicken, noch heute die Stadt. Droben liegen Gärten, an den steil zum Fluß abfallenden roten Festungsmauern senken sich unter grünem Blattwerk riesige goldgelbe Kürbisse hinab. Wunderbar, die schwebenden, strotzenden Kolosse in ihrem Gleichgewicht erhalten zu sehen!

Einen fast unmärkischen, unbrandenburgischen Eindruck geben manche der alten Gassen im Stadtinnern; da hat ein wohlhabendes, selbstbewußtes Patriziat vornehme Häuser mit reichem Portalschmuck hinterlassen. Allein erst im Rathause findet all dieser patrizische Bürgerglanz seine Gipfelung. Im ganzen Verwendungsgebiet des Backsteins ist weniges, das ihm an die Seite gestellt werden dürfte. Es ist das weltliche Gegenstück zu St. Katharinen von Brandenburg oder zur Annenkirche in Wilna, deren wunderbare gotische Zierlichkeit es Napoleon I. so antat, daß er sie auf der Handfläche nach Paris tragen wollte. Es ist schwer zu glauben, was sich dem spröden Material des Backsteins an edler Grazie, an Leichtigkeit und Formenreichtum hier hat abgewinnen lassen. Die Blendgiebel zwischen den Strebepfeilern sind durchbrochen wie Filigran – ein spritziges Geprickel, ein Spitzengeklöppel aus gebranntem Lehm!

Tangermünde war reich geworden durch seine Lage am schiffbaren Fluß, die nicht nur dem Handel günstig war, sondern dem Ort auch strategische Bedeutung gab; das machte Tangermünde zum Erhebungsplatz der Elbzölle und zur markgräflichen Residenz. Seine ganze Fülle aber gewann es erst, als ein Kaiser brandenburgischer Markgraf wurde: Karl IV., der weltmännische, kluge, geist- und gastfreundliche Luxemburger. Was heute eine östliche, industriell lebhafte Kleinstadt ist, das war unter ihm eine Weile die Herzkammer des heiligen Reiches. Von Tangermünde gingen kaiserliche Gebote bis in die fernen Orte an den Reichsgrenzen, bis nach Cambrai, Parma, Laibach, Brünn, Reval. Aus der verfallenden Burg baute Karl die strahlende Kaiserpfalz mit dem Juwelengefunkel ihrer Schloßkapelle. Türme, Mauerstücke, Trümmer im Gartengrün geben uns Nachgeborenen des tausendjährigen Reiches ein Gefühl wehmütigen Stolzes, später Trauer und vergeblicher Liebe ins Herz, wenn wir im Sommerwinde hier oben stehen, in einer gänzlichen Stille, und auf die weite graugrüne Flußlandschaft mit ihren Wiesen und Weidenbäumen hinuntersehen.

Welch ein voller, warmer, farbiger Lebensstrom mag hier gerauscht haben! Es wird von einem regelmäßig wiederkehrenden Gastmahl berichtet, das der Kaiser in Tangermünde stiftete: hierbei durften Männer und Frauen sich nicht nur frei küssen, sondern man konnte auch seines Freundes Gattin mit sich nach Hause führen, ohne daß ein Ehebruch geargwöhnt werden durfte. In späteren Zeiten ist diese Sitte in eine allzu große Munterkeit ausgeartet, so daß der Rat Anlaß sah, das Fest gänzlich zu verbieten. Ein anderer Chronist nennt Kaiser Karl einen »kurtzweiligen Herrn« und spielt auf allerlei vergnügte

Dinge an, die mit ihm und seiner Tangermünder Hofhaltung in Zusammenhang stehen; doch begnügt er sich mit Stichworten, da er die Anekdoten selber wohl noch als bekannt voraussetzen durfte. Da ist die Rede von Kaiser Karls lustigem Rat, dem Mönch Kagelwitt aus Stendal, der es hernach zum Bischof von Minden und Erzbischof von Magdeburg brachte und höchst ernsthafte staatsmännische Fähigkeiten bewährte. Da ist die Rede von einer Speise, die nichts kostet und niemandem schadet, von »falsche that, falsches geldt« und von Karls fahlem Pferde, das in einem Rundgesang noch lange fortlebte. Ich erinnere mich des Liedes aus meiner Studentenzeit. Ein volkskundlich sammelnder Wanderer aber hat es im vorigen Jahrhundert noch von zechenden Bauern in einem dörflichen Kruge der Tangermünder Gegend gehört. Wen die Reihe traf, der sang:

»Kaiser Karolus sin beste Peerd
dat was ene falige Stute.
Dat eene Ooge was nix wert,
dat ännere was reen ute.«

Nun hatte der Sänger auszutrinken, und bis das geschehen war, wiederholten die anderen das »reen ute, reen ute, reen ute!«, um ihn zuletzt mit dem Schlußverse: »Nu wische he sick, de Schnute!« aus seiner Pflicht zu entlassen.

Das Tangermünder Bier hat gleich dem der Nachbarstädte Stendal, Gardelegen und Salzwedel hohen Ruhm genossen. Aber wie Pilsen, Kulmbach, Weihenstephan dem Bier ihren Aufstieg danken, so verdankt ihm Tangermünde seinen Rückgang oder doch seinen Stillstand. Zwischen dem Kurfürsten und den altmärkischen Städten unter Führung Stendals entstand ein Streit um die Biersteuer. Wir müssen uns klar machen, daß Bier im Mittelalter nicht nur das übliche Hausgetränk war, also allein die Rolle spielte, die heute Bier, Kaffee, Tee und Kakao gemeinsam innehaben, sondern als Nahrungsmittel etwa die Bedeutung unserer Kartoffel hatte: Biersuppe und Biermus waren unentbehrliche Bestandteile jedes Küchenzettels. Der Streit spitzte sich zu offener Rebellion zu, in deren Folge auch Tangermünde der landesherrlichen Gunst verlustig ging. Die hohenzollernsche Residenz geriet für immer an die Spree. Groß ist die Lockung des müßigen Kombinationsspieles: welchen Lauf hätte die Welt genommen, wenn die Tangermünder weniger erpicht auf ihr Bier gewesen wären? Die Siegesallee liefe über die Wiesen nach Jerichow, die Untergrundbahn nach Stendal. Mauern und Tore wären niedergelegt, statt der großen neuen Elbbrücke überspannte ein gutes Halbdutzend den Strom, an dessen Ufer das Strandbad Wannsee im Sonnenlicht von bunten Badeanzügen flimmerte. Das Rathaus aber wäre abgebrochen, um dem Prachtbau des Café Vaterland Raum zu geben; wehmütig dürften wir in der zum Märkischen Museum ausgestalteten Kaiserpfalz das Modell des Rathauswunders bestaunen.

Arneburg und seine Grafen

Stromab von Tangermünde liegt, von Spargelfeldern umgeben, das winzige Ackerbürgerstädtchen Arneburg, durch sandige Wege – hügelauf, hügelab – von der Welt getrennt, welche Abgeschiedenheit schließlich durch den Bau einer Kleinbahn besiegelt worden ist. Es ist schwer, in den holperigen, dürftigen Gassen des Ortes, der unlängst sein tausendjähriges Bestehen gefeiert hat, an seine stattliche Vergangenheit zu glauben.

Der Marktplatz, nüchtern und anmutlos wie zahllose seinesgleichen in der Mark, hat einen denkwürdigen Auftritt erlebt. Im Jahre 1809 hat Ferdinand von Schill, der Freikorpsführer, mit seinen Reitern sechs Frühlingstage hindurch in Arneburg gelegen. Auf dem Marktplatz begrüßte er einen Trupp neu zu seiner Fahne stoßender Berliner Freiwilliger mit einer Ansprache und rief ihnen dabei sein berühmt gewordenes Wort zu: »Lieber ein Ende mit Schrecken als ein Schrecken ohne Ende!« – hiermit eine Wendung aufgreifend, die, Erweiterung einer Psalmstelle, im Kreise seiner Husaren gebräuchlich gewesen sein soll.

Vom Städtchen deutlich abgesondert liegt die Burg jenseits eines Grabens, den flammende Sommerblumen erfüllen. Heinrich der Vogelfänger hat als erster den Berg befestigt und damit den Elbübergang in der Hand gehalten. Kaiser Otto III., Kaiser Heinrich II. haben Burg und Stadt ausgebaut und verstärkt. Jetzt ist die Burg kaum etwas anderes als ein wohlgehüteter Park hoch über der Elbe, von der Befestigung sind nur geringe Rückbleibsel erhalten, doch übt die wehrhafte, herrscherliche Beschaffenheit des Ortes noch heute ihre Wirkung.

Unter zartgefiederten Akazien sitze ich auf der Terrasse der Burgwirtschaft, und ich könnte nicht glücklicher auf einer Burgterrasse über dem Rhein sitzen. Tief unten zieht, gemächlichen Flusses, die graue Elbe; der Blick geht hinüber auf drei Landstreifen: grüne, weidenbestandene Uferwiesen, gilbende Kornfelder, dunklen Wald in der Ferne. Weiter stromauf, nach Tangermünde zu, ziehen sich die langgedehnten Elbdeiche, die in den vierziger Jahren unter der Obhut des Deichhauptmanns Otto von Bismarck gestanden haben. Im Brandenburger Rathause sah ich vor einigen Tagen ein reizvolles, wenig bekanntes Ölbild aus jener Zeit, das den Deichhauptmann lebensgroß zeigt, mit blondem Vollbart, im Park von Schönhausen, in Gesellschaft eines mächtigen Hundes. Schönhausen, obwohl von Arneburg nicht sichtbar, ist nahe, und Bismarck hat in seinen Gutsherrnjahren häufig den Weg über die Elbe genommen.

Die brandenburgischen Markgrafen des Mittelalters haben oft in Arneburg Hof gehalten, der erste hohenzollernsche Kurfürst hat hier seiner Tochter Magdalena die Hochzeit ausgerichtet. Zur Stadtkirche St. Georg, einem der ältesten altmärkischen Sakralbauten, gesellte sich die Schloßkapelle, mit der bald ein Stift der Augustiner-Chorherren verbunden wurde.

Zu Freiburg im Breisgau erkrankte Kurfürst Johann Cicero von Brandenburg, der ungeheuere, fettleibige, in seiner geistigen Artung doch so bewegliche Mann, der, erst ein Vierziger, schon lange von der Wassersucht und der Unbeholfenheit seines kolossischen Körpers gequält wurde. Die Ärzte erhoffen Besserung von der reinen und zugleich elbfeuchten Luft Arneburgs, die Überführung wird in hartem Winter vorgenommen; aber der Kurfürst stirbt, unmittelbar nach der Ankunft, im Arneburger Schlosse. Seltsamerweise erblickt man in diesem Vorgang eine Reklame, und auf ihn berufen sich noch heute, nach mehr als einem halben Jahrtausend, alle Bestrebungen, aus dem schlummernden Städtchen einen fremdenanlockenden Luftkurort zu machen.

Unter Johann Ciceros Enkel fällt ein winziger und rührender Lichtstrahl auf Arneburg, ehe es von Kriegsdrangsalen und Feuersbrünsten einer ärmlichen Vergessenheit überantwortet wird. Kraft eines merkwürdigen Gesetzes des Generationswechsels folgte auf Joachim I., den strengen und trockenen Fürsten des Humanismus, der als Fünfzehnjähriger in einem Gewaltritt zum sterbenden Vater nach Arneburg gejagt war, der leichtlebige Fürst der Renaissance, Joachim II., Liebhaber der Feste, der Bauten, der schönen Frauen.

Berühmt geworden ist unter allen seinen Herzensverbindungen die mit der »schönen Gießerin« Anna Sydow, der Witwe eines Geschütz- und Bildwerkgießers, – welche beiden Hantierungen ja in jener Zeit, da jede Kanone ein kunstvoll geziertes Einzelstück war, in engem Zusammenhange standen. Zwei Jahrzehnte hing Joachim an Anna mit einer Leidenschaft, die als Treue ebensogut wie als Schwäche und Hörigkeit gedeutet werden mag. Sie gebar ihm eine Tochter Magdalena, der er viel Liebe zuwandte. Ihre Zukunft zu sichern, legte er ein Kapital von zehntausend Talern in Brandenburg für sie auf Zinsen und erhob sie gleichzeitig zur Gräfin von Arneburg. Und damit hatte Arneburg wieder eine Herrin, eine Hohenzollerntochter gleich jener anderen Magdalena, die hier einige Jahrzehnte zuvor ihre Hochzeit mit einem Braunschweiger Herzog hatte feiern dürfen. Auch Joachim suchte seiner Magdalena einen Verlobten, es war ein Graf Eberstein auf Naugard in Pommern. Des Vaters liebende Sorgfalt ging so weit, daß er alle Einzelheiten der Aussteuer festsetzte: da ist die Rede von reichem Geschmeide, von fünf Dutzend goldener Stiefel, von sechzehn Goldringen, von »vier güldenen Ketten, glatt und kraus, wie einer Gräfin zukommt«. Mitgift und Erbteil werden freigebig bestimmt. Schon ein Jahr vorher hat Joachims Sohn, Kurprinz Johann Georg, eidlich geloben müssen, »die liebe und getreue Anna Sydow« und die Arneburger Gräfin nach des Vaters Tod zu schützen und ungekränkt im Besitze aller empfangenen Geschenke zu belassen. Joachim starb plötzlich, nach einer sagenumrankten Winterjagd in der Köpenicker Heide, es mag ein Herzschlag gewesen sein. Noch in der gleichen Nacht ließ der Sohn die Günstlinge und Ratgeber des Vaters verhaften. Langwierige Prozesse, Selbstmorde, harte Urteile folgten. Die schöne Gießerin wurde in den Spandauer Juliusturm gesetzt; hier soll sie anno 1575 gestorben sein. Beharrlich indessen erhielt sich das Gerücht, der neue Kurfürst habe die glücklichere Nebenbuhlerin seiner Mutter im Jagdschloß Grunewald, Joachims und Annas Lieblingsaufenthalt, in Heimlichkeit lebendig einmauern lassen, und in der Tat befindet sich hier ein rätselhaft vermauerter Treppenraum, aus dem immer wieder allerlei nächtliches Geistergeräusch gehört worden sein soll. Mehrfache, im vorigen Jahrhundert an die Hohenzollern gerichtete Bitten, den Gerüchten durch Öffnung des Raumes ein Ende zu setzen, wurden abschlägig beschieden.

Übrigens wird auch die todankündende weiße Frau im Berliner Schlosse, in der man lange eine sagenhafte Gräfin von Orlamünde erkennen wollte, vielfach mit der schönen Gießerin in Zusammenhang gebracht.

Arme kleine Gräfin! Das Vermögen wurde beschlagnahmt, der Bräutigam zog sich zurück, der Kurfürst ließ einen seiner Schreiber kommen, einen subalternen Beamten namens Kohl, und fragte spöttisch: »Willst du mein Schwager werden?« Dem Schreiber blieb nichts übrig, als ja zu sagen, und die Heirat wurde vollzogen. Die Gräfin von Arneburg lebte, früh verwitwet, als Frau Kohl in Berlin. Nach Arneburg mag sie nicht wieder gekommen sein. Sie überlebte ihren Vater um vierzig Jahre und galt als eine Wohltäterin der Bedürftigen.

Arme kleine Gräfin, um derentwillen ich in diesen Ort gekommen bin, der keine Spur mehr von ihr aufbewahrt hat! Es ist kein Bild von ihr erhalten; ich weiß nicht, ob sie schön oder häßlich, hart oder freundlich gewesen ist, ob ihre Wohltätigkeit eine freie Herzensergießung oder ein strenger Bußervorsatz war. Aber ich mag gern denken, sie sei ein unschuldiges kleines Geschöpf gewesen, kinderhaft beglückt über alle die Herrlichkeit, die ihr verschwenderischer Vater über sie und die Mutter ausschüttete, und ohne eine Ahnung davon, wie teuer diese Herrlichkeit ein ganzes Land zu stehen kam. Wie ein fremdartiges buntes Vögelchen mag sie in dem grauen Bürgerhause der Spandauer Straße gehockt haben. Oder ist sie am Ende noch glücklich gewesen mit ihrem Schreiber Andreas Kohl?

Arme kleine Gräfin, auf der Arneburger Schloßterrasse trinke ich dein Andenken.

Stendal

Zwiegetürmte Kirchen, backsteinrot mit spitzen Grünspanhelmen, stehen wie Merkzeichen über der Landschaft. Auf anderthalb Meilen schauen sie dem Anreisenden entgegen. Überwältigend ist der Eindruck, wenn man, unmittelbar vor der Turmfront stehend, den Blick zur Höhe richtet. Es ist, als wolle die gewaltige rote Fläche über einen stürzen. Was hier Wirkung übt, ist, wie allenthalben im Backsteinbau, die schöne und klare Logik der Linien; es ist die Fläche als Gesamtheit, nicht das kunstreiche Einzelne, aus dessen reich flutendem Zusammenklang die Fassaden mittel-, west- und süddeutscher Hausteinkirchen ihren Reichtum nehmen.

Stendal ist ausgezeichnet durch seine vier alten Kirchen: den grünumlaubten Dom mit seiner mächtigen Halle, St. Marien, St. Jakob, St. Peter; jede von ihnen vertritt eine der vier Ortschaften, deren frühe Verschmelzung die reiche und selbstbewußte altmärkische Hauptstadt entstehen ließ. Wie sehr noch zu Ausgang des Mittelalters der Stendaler Dom im Bewußtsein der Märker die bescheideneren Kirchen von Berlin und Kölln in den Schatten stellte, erweist die glänzende Hochzeit des Kurfürsten Joachim I. mit Elisabeth von Dänemark, die in Stendal und nicht in der Residenz gefeiert wurde, – eine Doppelheirat, denn zugleich wurde des Kurfürsten Schwester mit einem Verwandten Elisabeths getraut.

Die Stendaler Hochzeit hat für das Kurfürstenpaar eine glücklose und vieldurchbrochene Lebensgemeinschaft heraufgeführt: der schwarzseherische Wesenszug Elisabeths wuchs zu Schwermut, ja fast Gemütskrankheit. Joachim suchte anderwärts nach jener ausgleichenden Lebensheiterkeit, deren sein ernstes Temperament bedürfen mochte, endlich gab die Verschiedenheit der Glaubensmeinungen den Ausschlag, nach fünfundzwanzigjähriger Ehe verließ Elisabeth in nächtlicher Flucht das Berliner Schloß und stellte sich unter den Schutz des ihr verwandten lutherischen Hauses von Kursachsen; eine Aussöhnung hat nicht stattgefunden.

Stendals ehemalige Kraft und Stattlichkeit beruhten nicht zum wenigsten auf seinem ritterlichen und reichen Patriziat, in dessen Kämpfen mit Handwerkerschaft, Klerus und landesherrlicher Macht die Familie Bismarck des öfteren in der Führung erscheint. Stendals Verfall wird, wie der so vieler deutscher Städte, durch den Dreißigjährigen Krieg besiegelt; erst das neunzehnte Jahrhundert hat ihm einen neuen Aufschwung geben können. Am schönsten und eindrücklichsten stellt das alte Stendal sich dar im Zusammenhall der Marienkirche, des Rathauses und des Rolands, der mit seiner Sechsmeterhöhe den Brandenburger hinter sich läßt. Symbol der hohen Gerichtsbarkeit und aller städtischen Freiheiten, reckt er in der Rechten das Schwert, während die Linke den märkischen Adlerschild hält, dem auf der Kehrseite das gespaltene Stadtwappen entspricht. Auf seinem Rücken aber trägt der Koloß ein grinsendes Narrenantlitz, – in Stendal »der Eulenspiegel« genannt, – und bringt damit auf eine echt mittelalterliche Weise zwei Lebenspole, einen strengen, ja drohenden Schicksalsernst und ein schrecknisverachtendes Gelächter sehr augenfällig zum Ausdruck. Merkwürdig ist, daß dieser Roland, der übrigens kein großes Kunstwerk ist, nichts archaisch Ungeschlachtes hat, sondern bei aller Wucht doch die nervöse Feinheit des ausgehenden Mittelalters verrät. Unübertrefflich aber einen sich Wucht und Zierlichkeit in zwei schönen, eintürmigen Stadttoren, dem Ünglinger und dem Tangermünder Tor, altertümlichen Bauwerken von reicher Gliederung.

Stendal hat den Ruhm, der Mark Brandenburg ihre erste Druckerei gegeben zu haben. Es hat im geistigen Raum noch andere Ruhmestitel. Welche sonderbare Laune hat es dem napoleonischen Reiter Henry Beyle ins Herz gegeben, den Namen dieser Stadt, in der er im Quartier gelegen hat, zu seinem dichterischen Pseudonym zu wählen? Hat ihn der Gegensatz zwischen den großen Spuren des Mittelalters und der ärmlichen, engen Gegenwart des damaligen Städtchens ergriffen? Oder hat die Überlieferung recht, Beyle habe in Stendal eine Frau liebgewonnen, von Fenster zu Fenster, und habe wieder in den Sattel gemußt, ohne daß er sie hätte kennenlernen und sprechen können? Wie es sei, – auch in dieser wunderlichen Namenswahl mögen wir ein kleines Symptom jenes gewaltigen Einflusses erblicken, den in der ersten Hälfte des vorigen Jahrhunderts Deutschland, seine Landschaft, Wesensart und Dichtung auf das Geistesleben der Franzosen geübt hat. Der Name Stendal – Beyle schrieb ihn »Stendhal« – ging in die Weltliteratur ein durch den sonderbaren Mann, den Nietzsche als das letzte große Ereignis des französischen Geistes feierte.

Stendal, Petrikirche

Näher steht uns ein anderer, ein unmittelbarerer Ruhm Stendals. In dieser Stadt wurde zur Zeit ihrer äußersten Verelendung der arme Schuhmacherssohn Johann Joachim Winckelmann geboren, der es sich, willenshart und hingebungsvoll in einem, vorgesetzt hatte, »ein Werk zu liefern, dergleichen in deutscher Sprache, in was vor Art es sey, noch niemals ans Licht getreten, um den Ausländern zu zeigen, was man vermögend ist zu tun«. Aus dem dürftigen Stendal, dem armen benachbarten Seehausen über das kunstfreudige Dresden endlich in sein flammend ersehntes, flammend geliebtes Rom gelangt, hat dieser Mann mit der grandiosen Einseitigkeit des Genies aus Mißverständnissen und Verschüttungen seiner Nation und allen europäischen Nationen die Welt der alten Kunst wieder erschlossen; und selbst seine Irrtümer sollen uns heilig bleiben. Der Meuchelmord zu Triest, dem er vertrauensvoll, ja, wie von einem verblendenden Dämon gehetzt, in die Arme lief, mag uns anmuten wie ein erschütterndes Wirkenszeugnis jenes Fatums aus der Vorstellungswelt der Antike, deren Deutung dieses deutsche Leben gegolten hat.

Das Langobardenland und die versunkene Stadt

Das Gebiet der Mark, ob rechts-, ob linkselbisch, ist, von einigen Städten abgesehen, nicht reich an reizvollen Wohnbauten älterer Zeit. Bis in die Dörfer hinein begegnet man häufig einem ärmlichen Klischeeklassizismus, der, auf kleine Verhältnisse angewandt, noch leerer, noch schabloniger wirkt als bei großen und repräsentativen Baulichkeiten. Je weiter man nach Westen gelangt, um so deutlicher bildet das niederdeutsche Bauernhaus sich heraus. Das Holz des unverputzten Fachwerks läuft braun durch die roten Backsteinflächen. Das Dach hört auf, bloß oberer Hausabschluß zu sein, es wird Hausschutz, breit und schwer lastend, deckt sich mit warmhaltendem Stroh; hier und da zeigen auch wohl mit Schieferplatten verkleidete Bauten die größere Nähe der gesteingebenden mitteldeutschen Landschaft an.

Das alles hat seine Entsprechung in Wesensart und Sprache der Menschen. Niemand wird in Berlin das Gefühl haben, in Niederdeutschland zu sein; bis weit in den Umkreis hat die Hauptstadt das Plattdeutsche aufgesogen. Erst wo die Mark aufhört, Umgegend von Berlin zu sein, beginnt die Änderung; von einer Wegstunde zur andern wird die Welt niederdeutscher, die Sprache zu immer klarerem Platt. Das rein niederdeutsche Wesen ist nach Osten weit über die ehemalige Grenze zwischen deutschem und slawischem Siedlungsgebiet vorgedrungen. In der Gegend des Elbnebenflusses Ilmenau erinnern noch einzelne Ortsbezeichnungen ebenso an die Wendenzeit wie die gerundeten Formen der Dorfanlage; und auch in der fast musivisch anmutenden Farbigkeit mancher backsteinernen Hauswand will man wendische Ursprünge erkennen. Hier und da ragt wohl am Hausgiebel der sogenannte Wendenknüppel, ein kurzer, in einen Knauf auslaufender Holzpfahl; bald aber haben die zwei hölzernen Pferdeköpfe, das uralte Sachsenzeichen, das Übergewicht. Sie deuten zurück in die heidnische Zeit, da noch gebleichte Pferdeschädel,

Bleibsel des festlich verzehrten Wodansopfers, den Blitze und anderes Unheil abwehrenden Giebelschmuck bildeten.

Zweifelhaft bleiben mag wohl die Meinung mancher Vorzeitforscher, die einander anschauenden Pferdeköpfe zeigten langobardische, die nach außen abgekehrten altsächsische Urbesiedlung an. Inder Tat hat es in dieser Gegend nicht nur eine germanisch-slawische, sondern auch innerhalb des germanischen Gebiets eine deutliche sächsisch-langobardische Grenze gegeben. Die eigentliche Heide gilt in ihrem Hauptteil als ursächsischer Boden.

Der kraftvolle Stamm der Langobarden gehört zu jenen, die ihr ausgeprägtes Eigendasein nicht aus der germanischen in die eigentlich deutsche Zeit haben hinüberführen können. Sein kleinerer, in der Heimat verbliebener Teil wurde vom Sachsentum aufgesogen; der Großteil zog ins Donauland und über die Alpen; sein Name lebt fort in der fruchtbarsten Landschaft Italiens; weniger bekannt ist es, daß die langobardischen Staatsschöpfungen Süditaliens ein halbes Jahrtausend lang nach vielfach noch heimischer Weise geblüht haben, bis der normannische Einbruch ihnen ein Ende gab. Die Bezeichnung Langobarden (sie bedeutet nicht die »Langbärtigen«, sondern die Leute mit den langen Äxten, wie der Hinweis auf das Wort Hellebarde dartut, das mundartlich noch heute gebrauchte »Birte« für Axt oder der Eigenname Bartenwerffer), diese Bezeichnung lebt auch noch in einigen Ortsnamen fort; in keinem deutlicher erkennbar als in dem der versunkenen Stadt Bardowiek, der Hauptstadt des alten Bardengaues.

Ein unausdenkbares Abenteuer ist diese Stadt. Ihr klagender Schutzgeist irrt verstoßen umher wie die Schutzgeister von Vineta, Karthago und Babylon. Bardowiek ist heute ein weitgedehnter Gemüsebauernort; zwischen den Häusern liegen Gärten und Felder und schaffen ein durchaus ländlich-dörfliches Ansehen, obwohl die Verwaltungssprache Bardowiek als Flecken bezeichnet. Ein Flecken? Ein Dorf? Es ist eine ungeheure Totenstadt.

Es hat eine Zeit gegeben, da Bardowiek die größte Stadt des deutschen Nordens, ja nach Trier die zweite Deutschlands gewesen ist. Und gleichwie von Trier, so behauptete man auch von Bardowiek, es sei älter als Rom, und man prägte einen stolzen lateinischen Vers, des Inhalts, es sei zweihundertfündunddreißig Jahre vor der Ewigen Stadt erbaut worden. Ja, die Legende berichtet von Egistus, einem der zweiundsiebzig, von Sankt Petrus selbst ausgesandten Apostel, der zu Bardowiek auf der Brücke mit seinem Archidiakon Marianus den Märtyrertod erlitt; die Sühnekapelle am Ufer ist erst in nachreformatorischer Zeit abgebrochen worden. Solche Dinge weisen, wie es auch um ihre geschichtliche Belegbarkeit stehen mag, auf Bardowieks uralte Bedeutsamkeit hin. Auch das Bistum Niedersachsens soll ehemals in Bardowiek seinen Sitz gehabt haben, ehe es in Verden an der Aller in die Helligkeit der Geschichte trat.

In Bardowiek, sagt man, hat Karl der Große jene Begegnung mit Wittekind gehabt, deren Ergebnis des Sachsenherzogs Taufe und Unterwerfung war. Karl der Große, Kaiser Lothar, Heinrich der Löwe haben Bardowiek mannigfach begünstigt und gefördert. Der ganze Handel des alten Deutschland mit den slawischen Völkern, mit den Ostseeländern hatte hier, am Ufer der schiffbaren Ilmenau, sein Aus- und Eingangstor.

Vornehmlich in dem Städte beschirmenden Heinrich dem Löwen haben die Bardowieker einen mächtigen Schutzherrn gehabt. Er entfremdete sich die Gemüter, als er das niedergebrannte Lübeck an günstigerer Stelle neubegründete und zur Wettbewerbsfähigkeit hob. Als er aus der englischen Verbannung heimkehrte, sperrte Bardowiek ihm die Tore.

Heinrich der Löwe erscheint wie eine zornige Elementarkraft, wie Springflut oder Feuerregen. Erbittert schwört er der einst geliebten Stadt den Untergang. Die Belagerung bleibt lange fruchtlos; endlich soll ihm, am Tage Simon und Juda des Jahres 1189, ein Stier eine verborgene Furt über die Ilmenau gezeigt haben.

Bardowiek fällt, und dies Wort ist in einem strengeren Sinne zu verstehen, als es sonst von befestigten Städten gebraucht wird. Denn dieser Fall ist ein gänzlicher. Keinen Stein läßt der Löwe an seinem Ort; lediglich der Dom wird verschont, vielleicht nur dazu, daß sein stolzer Bau kommenden Geschlechtern ein Maßstab sei für die Größe der zerstörten Stadt. Über eins der Portale setzt Heinrich einen hölzernen Löwen mit der Inschrift: »Leonis vestigium – die Spur des Löwen«. Von den überlebenden Einwohnern wandten sich viele ins benachbarte Lüneburg. Ganze Wagenzüge von Steinen sind nach Lüneburg gefahren worden. Noch heute mag ein Stück des alten Bardowiek in manchen Lüneburger Bauten fortdauern. Erst Bardowieks Sturz gab den Weg frei für Lübecks, Hamburgs, Lüneburgs Aufstieg. Wäre diese Stadt stehengeblieben und hätte sie ihren Rang behauptet, vielleicht hätte, da ja in der Auseinanderfolge der Schicksale immer ein Ding vom andern abhängt, alles Deutsche einen anderen Weg genommen: so nämlich, daß zu früher Zeit der Schwerpunkt des Reiches sich nordwärts gelagert hätte. Ebensogut freilich kann angenommen werden, Bardowiek hätte mit dem Vorrücken der deutschen Grenze gen Osten, dem Aufkommen neuer Handelsplätze, seine Vormacht eingebüßt und statt eines heroischen Unterganges einen langsamen binnenländischen Verfall erfahren.

Ich gehe an einem sanften Tage durch stille, bescheidene Dorfgassen, durch Feldwege zwischen Gärten hin. Ist das möglich? Hier standen Patrizierhöfe, Kirchen, Kapellen. Hier fragten Männer nach Frauen, Pferden, Hunden, Jagdfalken. Kaiser und Könige wurden eingeholt und begrüßt. Hier wurde geliebt und gefeiert, gelärmt, geplant und gehandelt; von hier gingen Kaufmannszüge nach Pommern, ins Rheinland und in die Lombardei. Es gibt eine Zeichnung des 16. Jahrhunderts, die das alte Bardowiek in seiner Größe und Pracht wieder herzustellen sucht; sie zeigt Mauern, Türme, Plätze, ein Schloß, zeigt die neun stattlichen Kirchen, deren Dasein glaubhaft bezeugt ist. Heute finden sich, halb unkenntlich, ein paar Wallreste in den Gärten, unter Gurken und Tomaten.

In Betroffenheit, fast in Bestürzung, stehe ich plötzlich vor dem Dom, dessen Erscheinung inmitten dieser behäbigen Kleindörflichkeit etwas Großes hat. Eine niedersächsische Schwere spricht aus den geduckten Türmen. Nicht nur der Dom als Bau, sondern auch das Domkapitel als Körperschaft überdauerte den Niederbruch der Stadt. So hat der Dom in den folgenden Jahrhunderten noch allerlei Bereicherung, Ausschmückung und Umbau erfahren können. In seiner jetzigen Gestalt erscheint er als ein Backsteinwerk der gotischen Zeit; aber deutlich sichtbar, vornehmlich im Unterbau der Türme und in der »Paradies« genannten Vorhalle, treten uns die Spuren der einstigen romanischen, aus Quadergestein errichteten Basilika entgegen. Und auch das Glockengeläut, das heute noch den Bardowiekern die Stunden verkündet, geht auf Bardowieks romanische Zeit zurück.

Man möchte meinen, Bardowieks Boden müsse überreich sein an Schätzen, jeder Spatenstich Kostbarkeiten zutage fördern. Allein die Gemüsekultur hat den Boden so durchwühlt, daß hier wenig mehr zu erwarten ist. Vielleicht war der große Münzenfund von 1912 der letzte Abschiedsgruß der Vergangenheit. Den Domschatz, so heißt es, hat Heinrich der Löwe dem Ratzeburger Dom zugeführt, anderes verstreute sich und kam späterhin in Museen ans Licht. Noch 1866 soll eine größere Menge von Kunstgegenständen vor den anrückenden Preußen nach England geflüchtet worden sein, ihre Spuren haben sich verloren. Auch jetzt noch ist der Dom nicht arm an wert- und kunstvollem Kirchengerät. Die Einwohner bringen allerlei Schnitzfiguren des schönen Chorgestühls mit Heinrich dem Löwen und dem großen Unglück ihrer Stadt in Verbindung. Einige Frauengestalten, – offenbar spöttische Hindeutungen auf Schwächen, denen auch Geistliche unterworfen sind, – werden als Bardowieker Bürgerfrauen erklärt, die von den Mauern herab den Herzog höhnisch zur Rückkehr nach England aufforderten.

Das Wenige, das sonst in Bardowiek an altertümlichen Bauten steht, gehört der Zeit nach der Katastrophe an, so die kleine gotische Kirche St. Nikolai, unweit des Ilmenau-Ufers, heute der geistliche Mittelpunkt eines freundlichen Pfründnerheims. Alte Männlein und Weiblein, »Pröfner« (Pfründner) genannt, sitzen in einer milden Sonne, weißhaarig und traulich verhutzelt, mit Tabakspfeife und Strickstrumpf, in Gärtchen, unter denen die Steinfundamente gestürzter Paläste im Boden verwittern mögen.

Geht man durch die Feldgärten dieser großen Nekropole, so mag man wohl glauben, daß, gleichwie Vineta und Germelshausen, auch dem alten Bardowiek in gewissen Zeitabschnitten eine Nacht vergönnt sei, da es aus der Tiefe zu einem fürstlichen Dasein aufsteigt, während die Gemüsebauern in ihren Federbetten die Schwere der »lütjen Lagen« ausschlafen.

Doktor Katzenbergers Radreise

Soltau ist die einzige Stadt mitten in der Heide, denn Lüneburg, das der Landschaft den Namen gab, liegt abseits wie Ülzen, Celle, Harburg. Aber obwohl Soltau ehemals seine Rolle als Handels- und Durchgangsort spielte, hat es ein dörflich-behagliches Wesen, dem auch neuere Industrien keinen Eintrag haben tun können. Unmerklich fast gleite ich aus der Stadt ins freie Land. Abseits der Straße, am Rande einer Kiefernwaldung, steht ein verwittertes, eichenes Kreuz, anderthalb Mannslängen hoch. Ich steige vom Rade und lese die Inschrift:

»Stöhr zum Andenken.
Ein alter Sohn vom Heidenhof
mit Namen Stöhr,
der sprach allhier mit seinem verschlafenen Mund:
Es ist Gottes Wille und Gottes Wehr.«

Das Wort »Wehr« habe ich mir später als »Wetter« deuten lassen. Die Geschichte des Kreuzes aber ist diese: Stöhr war zur Ritterzeit Schäfer auf dem benachbarten Gut Heidenhof, ein schweigsamer und schicksalsergebener alter Mann, recht eine Gestalt der Heide. Hagelschlag, Blitz, Dürre, wie alles andere dem Menschen verhängte Ungemach, nahm er mit den Worten: »Dat ist Gotts Will un Gotts Wehr.« Als man ihn zu Grabe trug, überfiel ein plötzlicher Gewitterausbruch mit Schleusenregen und Blitzschlag den Leichenzug. Sargträger und Totengefolge flüchteten vom Wege ins Walddickicht. Einer meinte, wäre der alte Stöhr noch am Leben, er würde in Ruhe seinen gewöhnlichen Spruch sagen: »Dat is Gotts Will un Gotts Wehr.« Und augenblicks scholl bestätigend die alte Stimme aus dem Sarge: »Dat hott he seggt un dat seggt he ok noch: dat is Gotts Will un Gotts Wehr.« Die Hörer stoben auseinander. Endlich entschloß man sich, den Sarg zu öffnen: der alte Stöhr lag ruhig darin, sein Kreuz in den gefalteten Händen, tot, wie man ihn hineingelegt hatte. Zum Gedächtnis der Begebenheit wurde an ihrem Ort ein Kreuz errichtet, das der jeweilige Herr des Heidenhofes instandhalten oder erneuern mußte, wenn er nicht ein Viehsterben auf seinen Hof herabbeschwören wollte. Dies ging durch ein Halbjahrtausend, erst vor fünfzig Jahren ließ man das Kreuz verfallen. Das Viehsterben nahm Anfang und Fortgang, bis der Besitzer des Heidenhofes dem Unheil steuerte, indem er 1886 das heutige Kreuz setzte.

Unweit des Stöhrkreuzes öffnet sich jener weite Bereich, auf dem das Soltauer Gefangenenlager seinen Ort gehabt hat. Das ist eine der seltsamsten, eine der ergreifendsten Örtlichkeiten unseres Landes.

Die Stadt Soltau, urkundlich im Jahre 913 zuerst erwähnt, hat keine siebentausend Einwohner; das Soltauer Lager, gegründet 1914, ist eine Stadt von nahezu siebzigtausend Männern gewesen. Ja, mit Einschluß aller Außenlager mögen an die zweimalhunderttausend gezählt worden sein. Kein Lager in Deutschland hat Belegschaftsziffern gehabt wie das Soltauer. Alle Völker fanden sich zusammen: Flamen, Wallonen, Franzosen, Russen, Polen, Rumänen, Portugiesen, Serben, Engländer, Farbige. Eine Barackenstadt wuchs aus der Heide mit Kirchen, Schulen, Lazaretten, Sportplätzen, Kino, technischen Anlagen, Kantinen, ja, mit eigenem Bahnhof. Die Russen hatten ihr Theater, die Franzosen konnten das ihre mit Kräften der Pariser, der Brüsseler Opernbühnen besetzen. Die französischen Gefangenen schufen sich ihr Wochenblatt »Les Champs du Hanovre«. Als letzte Insassen trafen im Herbst 1920 sechstausend Russen ein, Angehörige jener Divisionen der Roten Armee, die im polnischen Kriege ausgehungert über die ostpreußische Grenze traten und bis zu ihrem Heimtransport in deutschen Lagern interniert wurden; manch gepreßter Offizier des alten kaiserlichen Heeres war dabei. Unter diesen Soltauern mag dieser oder jener gewesen sein, mit dem ich gesprochen und den ich mit Zigaretten traktiert habe; denn in jenem September trieb ich mich als Berichterstatter eine Woche lang in den masurischen Wäldern herum, die von russischen Verbänden, kleinen Trupps, versprengten Einzelnen wimmelten. Für ein Kommißbrot konnte man damals ein Pferd erhandeln, viele haben ihr Schäfchen geschoren, meine Begabungen liegen leidigerweise nicht auf solchem Gebiet.

Einige Jahre nach dem Kriege ist die sonderbare Stadt abgerissen worden, die Baracken wurden verkauft, um anderwärts gegen die Wohnungsnot ins Feld gestellt zu werden. Gott weiß, wo sie hinkamen. Und nun begann die Heide, still und unaufhaltsam, das ihr entrissene Gebiet wiederzugewinnen. Das ist wie eine versunkene Stadt, über die voll Gleichmut das ewige Wachstum hingeht. Da stehen Heidekraut, Birken und junge Kiefern. Ich folge einer chaussierten Fahrstraße, plötzlich ist sie fort, unter dem Heidekraut verschwunden. Rötliche Ziegelreste leuchten in der Mittagssonne, hier und da sind noch die Linien von Fundamenten zu erkennen. Es geht ein Insektengesumm, ein leichtes Windrauschen, sonst ist kein Laut vernehmlich, wo ehemals Stimmengewirr, Kommandorufe, schwermütige Lieder, Balalaikaklänge getönt haben. Es ist in dieser heißen Unbeweglichkeit, als ginge eines jener mittäglichen Gespenster um, von denen die slawischen Märchen berichten.

Ein einziges massives Gebäude ist, halbverfallen, stehengeblieben, Fenster und Türen fehlen, es mag Maschinenhaus oder Depot gewesen sein. Ich lehne mein Fahrrad an die bröcklige Mauer, trete ein, durchgehe ein paar wüste Stuben und glaube mich wieder im Kriege.

Es hat etwas Erschreckendes, in gänzlicher Einsamkeit sich jählings einem Menschen gegenüber zu sehen. In einem der Zimmer hockt ein alter Mann am Boden und raucht eine Pfeife. Er hat ein Gesicht wie Wurzelgeflecht, darin kleine, pfiffig zwinkernde, nicht ungute Augen. Er spricht hochdeutsch, ein wenig geschraubt, wie es einfache Leute tun, die gern, aber wahllos lesen. Wir plaudern ein paar Worte, und ich lasse mir den Weg zum Gefangenenfriedhof schildern. Er sieht mich lauernd an, er unterbricht sich. »Ich habe einen scharfen Blick«, sagte er. Und noch einmal: »Einen scharfen Blick.«

»Daß Sie ein Gelehrter sind«, erklärte er weiter, »das habe ich gleich an der Brille gesehen. Aber ich sehe auch, daß Sie ein Doktor sind, weil Sie solche Narben haben.«

Ich möchte widersprechen, doch komme ich gegen seine bestimmte Art nicht auf. »Nein, nein, ich weiß, solche Narben haben nur die Ärzte.« Ich will erklären, er beharrt, ja, er tadelt: Warum ich denn meinen Beruf verleugnen wolle? »Das tut man doch nicht.«

Er beginnt, auf Kassen und Ärzte zu schelten, wobei er mich dringlich ausnimmt. Ich merke endlich, worauf es abgesehen ist. Er schildert sein Magenleiden, und selbst ein Mann ohne Schläger- und Säbelnarben müßte erkennen, daß es sich um sehr gewöhnliche Übersäuerungsbeschwerden handelt. Er will Rat, ich empfehle Kalmuswurzel, die ich selber gebrauche. Ob das teuer ist, fragt er argwöhnisch. »Nein, für zehn Pfennige bekommen Sie eine Tüte voll, das reicht für Monate.« Indessen ist er noch nicht zufrieden, alles muß doch seine Richtigkeit haben, er verlangt ein Rezept. Schließlich reiße ich ein Blatt aus meinem Notizbuch, datiere und schreibe:

»Rp. Radix Calami 3 x tägl.

Dr. Katzenberger«

Der Soltauer Apotheker wird lächeln, seit wann benötigt man zum Ankauf von Kalmuswurzel ein Rezept? Und sollte er zufällig ein Jean-Paul-Verliebter sein gleich mir, dann wird er ein zweites Mal über die Unterschrift lächeln, und sich der Badreise erinnern, aus der ich eine Radreise gemacht habe. Mein Patient bedankt sich, und ich biete ihm zum Abschied einen Kognak aus der Reiseflasche an. Das ist freilich eine Sünde gegenüber einem Menschen, welcher der Kalmuswurzel bedarf. Allein ich bedarf ihrer ja auch und trinke mit. Er wiederholt mit stolzem Zwinkern: »Ich habe einen scharfen Blick. Solche Narben haben nur die Ärzte. Schönen Dank auch, Herr Doktor.«

Der Friedhof liegt verlassen unweit der wüstgewordenen Stadt. Grab an Grab, Heidekraut blüht dazwischen, Birken und Fichten geben einen sparsamen Schatten. Winzige Holzkreuzchen, mit Nummern bezeichnet; liegt ein Russe darunter, so tragen sie Quer- und Schrägholz. Das Schrägholz hat nach Meinung der östlichen Christen dem Erlöser nicht nur als Stütze für die durchgrabenen Füße gedient, sondern indem es abwärts zeigt, deutet es auch auf die Fahrt hinab zur Hölle, die den Erzvätern und Frommen des alten Bundes die Erlösung brachte.

Ein Denkmal, zum Großen angelegt, aber unvollendet, rührt von einem belgischen Bildhauer her: eine offene Halbrotunde, nur die Gestalt einer trauernden Mutter ist ausgeführt.

Ich gehe auf und nieder zwischen den Gräberreihen; fast tausend Tote sollen hier liegen; es ist einsam und still wie in den unkenntlich gewordenen Gassen des Lagers. Es fällt mir das schöne Wort ein, das die Russen brauchen an Stelle unserer barbarischen Bezeichnung »Massengrab«; sie sagen: »brüderliches Grab«. Ja, dies ist ein brüderlicher Friedhof. Mag an allen, die hier bestattet wurden, mag von dem Kriegssturm, der sie hierher geweht hat, das Wort des alten Schäfers gelten: »Dat is Gotts Will un Gotts Wehr.«

Von der Friedhofspforte kehre ich noch einmal zur Lagerheide zurück. Daß hier diese Stadt der Gefangenen stand, das wird nach Jahrzehnten bereits eine Sage sein. Nach Jahrhunderten aber wird man raunen von einem gewaltigen Heer aus allerlei Völkern, das hier unter dem Heidekraut schläft. Und vielleicht wird diesen Sagen vom großen Totenheer als winziges buntes Schnörkelchen eine Geschichte von einem fahrenden Wunderdoktor angehängt sein.

Durch die Heide

Es ist schwer zu sagen, welche Jahres- und Tageszeit in der Heide Auge und Herz am stärksten faßt. Das brütende Schweigen des Sommermittags? Oder das zögernde Emportauchen der geisterhaften Wacholderbäume aus dem weißlichen Nebel eines späten Herbstmorgens? Untergang der Sonne hinter den Eichen eines einsamen Heidehofes am Himmelsrande? Das Hinfauchen der Novemberstürme über die braune Steppe? Bienengesumm und rötliche Blütenmeere im letzten Augustdrittel? Oder der zarte Schimmer der Buchweizenfelder, wenn ihr Erblühen anhebt? Mondweiße Nächte im Totengrund? Schwärzlicher Gewitterhimmel zur gelbleuchtenden Ginsterzeit? Glitzernde Wiesenflüßchen im Licht eines Maimorgens? Rauhreif im Lüß-Urwald?

Jedes Wetter, jede Art des Lichts, jede Färbung des Himmels gestaltet die Heide um; es ist, als öffne sich dies große, geduldige, ergebene Gelände williger als andere Landschaften allen Einwirkungen von oben, dennoch in Unbeirrbarkeit sein eigenes Wesen festhaltend.

Welch eine wunderliche Fehlmeinung bezeichnet die Lüneburger Heide als eintönig! Hier treffen Landschaftsbilder von erdenklichster Mannigfaltigkeit zusammen. Und auch das gehört zur Art der Heide, daß jedes Einzelne, jede Vertikale sich erbötiger dem Blick überläßt und ihn zugleich strenger auf sich befiehlt als anderswo. Gerade weil in der weiten Fläche sich die Blickpunkte nur sparsam dem Auge bieten, darum hat ein jeder diese schwer beschreibbare Gegenständlichkeit, jeder Wacholder, jede windkrumme Kiefer, jeder verfallene Schafstall am Horizont, jeder Immenstand, jeder Bauernhof, jede begegnende Menschengestalt. Denn das ist wunderbar: die Fremden strömen zu, und doch vermögen sie, zu Tausenden, der Heide nicht gänzlich ihre Einsamkeit zu nehmen. Selbst an Feiertagen wird man unversehens immer wieder eine Stille um sich finden, eine Unabmeßlichkeit, vor der man erschrickt.

Ich habe die Heide zu Rad und zu Fuß durchstreift, ich habe die dunstige Feuchtigkeit der Moorgebiete geatmet, die trockene Mittagsglut auf den bräunlichen Hügelkuppen und die reine Frischung der berieselten Wiesen, an deren Rändern die alten Eichen stehen; ich habe im Heidekraut des dürren, im graugrünen Torfmoos des feuchten Bodens gerastet; zwischen dem Ginster der Abhänge, im wilden Dunkel des Süll-Forstes wie im grünen Baumdurcheinander der Bauernwälder und an jenen rätselhaft hingetürmten Steinblöcken, unter denen vergessene Königsgeschlechter ihren Schlaf in der Erde halten. Ich bin eingekehrt in Heidedörfern und in Heidehöfen mit urtümlichen, ungenagelt aus Eichenästen zusammengefügten Zäunen. Ich meine manches gesehen zu haben, und nur einem bin ich nicht begegnet: jener Einförmigkeit, die das Herz beklemmen kann.

Die Heide ist, als Ganzes gesehen, nicht flach, sondern wellig, ja hügelig; Erhebungen von geringer Höhe wirken bei der niedrigen Lage des Grundgebiets durchaus als Berge. Neben Heidekraut und Moos haben die Stechpalme, das Heideröschen, die weiße Immortelle ihr Recht, Preisel- und Heidelbeeren, die seltene Zwergbirke, die dunkle, anderwärts ausgestorbene oder mit Sorgfalt behütete Eibe, die ehedem in Wäldern große Teile Deutschlands bedeckte und unseren Vorfahren das Holz zum Bogen gab. Die uralten Dietwege sind eingefaßt von Apfelbäumen, von Ebereschen mit flammenden Beerenbüscheln, von Birken, die mit ihren weißen Stämmen, ihrem lichtgrünen oder herbstlich goldgelben Laube einen wunderbaren Ton in die bronzedunkle Grundfarbe setzen.

Aber die Mannigfaltigkeit der Heide liegt nicht nur im Raum, sondern auch in der Zeit. Die fortschreitende Urbarmachung wandelt das Bild; viel stärker noch tut es das unaufhaltsame Vorrücken des Waldes. Dies hängt – sieht man von den Aufforstungen einzelner Strecken ab – aufs engste mit den Schnucken zusammen.

Die Schnucken – »un peuple sauvage, nommé Heidsnuck« – gehörten ehemals zu den augenfälligsten Kennzeichen der Heidelandschaft. Heute, da die geringwertige Schnuckenwolle wenig begehrt wird, ist auch die

Schnuckenzucht zurückgegangen. Dies wird jeder Liebhaber der Heidelandschaft und des Heidelebens beklagen; indessen fragt es sich, ob man einen Wirtschaftszweig aus Gründen des Gefühls künstlich beleben kann; auch das Köhlergewerbe, Inbegriff eines düsteren Waldmärchenschimmers, hat absterben müssen. Soweit ist es freilich mit der Schnuckenzucht noch nicht gekommen. Immer noch sieht man den strümpfestrickenden Schäfer, er braucht keineswegs ein Greis zu sein, mit den huschigen, behenden Tieren über die Heide ziehen. Die Schnucke ist von gänzlich anderer Art als alle übrigen Schafrassen; sie ist die kleinste von allen, ist temperamentvoll, zierlich, ja verspielt, schwarzgrau bis bläulich, in der ersten Jugend merkwürdigerweise kohlschwarz. Von der Seite der Wolle her wird heutzutage dem Rückgang der Schnuckenzucht kaum gesteuert werden können; eher wäre es denkbar durch eine Belebung des Absatzes von Schnuckenfleisch. Warum sollte es nicht auf den Märkten von Hamburg, Bremen, Hannover, Magdeburg, Berlin erscheinen dürfen? Ich will gern teilnehmen am Verzehr; denen, welchen ich wohl will, rate ich herzlich ein Gleiches an. Im Geschmack verhält sich Schnuckenfleisch zu Lammfleisch wie Auerochsenfleisch zu Rindfleisch. Nun ist aber für den Schreibenden die Regel gültig, das Unbekannte mit dem Bekannteren, nicht dem noch Unbekannteren zu vergleichen, und ich darf unmöglich annehmen, Auerochsenfleisch sei sehr bekannt; ich selber aß es beim großen Vormarsch 1915 im Urwald von Bialowies, roh durch die Drehmaschine der Feldküche gelassen, mit Salz und Pfeffer, ein ganzes Kochgeschirr voll. Es ist guter Rindsgeschmack mit einem reizvollen Hauch von Wild. Und unter der gleichen Definition, aufs Lämmische angewandt, will ich zum Genuß von Heidschnuckenfleisch ermuntern.

Heidschnuckenstall in der Lüneburger Heide

Die gefräßigen, scharfzahnigen Schnucken weiden allenthalben jeden Anflug von jungem Walde ab. Wo sie nicht mehr hinkommen, da wird die

Heide schnell vom Walde verzehrt. Der Rückgang der Schnucke bedingt aber nicht nur den Rückgang der eigentlichen Weidefläche, er bedingt auch den Rückgang der Bienenzucht. Feinde der Bienen sind die Spinnen; nicht nur, daß sie selbst den Bienen am Stock auflauern und der Imker sorglich auf Abwehr bedacht sein muß –, aber sie überziehen, vornehmlich in Perioden der Trockenheit, das Heidekraut mit ihren Netzen und sperren den Bienen den Zutritt zur Weide. Dies hat keine Gefahr, wo große Schnuckenherden regelmäßig über die Heide gehen und unwissentlich, aber unerbittlich, die Netze zerreißen. Bleiben jedoch die Herden aus, so erwächst der Immenzucht eine spürbare Störung. Viele Heidjer bringen ihre Bienenkörbe in großen Leiterwagen zur Obstblüte in die Vierlande oder ins Alte Land, in die eingedeichten Kirschen- und Apfelgebiete, um die Bienen hier Honig sammeln zu lassen. Neuerdings hat man sich gewöhnt, zum Schutz gegen Schädlinge die Obstbäume bis zu drei Malen jährlich zu spritzen. Das hat die Obsternte reicher gemacht, die Obstgüte höher, aber der Honig ist davon geringer geworden, zahlreiche Bienenvölker sollen unter der Einwirkung der verwendeten Chemikalien verkümmert oder eingegangen sein. So wunderbar hat die Natur ein Ding vom andern in Abhängigkeit gesetzt.

Motiv aus der Lüneburger Heide

Die ursprüngliche Heidenatur vor jeder Änderung zu sichern, hat man die Gegend um den Wilseder Berg zum Schutzgebiet erklärt. Das Wort »Naturschutzpark« hat einen wehmütigen und bizarren Beiklang. Ja, ist es denn so weit gelangt auf dieser Erde, daß die Natur, unser aller Zeugemutter, aus der wir gekommen sind und in die wir wieder eingehen werden, unseres Schutzes bedarf? Gewiß ist das Wegwerfen von Butterbrotpapier eine schlechte Sitte, aber doch nur deswegen, weil unser Wald kein unbedingter Wald, unsere Natur keine unbedingte Natur mehr ist. Einer solchen gegenüber wäre jeder menschliche Schutzversuch eine lächerliche Anmaßung, und in einem wildwachsenden Walde alter Art und Zeit könnten ganze Männergesangvereine ihre Frühstücksumhüllungen zurücklassen; sie würden sich verlieren wie Zigarettenstummel im Ozean. Diese Art von Wald, diese Art von Natur haben wir in Deutschland kaum mehr. Es wäre töricht, wollten wir uns das Gegenteil einreden; wir haben uns abzufinden. Allenthalben ist die Landschaft gezähmt, ist von einem freundlichen Fleiß in Arbeit und Obhut genommen. Dies ist nicht nur ackerbaulich zu verstehen. Die deutsche Landschaft ist, – es klingt paradox, – Schöpfung ihres Geschöpfes, des sie liebevoll bewahrenden Menschen geworden. Jungfräuliche Wildnisse mit ihren Schrecken und ihren Offenbarungen haben innerhalb der deutschen Grenzen keine Stätte. Die Waldbäume sind beim Forstamt registriert, am wildesten Felsenabsturz läuft ein behütender Drahtzaun entlang. Und hierin offenbart sich einer der tüchtigsten und liebenswertesten Züge des deutschen Volkscharakters: der Drang, sich wohnlich und in Ordnung einzurichten auf der Erde und alles Äußere überschaubar zu machen, da es nun einmal bestimmt ist, daß alles Innere problematisch zu wogen habe, ständig erfüllt von verwegenen Auf- und Untergangsbereitschaften.

Wir haben Grund, für die Schaffung des Schutzgebietes um den Wilseder Berg von Herzen dankbar zu sein. Hier ist Heidelandschaft, aber auch Heideleben erhalten, Heide in der Quintessenz. Unweit des Berges, des höchsten im ganzen Heidelande, erwartet den Wanderer einer der bannendsten Eindrücke deutscher Landschaft: der Totengrund, eine einsame und wahrhaft mit der Erhabenheit des Todes das Herz erschütternde Schluchtbildung. Totenbleich ziehen sich die weißen Sandwege zwischen schwärzlichem Wacholder hinan. Diese Bäume mit ihrer starren, von keinem Winde zum Rascheln gebrachten Unbeweglichkeit üben nirgends eine solche Gewalt wie hier. Manche sind mehrstämmig, manche seitlich gedehnt und abenteuerlich zerklüftet, andere erinnern an die strenge Architektonik ihrer südlichen Schwester. Vor den Hängen des Totengrundes drängen sich Rilkes Verse ins Gedächtnis:

»Wie Mönche in grauen Kapuzen steigen Zypressen hinauf.«

Einen Naturschutz für Menschen gibt es nicht. Dennoch hat sich, allem Fremdenwesen zum Trotz, von der alten Eigenwüchsigkeit der Heidjer noch vieles erhalten. Es ist ein zäher, langsamer, schwerer Schlag; der Gang scheint bestimmt vom geschlechterlangen Stapfen durch Heidesand oder Morast. Es gibt kein besseres Zeugnis für die Art einer ansässigen Bevölkerung als die Tatsache, daß sie sich von einem entwickelten Fremdenverkehr nicht hat demoralisieren lassen. Ein zäher Bearbeiter mageren Bodens, hat der Heidjer eine echt bäuerliche Lust an Erwerb und Besitz, aber im ganzen Heidegebiet bin ich keinem einzigen Übervorteilungsversuch begegnet; hierin steht die naturgemäße Gastlichkeit dünnbesiedelter, ehedem schwer zugänglicher Gegenden noch heute in Nachwirkung. Zwischen Hotelgast und Hotelier findet in unseren Tagen insgemein keine andere Beziehung mehr statt als zwischen Passagier und Zugführer. In der Heide aber hat sich noch etwas erhalten von dem uralten, in all seiner selbstverständlichen Täglichkeit geheiligten Verhältnis von Wirt und Gast.

Lüneburger Regentage

Sommerlich gekleidet, ohne Hut, bin ich zu Rad, quer durch die Heide, in Lüneburg angekommen, am Abend eines heißen und sonnigen Tages. Dies war gestern; jetzt stehe ich in einem altertümlichen Hauseingang und traue mich nicht weiter, ein dünner Regenmantel ist mein einziger Wasserschutz. Endlich überquere ich mit ein paar Sprungschritten die Gasse, ich habe ein Mützenmacherschild entdeckt. Ich beschaffe mir eine Baskenmütze und fühle den sonderbaren jugendlichen Elan, der von dieser zufälligen, dieser unfeierlichen Kopfbedeckung ausgeht. Aber die vielgehörte Aussage, nach welcher der Ankauf eines Regenschutzes augenblicks heiteres Wetter heraufführt, bleibt unbestätigt.

Lieber und gewisser Besitz, ruht ein früherer Lüneburger Aufenthalt in meinem Gedächtnis. Dergleichen wieder in die Lebendigkeit rufen zu dürfen, ist immer eine Freude, vielleicht eine stärkere als die des erstmaligen Empfangens. Wenn der Regen aufgehört hat, will ich aufs Rad steigen und zum Kloster Lüne fahren. Der grüne Efeu wird feucht schimmern über dem roten geistlichen Backsteingemäuer. Ich erinnere mich der Kirchenhallen, erinnere mich des weiten Blickes vom Kalkberge auf die beiden Landschaften, an deren Grenze Lüneburg liegt: die hügelige, waldige Heide und die weite Ebene der Elbmarschen. Aber da ich oben stehe, zu ungeduldig, als daß ich die Wiederkehr der Sonne hätte abwarten mögen, da gewahre ich nichts als ein graues, nebliges, ungutes Gewirr. Langsam schwemmt dieser zähe Regen alle meine baskische Verwegenheit und Unternehmungsfreudigkeit davon. An das Kloster Lüne denke ich schon nicht mehr, und in den städtischen Kirchen mag es düster sein bereits zur Vormittagszeit.

Der Regen löscht alle Farben aus. Die rötlichen Giebelhäuser verwittern und vergrauen. Witwenschleier flattern über den niedrigen Himmel, der mächtige, gedrungene Turm von St. Johann am Sande drückt die ganze Kirche in den nassen Boden, sein grünes Dach ist eisengrau geworden.

Ein Tag geht hin wie der andere. Das helle bunte Lüneburg jener alten Sommertage hält sich verschlossen. Habe ich nicht schon hundert Male unter diesem Torbogen gestanden und mich gescheut vor dem Entschluß, den getreuen urväterischen Schutzort zu verlassen? Die Dämmerung beginnt früh; so frühzeitig wie heuer mit diesen Regentagen der Herbst begonnen hat. Früh gehe ich schlafen. Nachts höre ich den Regen auf dem Fenstersims, tröstliches, schläferndes Gleichmaß.

Lüneburg, Kaufhaus und Kran

Vor dem Rathaus trieft der samstägliche Wochenmarkt, alle Ausrufe sind gedämpft von wattigem Nebel. Die Wagen, die zu Markte kamen, haben sich mit unförmigen Leinwandplanen gedeckt, hier und da lugt ein Kinderkopf unter dem Prasseldach hervor. So mögen früher im Regen die Kaufmannswagen gestanden haben, lange Reihen, die Waren aus Lübeck oder Dortmund brachten, um das feinkörnige Salz heimzuführen.

Mißfarbig hebt sich die Fassade des Rathauses, an dem ein halbes Jahrtausend gebaut hat; neben allegorischen Gestalten staatlicher Tugenden stehen unerschüttert die vier Kaiser des Römischen Reiches, große Herren der Gerechtsame und Gesetze: Justinian, Karl der Große, der rotbärtige Friedrich, Karl V. Ach, mir ist, als müßte auch drinnen alle Farbigkeit von den

Wänden gespült sein. Und in meiner Erinnerung leuchten diese Säle und Stuben in solcher Maler- und Schnitzerherrlichkeit, daß ich mein Gedächtnisbild von damals nicht an dem trüben Licht dieses Tages messen mag.

Ich erinnere mich der sorgsam bewahrten Knochen eines Schweines, von dem die Sage behauptet, es habe durch sein Wühlen die Salzquelle und damit den Weg zu Lüneburgs Größe freigelegt, ich erinnere mich eines Reliefs mit der Enthauptung des Titus Manlius Torquatus, auf dem eine Guillotine abgebildet ist, zwei Jahrhunderte vor dem erfinderischen Dr. Guillotin. Ich erinnere mich der verborgenen, keinem Lauscher zugänglichen Körkammer, darinnen Ratsherrn und Sodmeister gekürt wurden; der aufsteigende Rauch eines Kaminfeuers hatte nach römischer Konklavesitte den Quiriten von Lüneburg die geschehene Wahl anzuzeigen. Und ich erinnere mich eines vergoldeten Pokals, dessen prächtige Inschrift ich mir notierte:

»Juchheia in God dinem Heren,
dat heet di mit Billichheid Nemand to verkeren.
Mit Dankseggінge drink unde it,
God, sin Word und der Armen nimmer vergit.
Wes froich mit dinen Gesten,
it und drink des Besten.
Sulckes kann God wol liden,
aver den Avervlot scholtu miden.
Und wes di God mer heft verbaden,
darmede scholtu din Herte nick beladen.«

Dann liegt bald wieder die Dämmerung in den engen, regenfeuchten Gassen, rauchblau und grau. Krumm und schief ducken sich die alten Häuser zusammen, gesenkt von allerlei heimlichen Geschehnissen tief im Boden, denn die Sole rinnt unterirdisch durch die Straßen, aus dem frühen Mittelalter wird vom Absacken eines ganzen Stadtteils berichtet. Eine Schwermut der Vergänglichkeit, Schwermut des Herbstes tropft von allen Dächern, von den zierlichen »Utluchten«, den Erkern, von denen die häusliche Lüneburgerin auf die Straßen auslugen konnte, rieselt über Beischläge und schmuckreiche

Vorbauten. Befangen in Träumerei, fröstelnd und schläfrig streiche ich durch die Straßen mit den lieben Namen: Auf dem Meer, Neue Sülze, Abtspferdetränke, Salzstraße am Wasser, Reitende Dienerstraße, komme zu St. Nikolai, zur Michaeliskirche, deren Orgel zwei Jahre lang von Johann Sebastian Bach gespielt worden ist, krieche durch dunkel werdende Höfe und Winkel. Ich hocke grüblerisch im Tabaksqualm kleiner Kneipen und wärme mich an Grog und Haidmärker. Neben mir sitzen zwei alte Heidjer und schelten: Sie sind zur Stadt gekommen, um ein Regimentsfest der Dragoner mitzufeiern, aber der Regen läßt den Umzug nicht zu.

Gegen den Abend schiebt sich zögernd auf Augenblicke eine blasse, brüchige Mondscheibe aus dem Düster. Ja, so hell hat einstmals der Ruhm Lüneburgs gefunkelt, daß die alte Zeit keine stolzere Gründungsgeschichte zu erzählen wußte als diese: Julius Cäsar, in welchem des Heiligen Reiches erster Kaiser und der Erbauer seiner sieben vornehmsten Städte erblickt wurde, Julius Cäsar habe auch Lüneburg gegründet und gleichwie er jede dieser sieben nach einem göttlichen Planeten nannte, so Lüneburg nach der Luna, dem Monde …

Der Mond verschwindet wieder. Es ist Regenzeit, Herbstzeit, Dämmerzeit, Schlafenszeit. Wir wollen schlafen.

Alltag und Geheimnis

Mein Vater lebte eine Zeitlang in Wladiwostok; einer meiner Freunde hat in Timbuktu und am Nordkap gemalt; ein Großonkel von mir war Kommandant einer Festung in der Gegend von Taschkent. Ich kenne Leute, die Neu-Kaledonien und Vancouver besucht, andere, welche die Pampas durchquert oder die Kordilleren überstiegen haben. Aber ich finde in meiner gesamten Bekanntschaft keinen einzigen Menschen, der in Buxtehude gewesen wäre. Diese Stadt gilt vielen als legendär; es ist mir nicht gelungen, ihr Dasein meinen Kindern glaubhaft zu machen. Selbst als ich sie meiner Tochter auf dem Atlas zeigte, hat sie eine zwar undurchschaubare, aber um so arglistigere Täuschung vermutet; nicht einmal die Ansichtskarte, die ich ihr hernach aus Buxtehude schickte, hat sie gänzlich zu überzeugen vermocht, während sie sich von mir gern und gläubig von Wolkenkuckucksheim, der Katzengoldküste und dem wunderbaren Lande Orbispictus erzählen läßt.

Der Gedanke, es könne mir einmal gelingen, auf dem Marktplatz von Buxtehude zu stehen, hat für mich Jahre hindurch eine geheimnisvolle Lockung gehabt. Und nun, siehe da: Ich bin in Buxtehude, und ein ebenso freundlicher wie kenntnisreicher Buxtehuder setzt mir auseinander, unter »Hude« sei eine Fährstelle zu verstehen und Buxtehude aus Bokestadehude entstanden, so daß der schnurrige Name eine Fähre an einer Buchenstätte bedeute. Da haben wir denn nun eine vielleicht richtige, vielleicht unrichtige, in jedem Falle höchst nüchterne Erklärung, und all das Eulenspiegelische, Neckende und Lügenmärchenhafte scheint sich davor verflüchtigen zu sollen.

Und doch brauche ich mir nur ein paar Male das Wort Buxtehude vorzusagen, und augenblicks befällt mich wieder die alte Kindervorstellung von einer bunten Stadt der lustigen Unmöglichkeiten.

Fragt man bescheiden einen Buxtehuder Bürger, wie denn der absonderliche Ruhm seiner Vaterstadt entstanden sein möge, dann zuckt er wohl die Achseln und meint, darum habe er sich noch nie gekümmert. Allenfalls weist er auf den Wettlauf zwischen dem Hasen und dem Swinegel hin, den das Märchen in die Gegend von Buxtehude verlegt. Wir Auswärtigen freilich möchten eher meinen, erst der vergnügliche Beiklang im Ruf dieser Stadt habe es zuwege gebracht, daß die geliebte Geschichte sich gerade hier und nirgendwo anders lokalisiert hat. Sie steht nicht allein unter den Merkzeichen Buxtehudes; da ist noch der sagenhafte, vielberufene Hund, der »mit dem Schwanz bellt«; und da ist der berühmte saugrobe Buxtehuder Schmied – heute ist er tot, und sein Sohn setzt die urwüchsigen Traditionen des Vaters auf eine gezähmtere Art fort. Es geht dabei um eine volkstümlich derbe Verjüngungs- und Wiedervermännlichungsprozedur, über deren erfolgreiche Vornahme unter kräftigem Umtrunk scherzhafte Diplome ausgestellt werden. Der Brauch mag zurückgehen auf uralte und geheime Schmiedeheilkünste, die sich aushöhlten und verdünnten, wie sich in neuerer Zeit alles Leben verdünnt hat, bis zuletzt nur noch ein schaler Bierulk für Sonntagsausflügler und »Herren«-Gesellschaften aus Hamburg zurückblieb.

Buxtehude, Heimatmuseum

Nein, all diese Späße reichen nicht hin, den wunderlichen Ruf Buxtehudes aufzuhellen. Vielleicht liegt er im drollig klingenden Namen, wie auch der fremdartig anmutende Name Kötzschenbroda diesem wohlgepflegten und villenreichen Dresdner Vorort zu seiner Vielzitiertheit verholfen hat. Aber Kalau, Schilda, das livländische Werro und das provençalische Tarascon? Es muß wohl so sein, daß einzelne Gemeinwesen gleich bestimmten Menschen auf eine unerklärbare Weise zur Rolle der lustigen Person vorerkoren sind. Und doch ist gerade Schilda der Geburtsort eines Mannes von Genie: des Soldaten Gneisenau, der nicht, wie viele andere, ein begabter Techniker des Krieges war, sondern eine der wenigen wahrhaften Feldherrnpersönlichkeiten der Geschichte. Vielleicht hat das Schicksal in diesem zufälligen Geburtsumstand uns ein wundersames Symbol hinstellen wollen. Allein das sind schon keine Buxtehuder Gedanken mehr, und ich weiß auch nicht, ob Dietrich Buxtehude, Johann Sebastian Bachs großer Vorläufer, mit dieser Stadt durch anderes als die bloße Namensgleichheit verbunden gewesen ist.

Buxtehude mit seinen gutmütigen rötlichen Häusern liegt, von der Este und ihren Armen umflossen, fast inselhaft auf der Grenze zwischen Marsch und Geest. Wie allenthalben an dieser natürlichen Grenze haben die Bremer Bischöfe hier eine Zwingburg hingesetzt, um die stiernackigen herrischen Marschbauern zu beugen oder doch zum mindesten abzuwehren. Quer durch die Stadt ging ehemals der Handelsweg Hamburg-Bremen; Buxtehude zog manchen Nutzen aus dieser Lage und war Glied der Hansa. Das alte Buxtehude darf man sich reich denken an stattlichen und zugleich behäbigen Bauten; das Feuer hat viel von ihnen weggefressen. Ein kleines, wohlgepflegtes Heimatmuseum hegt als stolzesten Besitz drei in der Nähe ausgegrabene Wikingerschwerter, herrliche Stücke, die Griffe mit eingelegtem Golde verziert. Auch zeigt man mir schöne, fast wuchtige Bernsteinketten, aus Stücken ungleicher Größe und Farbe eigentümlich zusammengesetzt; das eigentliche Bernsteinwesen kommt hier prachtvoll zur Wirkung, ganz anders als in den glatten und ideenlosen Ketten, die in großstädtischen Schaufenstern liegen. Es sind Trauerketten, wie sie in der Buxtehuder Marschgegend noch vor gar nicht langer Zeit gebräuchlich waren; nur Frauen, denen der Tod einen nahen Menschen genommen hatte, genossen die schwermütige Auszeichnung, sie tragen zu dürfen.

Ich sah Bilder von der ehemaligen Stattlichkeit der Buxtehuder Kirche, Bilder von der Feuersbrunst, die sie so böse mitnahm und ihr doch ein gutes

Stück von der alten Ansehnlichkeit lassen mußte. Ihre Glocken läuten zum feierlichen Frühgottesdienst, da ich mich zur Abfahrt anschicke.

Noch eine Rechenschaft möchte ich mir geben, ehe ich diese Kindertraumstadt verlasse. Sie galt uns für lustig, pudelnärrisch. Aber da gehen die Männer wohlrasiert zur Kirche, viele in Zylindern und schwarzen Abendmahlsröcken, Frauen tragen Gesangbücher unter dem Arm. Ein Eisverkäufer klingelt, unter den Linden am Wasser spielen Kinder, eine Rudergesellschaft ordnet sich in ihre Boote. Was ist wunderbar an Buxtehude? Menschen werden zur Welt geboren, Menschen werden zur Erde gebracht, Menschen gehen ihrer Lust und Mühsal nach wie allerorten. Es ist das liebe kleine deutsche Alltags- und Feiertagsgetreibe, das Ordnung und Befehl empfängt von der Wiederkehr der Jahreszeiten, dem Gang der Lebensalter, den Bedürfnissen der menschlichen Natur, den Bedingungen des Bodens, auf dem es seine Stätte hat. Dies alles hat seine Richtigkeit; es bedarf keines Wunders. Und dennoch wuchert unter all diesem Leben das Wunder fort und das Geheimnis, um plötzlich aufzuflackern; sei es als ein lustiger Kindermärchenschnörkel, sei es als wildes Schicksalsfanal oder als das jähe Erscheinen des Außerordentlichen, des Genius, so wie zu Schilda die abenteuerliche Geburt jenes Gneisenau geschah, den seine Mutter, die Soldatenfrau, wenige Tage danach, beim Rückzug der Reichsarmee, vom Bagagewagen verlor und der zu den Mitgestaltern eines Jahrhunderts wurde.

Das Alte Land

Buxtehude hat ein Marsch-Tor und ein Geest-Tor. Hierin drückt sich nicht nur sein geographischer Charakter aus, als der eines Grenzorts zwischen zwei scharfgeschiedenen Landschaftsgebieten, sondern zugleich die Eindeutigkeit dieser Grenze überhaupt. Geest ist das trockne, sandige, aber urbar gemachte Land, letzter Ausläufer der Heide, Roggen- und Kartoffelboden. Die Marschen sind Schlick- und Tonschlammstreifen längs der Unterelbe und Nordsee, schöner, schwerer, wertvoller Boden, fette Weiden zu Vieh- und Pferdezucht, Gärten zum Obstbau. Der Begriff einer Grenze mag einem hier in bilderbogenhafter Schärfe entgegentreten. Man geht einen Feldweg, linker Hand heben sich dürre Kuppen mit Heidekraut und Kiefern, rechts zieht sich grün das eingedeichte, fruchtbare Schwemmland zum Wasser hin. Kargheit, Härte, Zähigkeit auf der einen, breiter, bunter Wohlstand auf der anderen Seite; von Feindschaften zwischen Marsch- und Geestleuten wird viel berichtet. Es ist eine sonderbare Gefühlslust, den schmalen Grenzweg zwischen diesen beiden Erdteilen zu begehen oder zu befahren.

Merkwürdig ist im ganzen Marschengebiet von der Elbe bis an die holländische Grenze die Betonung, die man dem Worte »Land« gibt. Da sind die Vierlande, das Alte Land, das Land Kehdingen, das Land Hadeln, das Land Wursten, das Land Butjadingen, das Jever und Harlinger Land. Dies zeigt an, daß das Land hier nicht das Selbstverständliche ist, sondern das ewig Bedrohte, das dem Wasser streitig zu Machende; die Marschen liegen zum Teil unter der Höhe des Meeresspiegels. Oft brauchte es künstlicher Erhöhungen – man nennt sie Wurten –, um sichere Wohnstätten zu schaffen. Die niederelbischen Marschen sind von wassergewohnten und deicherfahrenen Männern besiedelt worden, von niederrheinischen, holländischen, flämischen Kolonisten. Die gemeinsame Deicharbeit, die Teilhaberschaft am Schutz einer Deichstrecke ist hier die Urzelle aller Staatlichkeit gewesen. Noch heute ist ein Geist eng nachbarlicher Zusammengehörigkeit bei gleichzeitigem Abschluß gegen alle entferntere Nachbarschaft lebendig, und er ist stärker als administrative und politische Grenzen. Auch hiervon findet sich etwas angedeutet im Sondergebrauch des Wortes »Land«.

Beim Aufbruch von Buxtehude habe ich mich für das Alte Land entschieden, das Obstgebiet an der Unterelbe. Ich fahre auf Deichen oder neben Deichen her, erst die Este, dann die Elbe entlang, dazwischen von brückenreichen Seitenwegen stundenweit fortgelockt.

Es ist eine schöne stille Landschaft und kann doch unversehens ihre Schwermut ins Herz senden. Saftige, satte Wiesen, mit dunkleren Baumgruppen bestellt, von langsamen Wasserläufen durchronnen, erreichen den Horizont. Unendlich lang, ohne Quergassen, dehnen sich die Ortschaften an den Landstraßen; viele Häuser sind einem Wasserlauf zugewandt, dann liegt ein Kahn vor der Haustür.

Pferde weiden auf wasserumzogenen Wiesenstücken, einen schmalen Nebenweg entlang trotten schöne, schwarzweiß gefleckte Oldenburger Rinder, hinter ihnen zu Rad ein Hütemädchen, die lange Peitsche in der Hand, der billige Blusenflitter leuchtet in der Sonne. Von einem der behäbigen Reihendörfer kommt Glockengeläut durch die blaue, glasklare Luft. Jeder Ton hat seine eigene Bedeutsamkeit, denn das Alte Land ist stumm, Vögel sind Obstfeinde, Vögel werden nicht gelitten.

Das Land ist hier kostbar, mit fünfzig Morgen ist einer ein großer Bauer, die Häuser haben nicht nur Wohnlichkeit, sondern auch Prunk; sie spiegeln das Selbstgefühl eines Bauerntums, das nie eine Hörigkeit kannte.

Eine eigentümliche Augenfreude ist, ein jedesmal von neuem, der Blick auf eine der zahllosen stillen Wasseradern, die diesen riesigen Fruchtgarten durchziehen. Oft sind es grüne Steige, nur Geisterfüßen beschreitbar, so gänzlich deckt sie das stumpfe, helle Grün der Entengrütze. Kalmus und hängende Fruchtzweige zeichnen in der windlosen Ruhe dunkle, unbewegliche Schatten darauf. Ich schaue ihnen nach, bis sie sich in der Ferne unter den tiefgesenkten Obstzweigen dem Blick entrücken. Manchmal löst sich eine reife Frucht vom Ast und fällt mit einem dumpfen Klatschen ins Wasser. Dann ist die Stille wieder vollkommen. Hier müßte es gut sein, ein Haus zu haben, ein Stück Land, Kirschenbäume und eine Angelrute. Gleichviel – wir alle müssen unserem Schicksal auf unsere Weise gehorsam sein.

Jenseits der grünen Elbwiesen liegen Altona und Hamburg, ein Gewirr von Kirchtürmen, Schloten, Elevatoren. Dieser Stadtkörper ist zu mächtig, um mit einer eindeutigen Silhouette aufwarten zu können. Städte solcher Größe bedürfen, um ein geschlossenes Bild zu gewähren, schon einer Lage, wie Neapel sie hat. Köln hat die große Silhouette des Ufers, Rom und Stuttgart, silhouettenlose Städte, haben das zauberische Panorama ihrer Hügel- und Talbeschaffenheit. Aber wer hindert mich denn, meinen Elbdeich als Höhenzug zu betrachten und von ihm hinunterzuschauen auf eine große, im Talgrunde schön, ja, romantisch gelegene Stadt? Umsonst, das Städtemassiv dort drüben bleibt ein ungeformtes Gewürfel. Ich winke respektvoll hinüber: »Hummel! Hummel!« Die Antwort bleibt diesmal aus.

Ich nähere mich Harburg, dem amerikanisch hochgeschossenen. Wir haben gesungen: »Zu Harburg auf den Schanzen, da sollen die Soldaten tanzen.« Nach Schanzen schaue ich vergebens aus. Endlich beschließe ich, die Deiche dafür zu nehmen, und bin mit diesen Schanzen wohl zufrieden. Dann aber muß ich meinen hohen und blickreichen Deichweg verlassen und mich abwärts bequemen, in Hafen-, Werft- und Industriegelände.

Harburg ist eine Ölstadt. Ehedem leuchteten die gelben Rapsfelder der reichen Ölbauern in den Marschen, bis das Petroleum von Amerika und Kaukasien ins Land geflossen kam. Heute verarbeiten die Harburger Fabriken die Hälfte der gesamtdeutschen Ölsaateinfuhr. Harburg ist aber nicht nur die Stadt der Ölverarbeitung, sondern, so will mir scheinen, auch die eines jugendlichen Kunstsammelns. Das erste Kind, das ich nach der Richtung frage, antwortet pantomimisch, um sich sofort mit ungleich wärmerem Interesse zu erkundigen: »Onkel, hest'n Bild för mi?« Die Frage wiederholt sich mehrfach, allmählich erst merke ich, daß von jenen kleinen Bildchen die Rede ist, wie sie manchen Zigarettenpackungen beiliegen. Ich verteile Bilder und werde in Harburg populär.

Harburg ist eine Ölstadt. Mit Unwillen und Kummer erfüllt es mich daher, daß man mir einen Salat vorsetzt, dem außer Essig und Salz alle Zutat mangelt. Aber auf diese Weise schlägt die Eile ihren eigenen Herrn. Ich hätte bei meiner alten Gepflogenheit bleiben sollen, den Salat, allem kellnerlichen Kopfschütteln zum Trotz, unhergerichtet zu verlangen und seine Bereitung selber zu zelebrieren; wo angängig, nicht nur mit dem goldhellen Öl, sondern auch mit einem Schuß Wein. Aber vielleicht wäre diese italische Gewohnheit schon eine Herausforderung gegenüber dem Geiste des nordischen Harburg.

Malerdorf und Teufelsmoor

Worpswede ist ein kunstgeschichtlicher Name und ein verwaltungsmäßiger. Die Bauern brauchen ihn nicht. Sie sagen »am Barg« (am Berg). In der Tat ist der Weyerberg mit seinen einundfünfzig Metern der Akzent der Landschaft. Um diese bewaldete Höhe und ihre Ausläufer liegt der weite, schwer übersichtliche Ort.

Man kennzeichnet ihn nicht, wenn man ihn »Dorf« nennt. Er ist zwar immer noch Dorf, aber längst nicht mehr ausschließlich. Das Dörfliche durchkreuzt und mischt sich, nicht immer harmonisch, mit dem Kunst- und Fremdenwesen. Als Fremdenort ist Worpswede viel besucht, als Kunstort zehrt es nachsommerlich von einst, manchmal in betriebsamer Gewerbehaftigkeit. Doch ist die Gewalt dieser Landschaft so groß, daß sich hier jederzeit plötzlich eine neue Belebtheit gebären kann. Auch Weimar war nie bloßer Witwensitz der Musen, es hat Liszt gehabt, Paul Ernst, das Nietzscheerbe. Längst, nicht immer zum Vorteil, ist die Worpsweder Kunst über die Grenzen einer motivisch an Worpswede gebundenen Landschaftsmalerei hinausgewachsen, Plastik und Kunstgewerbe haben sich dazugesellt, und auch jene Spintisiererei, jenes Hantieren mit mancherlei Weltanschauungszubehör, das sich an der Peripherie allen Kunsttreibens anzusiedeln pflegt. Auch geschrieben und gedichtet wird in Worpswede. Ein freundschaftlicher Dichter nimmt mich in Obhut, holt mich in sein Haus, fährt mich im Kraftwagen weit hinaus durchs Teufelsmoor. Ich grüße ihn an dieser Stelle.

Das öde und wilde Teufelsmoor war in alter Zeit lange der Schlupfwinkel der Flüchtiggewordenen, später eine Art sibirischer Verbrecheransiedlung. Vor rund hundert Jahren nahm ein kluger und entschlossener Mann, königlich hannöverscher Moorkommissarius, das Ding in seine Hände. Entwässerung und Besiedlung begannen. Der schlimme Ruf von einst blieb noch lange über dem Teufelsmoor hängen, fast im Wege des Brautraubes mußten sich die Ansiedler ihre Weiber aus den Geestdörfern holen, und eine erbmäßige Feindschaft zwischen Moor- und Geestleuten glimmt noch heute.

Großartig ist die Weite und Wechselbarkeit des Landschaftsbildes. Ausblicke wie der vom Weyerberg, von der Plattform des Niedersachsensteins, von der Hammebrücke aus lassen sich nicht vergessen. Mag die Sonne wolkenfärbend über den Moorwiesen auf- und niedergehen, der Nebel frühmorgens wie ein dichtgewebtes Tuch über der Fläche liegen, Herbststürme und Vogelschwärme über sie hinstreichen – der Ausdruck wechselt ständig zwischen lichtester Zartheit und wilder Erbarmungslosigkeit. Hier sind Otto Modersohns spukige Dämmerungen zu Hause, die breite, volle, getreulich hingenommene Natur, ja selbst die Überzierlichkeiten einiger Maler aus Worpsweder Anfängen, und die Entblößtheit der Menschenkreatur, wie sie Paula Modersohn ergriff, die dreißigjährig auf dem Worpsweder Kirchhof begraben wurde.

Worpswede, Torfboote auf der Hamme

Mit Flut und Ebbe reicht die Nordsee beherrschend auf der Unterweser, den Moorflüssen und Entwässerungsgräben bis tief ins Land hinein und gibt auch vielem Menschlichen die Richte. Jährlich im November werden die Schleusen geöffnet, das Wasser überflutet die Wiesen, tötet Ungeziefer, setzt fruchtbarkeitsfördernden Schlick ab.

Es ist ein karges Leben im Teufelsmoor. Menschen und Landschaft stehen in inniger Wechselbeziehung. Die Moorbauern sind zurückhaltend, verschlossen, hart. Die Höfe liegen weit auseinander. Von der klinkergepflasterten Landstraße zweigen die langen Alleen ab, jede auf ein Gehöft zuführend; hat sie das Ziel erreicht, so bricht sie ab; jede menschliche Ansiedlung hat damit ihre Betonung, nichts ist zufällig oder mit Selbstverständlichkeit da. Hin und wieder steht frei eine alte Windmühle.

In der Winterzeit, wenn die Torfarbeit ruht, schnitzen die Moorbauern zu Gebrauch und Verkauf allerlei Gerät, Holzschuhe und Spatengriffe. Überhaupt wird hier noch vieles im Hause hergestellt, da scheint eine Urform menschlichen Lebens erhalten. Jeder Bauer hat seinen eigenen Torfstich, der sich dunkel vom Wiesenland absetzt. Mit altertümlichen Torfspaten und Torfmessern wird die harte Arbeit getan. Der Torf wird zu Wasser nach Bremen geschafft, zwei, drei Tage dauert die Fahrt. Die Torfboote sind schwarze, vorzeithafte Fahrzeuge, vorne haben sie einen winzigen Verschlag mit einem Öfchen, hier kann, arg zusammengekauert, der Torfhauer schlafen. Die Boote werden gestakt, bei günstigem Winde Segel gesetzt. Die Segel sind schwarz, wie Trauerschwäne gleiten sie unbeeilt; aus der Ferne habe ich Mühe, sie als Segel zu erkennen, sie scheinen im trockenen Lande still zu stehen. Die langsamen Moorflüsse liegen tief, oft unter dem Spiegel der Nordsee.

Ich selber habe eine wohlwollende Abneigung gegen das allzu enge Beieinanderhausen künstlerischer Menschen. Viel Wachsendes wird zerredet, auf kurze Fruchtbarkeiten pflegen lange Museumszeiten zu folgen, Verstimmungen und Empfindlichkeiten graben tiefer als in anderen menschlichen Zusammenschlüssen. In Worpswede aber hat ein künstlerischer Gemeingeist etwas wirklich Liebenswertes zustande gebracht: die »Slottschün«, die Schloßscheune. In gemeinsamer Arbeit der Künstler, – Arbeit eigener Hände, denn jeder griff mit zu, – ohne Mitwirkung bezahlter Arbeitskräfte ist eine alte Bauernscheune zu einem Heimatmuseum, Ausstellungs- und Geselligkeitsraum umgestaltet worden. Da ist materialgerechte, höchste Zweckmäßigkeit, alles ist richtig und vollkommen, ein rechtes Bauernhaus. Mit Schmuck und Hausrat geben die Räume ein treues Bild altbäuerlichen Wohnwesens, um die offene Feuerstelle stehen niedersächsische Melkschemel und laden zu herbstlichen Punschabenden. So etwas steht fester im Boden als die neueren Worpsweder Kunstbauten, um die so viel Rede und Lärm entstanden ist. Da ist einem Künstler das herzberauschende Glück geworden, das jeder sich erträumt: einmal mit vollen Händen ins Material greifen, einmal sich austoben, einmal alles im Inneren Drängende in Gestalt setzen zu dürfen, ohne Zwang und Rücksicht. Allein das Glück ist ein gefährliches Ding. Die alten Meister mögen oft geseufzt haben unter ihrer Fesselung an Auftraggeber und Regeln; nicht einmal die Farbenwahl stand offen, das Kleid der Muttergottes hatte rot, ihr Mantel blau zu sein. Aber in solcher Zucht ist das Herrlichste getan worden. Der Baumeister und Bildner von Worpswede hatte die Freiheit. Bald fühlte er sich auch dem Zwang seines Materials nicht mehr unterworfen; verloren ging die Ehrfurcht vor dem Material, das doch ein Stück der Natur selber ist. Und so stehen Willkür, Laune und Bizarrerie, zu Backstein geronnen, wunderlich und fremd inmitten der klaren Natürlichkeit der Bäume, Bauernhäuser, Äcker und Moore.

Nächtlich verzaubertes Bremen

Ich kam schläfrig in Bremen an, spät in einer warmen, bedeckten Nacht. Schon im Begriff, ins Bett zu gehen, empfand ich ein Verlangen nach frischer Luft und begab mich auf die Straße, eine wohlige Schlaffheit im Innern. Ich hatte von Bremen jene Vorstellung, die wohl alle Menschen haben, ich freute mich, andern Tages den Dom zu sehen, das Rathaus, den Roland, die Böttcherstraße, ich wollte in Bremen die Mutter der livländischen Städte ehren, deren Silberschlüssel in den Wappen von Riga und Dorpat wiederkehrt.

Es ist ein Abenteuer, zur Nachtzeit durch eine fremde Stadt zu wandern. Wirtschaften und Kaffeehäuser waren bereits geschlossen; hier und da lagen Schaufenster im verzerrenden Licht ihrer nächtigen Unwirklichkeit. Hin und wieder blitzten rasch entschwindende Kraftwagenlichter, verspätete Heimkehrer trotteten vorüber. Taghell, nein, nachtgrell war das leere Fenster einer Eiskonditorei erleuchtet. Ein Schild verkündete: »Ich verwende nur deutsche Rohstoffe und Zutaten.« Darunter stand: »ff. Ananas-, Vanille- und Schokoladeneis«.

Aus neueren Geschäftsstraßen gelange ich schlendernd ins Halbdunkel der Altstadt. Aus der Finsternis heben sich gewaltige Massen, Andeutungen von Konturen, die in der Schwärze zergehen. Da sind Plätze, die riesig erscheinen, denn ihre Grenzen lösen sich im Dunkel auf. Ich gehe durch das Gewirr eines Traumes, eines Steintraumes. Wuchtige Kolosse recken sich auf, eherne Türen voll Bildnerei, riesige, erzene Reiter, gewaffnete Vorzeitkämpfer; ein schmerzhafter Lichtschein fällt auf den Roland. Bin ich am Dom? An der Liebfrauenkirche? Da sind Kreuzgewölbe, Hallen, gotische Spitzbögen. Sind es Riesenbauten der alten hansischen Jahrhunderte oder beflissene Nachstilisierungen der Architekten? – jener sonderbaren Zunft, die alle Jahrzehnte einmal entdeckt, daß bisher niemand zu bauen verstanden hat und nun erst das Rechte anhebe? Was geht es mich an? Ein Traumschiff, treibe ich durch ein nächtliches Stadtmeer; längst habe ich alle Richtungen verloren. Plötzlich stehe ich vor bereits Vertrautem, voll jener ahnungsreichen Traumempfindung: diesen Traum hast du schon einmal geträumt. Mühsam entziffere ich wunderliche Straßennamen: Bischofsnadel, Schlüsselkorb, Albutenstraße, Ulenstein, Schlachte, Josephsgang. Ja, können denn Straßen so heißen außerhalb dieser Nacht? Morgen früh wird man lesen: Bismarckstraße, Schillerplatz, Friedrichstraße.

Brunnen plätschern, steinerner Zierat will mehr geahnt als erkannt werden, plötzlich werfen schwarze Gewässer den gelben Laternenschein zurück. Abermals gelange ich durch Arkaden und Pfeilerhallen, durch schmale Torwege, vorbei an Portalen mit verwitterten Wappen und barockem Schnörkelwerk, Löwen und Fabeltiere sperren breite Steinmäuler auf. Ich komme durch Höfe und Durchlässe, ist das ein Kreuzgang? Enge Gassen gleiten zwischen riesigen schwarzen Bauten wie schmale Schluchten, oben stoßen die Häuser zusammen, plötzlich glänzt in Ruhe ein einsamer Stern: Jupiter, heller, heiterer Gebieter! Eine Duftwolke steht im Schacht; sind es Rosen, Linden, Jasminblüten? Ich kann es nicht unterscheiden, und in Nächten wie in dieser sind ja auch alle Schranken der Jahreszeiten aufgehoben.

Bremen, der Roland

Liegt hier ein Garten inmitten der Stadt? Ein Parfümerieladen? Duftet es aus einem offenen Fenster? Sind es die Träume einer Schlafenden? Ein schönes, klangvolles Glockenspiel hebt an. Es verkündet eine Stunde. Welche? Ich hüte mich, die Schläge zu zählen. Vielleicht sind es dreizehn.

Aus verborgenen Lichtquellen brechen Strahlen auf. Das Gemäuer scheint weiß und rot. Eine maurische Traumstadt tut sich auf, Dekoration einer Zauberoper. Fluren und Treppenhäuser stehen offen, voll Licht. Metall funkelt, phantastische Zierate huschen auf mich zu. Und mich befällt jenes rätselhafte Gefühl, das die Franzosen »fausse reconnaissance« nennen, diese sonderbare Herzensmeinung, jählings in einem urvertrauten Orte zu sich zu kommen. Wo sah ich das? Wann träumte ich das? Nichts ist festgehalten, alle Impressionen drängen an, ein Geisterheer; du willst sie halten, sie sind vorüber, ungreifbar wie Traum, Duft, Geigenstrich. Woher quillt die Musik? Große Schauläden haben undurchsichtige matte Scheiben, hier und da wird das milchfarbene Glas plötzlich durchlässig, ich sehe ein winziges Tiefseespiel: nadellange Fischchen von nie gesehener Farbenzartheit schwänzeln um Muscheln und Schlingkraut im grünlichen Tiefenwasser.

Goldene Vögel jagen sich, Leuchtfarben schreien, mitten in der steinernen Gasse hebt sich breitästig ein verdorrter Baum. Riesenfetische, verworrene Ornamente starren von den Wänden, die immer enger zusammenrücken, im nächsten Augenblick werden sie mich erdrücken, ich werde aufschreien, erwachen! Allein da treibe ich wieder durch eine lange, gewundene schwarze Straße zwischen samtenen Felsenmauern; Pflanzen hängen von den Wänden, jemand summt eine Melodie.

Habe ich das alles wirklich gesehen? Bin ich zu Gast gewesen in einem barocken Zaubermärchen, in krausen Dichtersprüngen, in den Phantasien des Gozzi? Bin ich im Kreis gegangen? Plötzlich stehe ich wieder mitten im Wundergebiet. Perlen steigen aus dem Wasser auf, goldige, silbrige, glasklare Fischchen verlieren sich, winzige bunte Schleierchen, in der grünen Wucherwildnis tief unter der See, tausend Meilen unter meinen Schiffsplanken, erhellt vom Schimmer versunkener Armadaschätze.

Ich höre zankende Stimmen. Ein Schutzmann tritt auf, totenbleich vom Licht. Ich frage, er antwortet höflich: »Böttcherstraße«.

Am Morgen lag ein fahles, stumpfes Licht auf den Straßen vor meinem Fenster. Was hätte es mir geholfen, bei Tage die Stadt zu durchqueren und jedes Wunder sich auflösen zu sehen? Ich war gefüllt von dieser Nacht, satt von einer süßen Trunkenheit des Herzens. Gleich nach dem Frühstück bin ich zum Bahnhof hinuntergegangen und abgereist. Und durch ein ödes Zeitungsblatt habe ich meine Augen geschützt, bis Bremen in der weiten grünen Fläche zerstoben war und kein Anblick mehr mein nächtliches Bild verstören konnte.

Osnabrück

Der Friedensschluß von 1648 hat uns gewöhnt, die Städte Münster und Osnabrück als ein Gemeinsames zu nennen. Allein ganz abgesehen davon, daß Münster die Hauptstadt Westfalens ist, während Osnabrück seit längerem zu Hannover gehört: Es ist nicht ihre Gemeinsamkeit, sondern gerade ihre Verschiedenheit gewesen, was sie beide zum Schauplatz jener über drei Jahre währenden Friedensberedungen gemacht hat. (Sonderbar übrigens, uns Heutigen nicht leicht vorstellbar, müssen diese Verhandlungen gewesen sein: Friedensverhandlungen ohne Waffenstillstand! Diese Beredungen gehen fort, die Kämpfe desgleichen; jede von den Kriegsschauplätzen anlangende Nachricht wandelt die Voraussetzungen, verstärkt die Ansprüche der einen, die Nachgiebigkeit der andern Partei. Am Tage der Friedensunterzeichnung unternehmen die Schweden einen Sturmangriff auf die Prager Altstadt, so daß die letzte Kampfhandlung des gewaltigen Krieges ebendort geschieht, wo seine erste ihren Ort gehabt hat.)

Im bischöflichen, prachtreichen und stolzen Münster unterhandelte der Kaiser mit den katholischen Ständen und den Franzosen, in dem bescheideneren und volksmäßigeren Osnabrück mit den Evangelischen und der Krone Schweden. Osnabrück, obwohl gleich Münster von Karl dem Großen zum Bischofssitz erhoben, ist im Grunde doch nie eine geistliche Stadt gewesen. Eine Aufbegehrlichkeit, die sich an den Heidentrotz der alten Sachsen zu knüpfen scheint, hat sich hier durch die Jahrhunderte immer wieder gegen die Kirche erhoben; die Reformation fand schnell Eingang, aber nicht ohne Gewalttat und Ausschreitung; sie erfaßte die Stadt, nicht das ganze Bistum. Der Friede, der in den Rathaussälen von Münster und Osnabrück geschlossen wurde, trug auf eine merkwürdige Art der osnabrückischen Eigentümlichkeit Rechnung: Er bestimmte, daß in Osnabrück abwechselnd ein katholischer und ein evangelischer Bischof regieren sollten. Diese Zwieseitigkeit schwand mit der Säkularisation, aber noch heute teilt sich Osnabrück in beide Bekenntnisse. Auch sonst meint man einen Doppelcharakter zu spüren. Osnabrück ist nicht Westfalen, aber sehr westfälisch. Hier wird ein Pumpernickel gebacken, der sich vor dem münsterländischen nicht zu verbergen braucht. (Wie sonderbar aber ist es, daß man in den Hansestädten der Ostseeküste, in Lübeck nicht weniger als in Riga, unter diesem lieben, nach kräftigen Bauernspäßen klingenden Namen »Pumpernickel« ein hartes, knuspriges, süßes Mandelgebäck versteht, das zum Vergnügen der Kinder auch in Form von kleinen Spazierstöcken mit runden Krücken hergestellt wird.) Die Osnabrücker Industrie hat sich kräftig entwickelt, es gibt Eisen und Textilwerke, aber ein ländlicher, ein ackerbürgerlicher Charakter heimelt noch immer an. Auch in Osnabrücks Lage findet dies Doppelfaltige seinen Ausdruck, Mittelgebirge und nordwestliche Tiefebene verschwistern sich. Ich bin von Norden gekommen, durch das waldige Wiehengebirge, das erste Willkommszeichen der deutschen Mittelgebirgslandschaft. Südlich von Osnabrück liegt der Westteil des Teutoburger Waldes, mitteninne die Stadt im breiten Tal der gemächlichen Hase. Ganz mittelgebirgisch empfangen mich reiche Kirchen von lebendigem, gewachsenem Stein. Beim Dom auf der weiten und freien Fläche, die mir die Erinnerung an westfälische Ackerbreiten in den Sinn gibt, steht Justus Mösers Denkmal, des handelnden und schreibenden Staats- und Volksmannes von Osnabrück. Ein Erwecker vaterländischer Vorzeit, mitten in der Epoche Voltaires und Rousseaus, Kenner und Künder deutschen Volkstums zu einer Zeit, die dieses Wort gar nicht, diesen Begriff noch wenig kannte, so steht der treue und kräftige Mann nicht an einer der höchsten, wohl aber der gewissesten Stellen unseres Pantheons.

Hinter dem Dom trägt eins der vielen mit ihm verbundenen Gebäude auf dem Pfortengitter die Aufschrift: »Staatliches Gymnasium Carolinum, gegründet von Kaiser Karl dem Großen«. Ein solches Wort fällt wie ein Riesenschatten über den Lesenden und rückt ihn mit einem Schlage in die immer noch lebende Überlieferung des tausendjährigen Reiches. Hier hätte ich wohl zur Schule gehen mögen. Die Vorstellung einer geistigen Ahnenreihe von Einhard und Alkuin her hätte mir auch den Professor Brunnenwasser, ja, selbst den Oberlehrer Semmelmann erträglich gemacht. Wer aber hätte bestehen können, wenn »Kaiser Karl Schulvisitation hielt«?

Vielfach reicht ein ländliches Grün in die Stadt, ohne daß man gleich genötigt wäre, an die ein wenig mechanische Anlagenschafferei des vorigen Jahrhunderts zu denken. Wälle und Wallreste locken zum Umgang, uralte Hausteinmauern grenzen Gärten gegen die engen Straßen ab, und in den farbigen Renaissancefronten der Fachwerkhäuser lebt etwas vom Geist des altniedersächsischen Bauernhauses.

Osnabrück, Alter Markt

Bevor ich abfuhr, betrat ich eine Drogerie, um mir ein Stück Seife zu kaufen. Aber nun war es plötzlich keine Drogerie, sondern ein herrlicher, vollgekramter altväterlicher Bauernladen mit Sensen, Heringen, Kerzen, Schuhen, Salz, Schnapsfässern und Dorfbonbons; und das alles roch so wunderbar durcheinander, wie es in meiner Kindheit in den ländlichen Verkaufsbuden der Ostseeprovinzen gerochen hatte, wo an der brandsüßen Schokolade ein geheimnisvoller Hauch von Petroleum schwebte und an den Pfefferkuchen ein Anflug von Heringen ...

Und damit hatte ich noch zum Abschied ein echtes Stückchen von der alten Bauernhaftigkeit dieser guten Stadt.

In einem halbländlichen Vorort von Osnabrück, auf dem Wege zum hochgelegenen Iburg im Teutoburger Walde, ruft mir, der ich bequemlichkeitshalber auf dem Fußgängersteig fahre, ein begegnender alter Herr zu: »An der Ecke steht ein Landjäger.« Ich bedanke mich für die gutherzige Warnung und fahre auf dem Damm weiter. Und in der Tat, da steht am Straßenrand, an sein Fahrrad gelehnt, der schnauzbärtige Landjäger und plaudert mit einem jungen Mädchen. Ich sehe ihm in die Augen mit jenem Blick, von dem mein altes Instruktionsbuch sagt: »Nur immer frei dem Vorgesetzten ins Auge geschaut! Ist dein Gewissen rein, so hast du ihn nicht zu fürchten, vielmehr nur Gutes von ihm zu erwarten.«

Ich denke im Weiterfahren an den freundlichen, sich mir so selbstverständlich verbündenden Warner, der doch ein Fußgänger war. Solche winzige Erlebnisse können beglücken. Ich habe zu oft erfahren, mit wie boshafter Schadenfreude man anderwärts in ähnlichen Fällen ans Messer geliefert wird. Und dabei inkommodiere oder gar gefährde ich niemanden, der ich nicht nur kleinen Kindern, sondern sogar gackernden Hennen oder trägen Kröten behutsam ausweiche. Es ist vielleicht beschämend, aber ich kann mich an Polizei schlecht gewöhnen. In meiner Heimat war es nicht üblich, solche Behörden allzu ernst zu nehmen. Und kleine Zusammenstöße erledigten sich freundlich mit dem, was der Russe »auf Thee« nennt, Theegeld, dessen Gebrauch zur Beschaffung des namengeberischen Getränks freilich außerhalb der Gepflogenheit lag. So ist mir der schuldige Respekt vor den Ordnungshütern nicht gänzlich eingeboren. Vielerorts meint sich ein jeder als Anwalt der Obrigkeit fühlen und geben zu sollen. In meinem osnabrückischen Begegner aber spürte ich plötzlich etwas von der stolzen, westfälischen Bauernart, die den Hof für entehrt hält, wenn der uniformierte, soldnehmende und abhängige Mann ihn betreten hat.

Münster im Münsterlande

Die Westfalen sprechen gern von der gesamten nordwestlichen Tiefebene als von der Münsterschen Bucht und breiten damit den Namen ihrer Hauptstadt vom Mittelgebirge bis an Dollart und Zuidersee. Das enger zu begrenzende Münsterland ist altes Kirchengebiet. An Landstraßen und Wegekreuzungen, vor den einsamen Bauernhöfen stehen die Bildstöcke, der Gekreuzigte, die Muttergottes, Sankt Antonius; wunderbare Beseelung der Landschaft, die Natur wird der Gnade unterstellt.

Das Land ist ackerreich, kräftig und still, von Heiden und Wäldern durchsetzt, die Wallhecken grenzen den bäuerlichen Besitz. Der rote norddeutsche geht in den weißen mitteldeutschen Fachwerkbau über. Auch wo massives Ziegelbauwerk an seine Stelle getreten ist, weisen Anlage und Einrichtung immer noch auf das altsächsische Bauernhaus zurück, das unter einem Dache Wohnung, Stallung, Vorrats- und Wirtschaftsraum einte. Abgesondert und einzelgängerisch liegen die Höfe und leben die Menschen, aus deren derber Daseinsverbundenheit immer wieder ein Hang zum Jenseitigen, spukhaft Vorhersagerischen sich löst. Dies Abgeschiedene, in sich Gewandte durchzieht auch die Geschichte des Münsterlandes; es ist arm an großen Begebnissen. Das Ritterleben spielte sich nicht auf weit ausschauenden Bergen ab, sondern in der Fläche; die Wasserburgen gehören noch heute zu Westfalens bestem Schmuckbesitz. Am schönsten sind sie, wenn ihre Mauern unmittelbar aus dem Wasser aufzusteigen scheinen.

Wie sich aus der Schwere das Leidenschaftliche, aus der Breite das Hochstrebende, aus der dunklen ruhenden Erde das geistige Feuer emporheben kann, das bezeugt die Stadt Münster. Sie ist die Vollendung dieser Landschaft und zugleich ihre Auflösung. Alle Zeiten haben hier zusammengewirkt, die frühkirchlichen Jahrhunderte, ein reiches, stadtbürgerliches Mittelalter, die schäumende Gotteslust des Barock, die ihren geistlichen Prunk heiter und gewiß ins Weltliche hinüberspielte; die Zeit des aufgeklärten und despotischen achtzehnten Jahrhunderts, da in den Fürstbischöfen die fürstliche Art stärker war als die bischöfliche, und jene Zeit der Wende, da ein neues Glaubens- und Herzenswesen saftgebend in die dörrgewordenen Zweige des alten Kirchenbaumes stieg.

Das sichtbare Bild der Stadt ist von all diesen ersten Zeiten geformt worden, ihr geistiges Antlitz vornehmlich von der letztgenannten.

Ich habe manche deutsche Stadt auf den Bleibseln oder Spuren ihrer Wälle umschritten: Lübeck, Amberg, Osnabrück, Nürnberg, Helmstedt, das sächsische Freiberg. In Münster ist dieser Gang eine besondere Freude, und ich weiß nicht mehr, wie oft ich ihn wiederholt habe. Jeder Blick aus dem baumigen Grün trifft auf Türme, Gemäuer, bischöfliches, städtisches, ritterliches Gebäu in immer neuer Gruppierung. An der Nordostecke der Umwallung steht der »Zwinger«, ein vom Bischof Franz von Waldeck gegen die wiedertäuferische Grauensherrschaft errichteter Zwingturm. Kaum mag man dies ungeschlachte Bauwerk einen Turm nennen, sein Durchmesser scheint länger als seine Achse. Klotzig, geduckt, voll einer gesammelten, schwer bewegbaren, aber nach ihrem endlichen Aufbruch nicht mehr abzudämmenden Kraft, wirkt dieser niedrige Riese wie ein westfälisches Inbild. Wo die nördliche Wallseite die Biegung zur westlichen macht, dehnt sich verschlafen, verlassen in der schattenlosen Stunde ein riesiger Platz, zum Exerzieren und Promenieren geschaffen, dann öffnet sich malerisch der rote barocke Flügelbau des Fürstbischöflichen Schlosses. Der Schloßpark leitet hinüber in den botanischen Garten der Universität und nimmt ihm mit seiner heiteren Repräsentation den Beigeschmack trockner Lehrsamkeit. Palmen und goldfrüchtige Pomeranzenbäume stehen in mächtigen Kübeln. Den Efeu der alten Stadtmauer hat ein erfindungsreicher Gärtner kunstvoll zu riesenhaften Gestalten geschoren: ein Schwein, ein Pferd, ein Menschenpaar, ein Wolf stellen sich, fernhin kenntlich, dem Wallgänger zur Schau, weiterhin heben sich buchsbaumene Riesenschwäne, Hähne, Kamele und Hunde über die Hecke. An welcher Stelle ich auch den Wallgang abbreche, um in die Kernstadt zu biegen, fast überall empfängt mich die Fülle des Merkwürdigen und Eindringlichen, des Großartigen oder doch altertümlich Behaglichen. Wie reich waren Leben und Geist jener Jahrhunderte, die auf so eng begrenztem Raum eine solche Vielfalt der Zeugnisse errichteten! Freilich, es waren die Zeiten, da die Baukunst die eigentliche Wortführerin der Menschheit war; noch schwieg die Musik, das Reich der Dichtung war schmal bei aller Tiefe. Geschlechter um Geschlechter drückten, was sie bewegte, in der anonymen Gemeinschaftskunst des Kirchenbaues aus. Bedeutungsvoll ruht der Dom auf dem Hügel, der zuvor eine heidnische Bet- und Opferstätte gewesen sein mag; eine machtvolle Basilika, die im deutschen Nordwesten nicht ihresgleichen hat, Westfalens größter Sakralbau, trotz wiedertäuferischer Plünderung reich an Einzelschöpfungen jeder Kunstart. Um den großen baumreichen Platz stehen gelassen die Kuriengebäude, Bischofspalais und Domdechanei. Tiefer, jenseits des Aa-Flüßchens liegt im Grünen die Überwasserkirche Unserer Lieben Frauen mit dem himmelweisenden Turm. Über die ganze Stadt hin haben sich wie Sterne die alten Gotteshäuser verstreut, romanische, gotische Hallenbauten, ehemalige Ordenskirchen, der prunkvolle Rokoko-Rundbau von St. Clemens.

Die schlanke, feingliedrige Lambertikirche, von deren Turm noch heute die nächtlichen Stunden und Halbstunden geblasen werden, trägt die drei Eisenkäfige, in denen die Leiber der besiegten und gerichteten Wiedertäuferführer zur Schau gestellt waren. Die Lambertikirche leitet über vom geistlichen zum eigentlich städtischen Münster. Da ziehen sich, langgestreckt, Prinzipalmarkt und Bogenstraße vorüber als ein einziger reichbestellter Ehrenhof hansischen Bürgertums. Schlank und nobel züngelt der hohe Giebel des Rathauses empor, vielleicht der rassigste Profanbau, den die gotische Zeit auf deutschem Boden hinterließ; reich, gastlich, gelassen, steht das Stadtweinhaus daneben. Die Giebel der patrizischen Häuser heben sich himmel- und lichtwärts, jeder in stolzer und doch anmutiger Vereinzelung. Durch die Erdgeschosse aber läuft, dämmerig, schattenreich, der Laubengang, der Haus mit Haus verbindet, beide Straßenseiten lang, ohne Unterbrechung – schöner Ausdruck des Gemeinsamkeitsgrundes, aus dem alles Individuelle wächst; Ähre an Ähre, keine der andern gleich, alle aber aus dem gleichen Ackerboden genährt.

Zum geistlichen und bürgerlichen Mittelalter tritt als drittes Element die Adelsarchitektur der Barock- und Rokokozeit. Den Bund mit der Kirche ging sie in Kurien und Bischofsbauten des Domviertels ein; in den Höfen, auf denen die münsterländische Ritterschaft die Wintermonate zu verbringen pflegte, hat sie herrliche Dokumente eines festlichen und zugleich würdig repräsentativen Wohnens geschaffen. Zurückhaltend, nur mit den Flügeltrakten die öffentliche Straße berührend, hinter kunstvollen Schmiedegittern liegen diese Paläste großer Geschlechter; der Droste, Schmising, Romberg, Merveld. Hier hat Schlaun geschaffen, der auch in Bonn, Mainz und Trier baute, Schüler des herrlichen Meisters Neumann, der ein Soldat und Dichter, Zauberer, Träumer und Rechner in einem war und von dessen unzähmbarer Raumphantastik Funken um Funken in das Werk des münsterschen Baumeisters hinübersprühte.

Münster, Rathaus

In der stillen Bergstraße steht hinter grünen Gartenbäumen die Johanniterkommende mit ihrer gotischen Kapelle. Im Oberstock des alten Gebäudes befindet sich eines jener Museen, deren Reiz in ihrer Begrenzung und Ausschließlichkeit liegt: das Annette-von-Droste-Museum, vermehrt durch Räume, die das Andenken der Bildhauerin Elisabeth Ney und der Fürstin Amalie Gallitzin ehren. Diese Sammlungen sind erst in neuester Zeit angelegt und an dieser Stelle untergebracht worden, ohne daß eine

Beziehung zwischen der alten Johanniterkommende und jenen Frauen bestünde. Dennoch fühlt man sich in dieser Örtlichkeit augenblicks gefangen von den Aussendungen der westfälischen Dichterin und der merkwürdigen, männlich anmutenden Frau, die jahrelang etwas wie den Herzpunkt dieser Stadt ausgemacht hat. Man muß wohl mit Westfalen, man muß wohl mit dem Münsterlande ein wenig vertraut sein, um ganz die Art der Droste fassen zu können, so sehr erscheint sie als Geschöpf ihres Bodens.

Ihr fünfzigjähriges Leben ist gleich der Geschichte dieses Landes arm an großen Erschütterungen, reich an Innenbildwerk; die Enge des Daseins ist halb hingenommen, halb gewollt. Dichterische Zeitströmungen, Romantik und Junges Deutschland berühren sie kaum. Sie wurzelt westfälisch im Althergebrachten, im Stammeseigenen; auch ihr Zug zu Geheimnis und Gespenst wächst ihr aus dem Landgrunde der Heimat. Sie lebt, wie sie dichtet: ohne Willkür, gänzlich ein getreues, hinhorchendes Organ, ein aufnehmendes Gefäß, ungewaltsam hingegeben der Natur, dem angestammten Boden und den Gesichten, die aus diesen beiden ihrem grüblerischen Inneren zuströmen. Und hätte sie in keiner einzigen Zeile auf Westfalen einen Bezug genommen, sie bliebe die Dichterin Westfalens, wie Eichendorff der Dichter Schlesiens, Brentano der Dichter des Rheines bleibt. Das Wort ihres Landsmannes, des Fürstbischofs Melchior von Diepenbrock, steht noch heute in Kraft: »Ihr Andenken wird in Deutschland nicht erlöschen, wenn nicht – was Gott verhüte! – eine einbrechende Barbarei alles Schöne und Gute in Nacht begräbt.«

Die Fürstin Gallitzin war kein Landeskind und doch stärker als die Droste gerade mit dem Leben der münsterländischen Hauptstadt verbunden. Die Droste steht für sich, um die Fürstin Gallitzin erwuchs ein Kreis von Menschen, strahlte aus, weit über die eigene Peripherie, die eigene Generation. Diesen Kreis hat man die »familia sacra« genannt, die heilige Familie. Aus den selbstherrlichen Trivialitäten der Aufklärung ging und leitete die Fürstin hinüber in die kirchliche Erneuerung, in das Glaubenswesen der romantischen Generation. Das innige geistige Zusammenleben dieser Gemeinschaft muß etwas menschlich Rührendes behalten, auch für jene, die ihren Ursprüngen fernstehen, wie es Goethe tat. Am schlichten, altmodischen Gallitzinschen Wohnhause in der Grünen Gasse erinnert eine Relieftafel an Goethes mehrtägigen Besuch im Dezember 1792, auf der Rückkehr von der Campagne in Frankreich. Er berichtet: »Es hätte mir wohl kein größeres Glück begegnen können, als daß ich nach dem schrecklichen Kriegs- und Fluchtwesen endlich wieder fromme menschliche Sitte auf mich einwirken fühlte ... Es sind interessante, wirklich vorzügliche Menschen, und wunderbar, sie miteinander zu sehen ... Die Fürstin kam früh zum Gefühl, daß die Welt uns nichts gebe, daß man sich in sich selbst zurückziehen, daß man in einem inneren, beschränkten Kreise um Zeit und Ewigkeit besorgt sein müsse.« Auch die Fürstin hat ihn in Weimar besucht, und die Berührung dieser beiden, so gänzlich verschiedenen Planetensysteme, die in allem freundschaftlichen Zutrauen, aber auch in allem ruhigen Bewußtsein der eigenen Artsicherheit geschah, ist von einem hohen menschlichen Reiz. Der beiden Gebilden nahestehende, um Jacobi gescharte Düsseldorfer Kreis erleichterte und förderte die Annäherung. Wir müssen uns im Gedächtnis halten, daß es damals noch nicht dasjenige gab, was eine spätere Zeit hochmütig und platt als »Provinz« bezeichnete. Städte wie Münster waren Mittelpunkte, nicht weniger als Köln, München, Hamburg, Berlin. Was sich um die Fürstin sammelte, das war eine Fülle geistiger und charakterlicher Kräfte, wie sie damals noch nicht von einzelnen wenigen Hauptstädten aufgesogen werden konnte. Da war der niederländische Philosoph Hemsterhuis, da war der spätere Kölner Erzbischof Clemens August von Droste-Vischering, der münstersche Minister und Generalvikar Fürstenberg, die Priester Overberg und Katerkamp, – Männer, deren Andenken in Münster noch heute Gegenwart hat, – da war Stolberg, da war Luise Hensel, um die vergeblich der später als Priester in Amerika verstorbene einzige Sohn der Fürstin anhielt; da war der Bischof Sailer, da war Melchior von Diepenbrock, und da war Clemens Brentano. Ein halbes Jahrhundert hat, mit wechselnden Schwerpunkten, dieser merkwürdige und anziehende Bund bestanden, und seinen Spuren ist in Münster noch heute auf Schritt und Tritt zu begegnen. Im Garten des Gallitzinschen Hauses liegt Hamann begraben, der »Magus aus Norden«, Goethes und Herders Nährvater, das wunderliche Genie, das als erster in der Poesie die »Muttersprache des menschlichen Geschlechts« erkannte. Mit Ergriffenheit habe ich in Münster am irdischen Endpunkt dieses sonderbaren meteorischen Lebens gestanden und mich gern daran erinnert, wie Hamann gleich Herder in meiner Vaterstadt Riga bedeutungsvolle Jahre verbracht und in den Häusern mancher Menschen aus der Reihe meiner Vorfahren Aufnahme, Trost und Rückhalt gefunden hat. Und noch eine heimatliche Erinnerung steigt hier in Münster auf als der Hauptstadt des Landes, das für die deutsche Besiedlung der Ostseeprovinzen, – heute heißen sie Randstaaten, – so fruchtbar wurde: die St. Mariengilde zu Riga, die uralte, patrizische Kaufmannskorporation, noch heute unabtrennbar mit dem deutschen Leben der Stadt verbunden, trug in ihren frühmittelalterlichen Anfängen den Namen einer »Stube von Münster« – deutlicher Ausdruck der althanseatischen Verbundenheit. So spannt sich immer wieder der Bogen, der im Zeichen des alten heiligen Reiches die räumlich getrenntesten Orte deutschen Lebens in die große Einheit zusammenband.

Lebewohl, sonderbares, liebgewordenes Münster, fromme, kräftige Stadt. Ich wünsche dich vielen Besuchern. Denn dies ist eure Stadt, die ihr es liebt, in dämmerigen alten Kirchen zu beten und auf den stillen grünen Plätzen, die sie umgeben, Kindern und Vögeln nachzuschauen; eure Stadt, ihr einsamen Wallgänger, Liebhaber der Vergangenheit; eure Stadt, ihr Pfeifenraucher, die ihr vor dem Kiepenkerl-Denkmal behaglich und dankbar den Hut abnehmen mögt; eure Stadt, ihr Korntrinker, Pumpernickelverehrer und Schinkenverzehrer, herzhafte Hinnehmer jeder herzhaften Bodengabe.

Die wilden Pferde und das Nonsken

Durch einen wunderlichen Ableger hat das Geschlecht der Herzöge von Croy eine Spur im alten baltischen Reval hinterlassen. Die tolle, gespensterhafte Schnapsgeschichte, – ich will sie an einem anderen Ort erzählen, – huscht mir wieder durch den Kopf, da ich, von Münster südwestlich fahrend, in das Gebiet der herzoglich Croyschen Standesherrschaft gelange. Diese umschließt eine Merkwürdigkeit: nämlich das einzige Gebiet Deutschlands, in welchem es noch heute Wildpferde gibt. Das ist ein weites Stück Land, unweit von Merfeld gelegen, Wald, Weide, Wasser, in Freiheit bewohnt von vielleicht hundert Ponys, Resten einer urtümlichen Wildpferderasse, was sich noch in ihrer Genügsamkeit und Widerständigkeit dartut: Sommers und winters sind sie im Freien. Ich möchte sie aus der Nähe sehen, ich schleiche mich an, ich habe wenig Glück. Auf hundert, zweihundert Meter schon stieben sie davon, doggengroß, kalbsgroß in einer drolligen Mischung aus Plumpheit und Grazilität, schattenhaft durch den hellen Tag; der Hufschlag trommelt dumpfig über den feuchten Boden.

Wasserburg Lüdinghausen in Westfalen

Diese westfälischen Mustangs wissen nicht, daß sie in einer Reservation leben wie die Indianer Nordamerikas; für sie ist die Zeit, da unser Erdteil in Wildheit und Freiheit lag, noch nicht vorüber. Umzäunungen gelten ihnen als Naturbestandteile, das ihnen im Winter gestreute Futter kommt nicht von Menschenhand, irgendein alter Pferdegott läßt es aus seinem ewigen Pferdehimmel niederfallen. Jährlich einmal, im Frühling, wird eine Anzahl zu Dressur und Verkauf eingefangen, die Umwohner nehmen teil, es ist ein Volksfest mit allem Cowboy-Hallo. Aber das vergessen die Tiere bald. Es ist der Einbruch eines unbegreifbaren Schrecknisses, wie eine Seuche geht es über den Stamm hin, nimmt den und jenen mit und ist rätselhaft verschwunden; der Stamm aber lebt weiter in der alten Freiheit, unter der Hut des alten Futtergottes, keinem Zweibeinigen erreichbar, untertan, bekannt.

Mittelpunkt des Croyschen Besitzes ist das alte Städtchen Dülmen, in welchem gesponnen und gewebt wird. Hier steht am Park das herzogliche Schloß. Allein das Zeichen, das dieser Stadt gebietet, ist nicht der Croysche Herzogshut. Es sind die Wundmale Christi, erschienen am armseligen, leidenden, abgezehrten Körper der Augustinernonne Anna Katharina Emmerick.

Außer Dülmen haben noch andere Örtlichkeiten der Gegend an ihrem wunderbaren Leben teil; jede einzelne gilt ihren Verehrern als eine geheiligte Erinnerungsstelle, aller Wallfahrt würdig. In der Bauernschaft Flamschen bei Coesfeld, drei Fußstunden von Dülmen, steht unter Eichen das ärmliche, scheunenartige Bauernhaus, das Clemens Brentano mit dem Stall von Bethlehem verglichen hat. Hier ist das »Annthrinken« 1774 geboren. Unweit davon hat es als Kind die Kühe gehütet und in gänzlicher Selbstverständlichkeit und Unbefangenheit die ersten Erscheinungen des »Jüngskens« gehabt; mit diesem plattdeutschen Wort bezeichnet sie zutraulich das Jesuskind. In und um Coesfeld erinnern an sie die Häuser, in denen sie als Magd und Näherin gelebt, die Kirchen und Andachtsstätten, da sie gebetet, betrachtet, geschaut hat. Ihrem frühen Herzenswunsch, ein »Nönsken«, eine Nonne zu werden, blieb die Erfüllung lange versagt. Endlich gelangte sie, achtundzwanzigjährig, in das Augustinerinnenkloster Agnetenberg zu Dülmen.

Dies Kloster besteht nicht mehr. Seine Baulichkeiten sind, immer noch kenntlich, in allerlei Wohn- und Verwaltungsräumen aufgegangen. Nahe davon ziehen sich die Überreste der alten Stadtbefestigung hin, ernst von Efeu umkleidet streckt sich der Nonnenturm über die Häuser. Der Klostergarten hat sich erhalten. Von einem Birnbaum heißt es, er sei von der Emmerick gepflanzt. Seine Astbildung erinnert an das uralte gabelförmige Gnadenkreuz der Coesfelder Lambertikirche, dessen Abbild die ärztliche Untersuchungskommission über dem Brustbein der Stigmatisierten fand.

Der Geist jener Zeit litt die Klöster nicht, Agnetenberg wurde 1811 aufgehoben. Die letzten dreizehn Jahre ihres Lebens verbrachte die Augustinerin in verschiedenen Häusern Dülmens, eine Zeitlang einem priesterlichen Haushalt vorstehend, meist aber in schwerstem Siechtum liegend, von Schmerzen zerrissen, dem Tod nahe, gänzlich daheim in einer oberen Welt, die sich ihr unablässig eröffnete. Im Jahre 1812 wurden die Wunden Christi an ihrem Leibe sichtbar, nachdem sie deren Schmerzen schon sechs Jahre lang an den Malstellen empfunden hatte. Es sollte Geheimnis bleiben und drang dennoch hinaus. Die kirchlichen Behörden untersuchten sorgfältig, die weltlichen brutal. Polizei schaffte die Todkranke aus ihrem Hause, mehrere Wochen lag sie unter der schärfsten Aufsicht, aber nicht der Schatten eines Betruges wurde gefunden. Die Wundmale blieben und bluteten. Von einer heimlichen Nahrungsaufnahme, die man ihr hatte nachweisen wollen, war nichts festzustellen, der Körper erhielt sich durch Wasser und durch keine andere Speise als die heilbringende Hostie.

Vor der Stadt, in der Nähe des Bahnhofs, liegt unter Linden und Kastanien die uralte Kreuzkapelle, umstanden von Steinbildern, die von aller geistlichen Leidenschaft der Barockzeit erfüllt sind. Hier hat sich Anna Katharina häufig aufgehalten, hierhin ging die Dankprozession der Dülmener Bürgerschaft, nachdem die polizeiliche Untersuchung mit all ihren Roheiten ein Ende gefunden hatte. Und fast eine jede der stillen bescheidenen Straßen von Dülmen hat ein Gebäude, das auf irgendeine Art mit der Nonne oder den Menschen ihres Umkreises im Zusammenhang steht; jede Häuserzeile, jeder Winkel strömt etwas aus von dem innigen mystischen Geiste der Emmerickzeit. Ihre körperlichen Qualen, durch zahlreiche ärztliche Bestätigungen erhärtet, sind schwer beschreibbar. Es wird ihr zur Gepflogenheit, die Leiden anderer Menschen von Gott für sich zu erbitten. Beglaubigt ist, daß Gichtschmerzen, Sehstörungen, die Schmerzen von Operationen plötzlich bei ihr auftraten, während sie bei den Menschen, für die sie leiden wollte, sich linderten oder verschwanden. Im Verfluß der Jahre sind die wunderbaren Erscheinungen ihres heroischen Lebens von mehr als dreißig Ärzten, von über zweihundert Laien beider christlichen Konfessionen, Gläubigen und Ungläubigen, geprüft und bezeugt worden. Annthrinkens Sinn war gerichtet auf ein verborgenes Leben des Sühneleidens, der gänzlichen Vereinigung mit Christus. Aber die Menschen stellten ihre Ansprüche. Zahllose drängten nach Dülmen, Neugierige, Skeptiker, Entlarvungslustige, Gläubige, die sich im Herzen angerührt fühlten, Beladene mit allerlei Anliegen. Von dem ärmlichen Leidenslager begann in die Welt eine Wirkung zu gehen, die bis heute nicht erloschen ist. Der Kreis der Münsterschen Frommen steht ihr nahe. Der junge Melchior von Diepenbrock, Offizier und Mitkämpfer der Befreiungskriege, in späteren Jahren Kardinal und Fürstbischof von Breslau, läßt sich von ihr den Weg zum geistlichen Stande weisen und wird einer der großen Führer religiöser Erneuerung. Luise Hensel nennt sie ihre geistliche Mutter, ihr geliebtestes Wesen auf Erden. Sie hat später einen Rosenstrauch auf ihr Grab gepflanzt und ihren Nachlaß geordnet. Sie hat auch, da sich wenige Wochen nach Annthrinkens Tode das Gerücht vom Diebstahl ihrer Leiche verbreitete, der nächtlichen Grabesöffnung beigewohnt. Achim von Arnim suchte die Dülmener Nonne auf, Graf Friedrich Leopold Stolberg war der erste ihrer Anhänger, der über sie schrieb. Am engsten aber scheint der Nachwelt ihr Name mit Clemens Brentano verbunden, der fünf Jahre lang in täglichem Beisammensein ihre Visionen aufzeichnete und mit seiner sprunghaften, reizbaren Art manche Verstimmungen und Schwierigkeiten in den Dülmener Kreis getragen hat. Deutlich mag man sich wohl den kleinen, phantastischen, beweglichen Mann vorstellen, wie er all seine glühende Unruhe, all sein gläubiges Irrwischwesen in die Stube der Kranken hineingeistern läßt. Oft ist er ihr und ihrer engsten Umgebung lästig gefallen in seinem Bestreben, sie zu isolieren, um nur ja von ihren Gesichten, in denen er ein göttliches Geschenk für die ganze Menschheit erblickte, nicht ein Wort, nicht ein Bild verlorengehen zu lassen. Brentano hatte im Posthause Wohnung genommen, unweit der hochgelegenen, nach Aufhebung des Klosters von der Emmerick häufig besuchten Pfarrkirche, deren Dechant in mannigfacher Beziehung zu ihr gestanden hat. Um der Nonne näher zu sein, bezog der Dichter später ein paar Stübchen in jenem Hause, in dessen Hintergebäude sie ihr Lager hatte. Man mag sich Brentano denken, mit seinen schönen, geistigen

Augen fremdartig beim Gottesdienst unter den Dülmener Ackerbürgern und den Bauersleuten der Umgegend knieend oder gesenkten Kopfes mit seinen ungestümen Handbewegungen einsam und selbstrednerisch durch den Croyschen Tierpark oder um die halbverfallenen Stadtmauern wandernd. Eine oberflächliche Meinung geht dahin, Brentano sei, als er sich unter Luise Hensels und Anna Katharinas Einwirkung der Kirche wieder zukehrte, der Dichtung abgestorben. Das ist nicht wahr, denn von jener Zeit an wuchs ihm das gewaltige religiöse Epos zu, das aus den Gesichten der Leidensträgerin sich nährte, aber so sehr Brentanos Dichterzüge trägt, daß man falsch täte, in ihm eine dokumentarische Wiedergabe der Emmerickschen Visionen zu erblicken. Er überlebte die Nonne um fast zwei Jahrzehnte. Bis an seinen Tod hat ihn die Ausarbeitung seiner Dülmener Niederschriften beschäftigt, jener wundersamen Berichte vom »Armen Leben und Bitteren Leiden unseres Herrn Jesu Christi« und vom Leben seiner Mutter, die als steilste und wolkennächste Gipfelung seiner dichterischen Existenz erscheinen mögen.

Anna Katharina Emmerick starb 1824. Ihrem engen, einfenstrigen Sterbekämmerchen hat man den Charakter einer schlichten Andachtsstätte gegeben. Der kirchliche Prozeß ihrer Seligsprechung, Herzensanliegen eines in ihrem Namen geschehenen Zusammenschlusses ergriffener Verehrer, ist noch nicht entschieden. Aber mit der elementarischen Kraft echter Volksbewegungen hat ihr Kultus gleich nach ihrem Tode eingesetzt. Unzählige erflehen ihre Fürbitte, knien an ihrem Grabe auf dem Dülmener Friedhof, wallfahrten zu den Halteorten ihrer Erdenwanderschaft. Als ein Mittelpunkt solchen Treibens entstand vor einigen Jahrzehnten das Emmerickhaus vor den Toren der Stadt, schräg gegenüber dem Kirchhof, auf dem, von Passionsblumen umrankt, das reichgeschmückte Grab der Augustinerin liegt. Augustinerinnen hüten hier das Andenken ihrer Ordensschwester und allerlei sehr rührende Gegenstände ihres täglichen Gebrauchs, ihres geistlichen und natürlichen Lebens. Da sind Bündelchen von ihr gesponnenen Flachses, Tücher und Wäsche mit den Blutflecken der Stigmata, ihre Krücke, Handarbeiten, die sie für arme Kinder gemacht hat – denn auch in ihrer äußersten Schwäche wollte sie von solchen Verrichtungen nicht ablassen –, ferner ihr Rosenkranz, ihr Gebetbuch, Sterbekreuz und Sterbekissen.

Aus dem Raume, der diese Reliquien enthält, tritt man in ein ärmliches Zimmer, Anna Katharinas Leidensstübchen. Hier hat sie neun Jahre gelebt, hier ist ihre Mutter an ihrer Seite gestorben, hier trat zum erstenmal Clemens Brentano an ihr Bett. Beim Umbau des Limbergschen Hauses in der Münsterstraße ist diese Stube mit Einschluß der Wände ins neuerrichtete Emmerickhaus übertragen und ganz im alten Zustande bewahrt worden. Was sich aus Annthrinkens Gebrauch an Hausrat erhalten hat, wurde hier aufgestellt. Fenster, Tür, Spinde tragen noch die Siegel der polizeilichen Untersuchungskommission: Sie wurden überraschend versiegelt, damit später der Raum in Ruhe auf etwa versteckt gehaltene Lebensmittel durchsucht werden konnte. Demut und Selbstverleugnung erfüllen dies Zimmer; nichts aber ist rührender als der Anblick des kleinen, zersplissenen korbartigen Bettes.

Der Eindruck, den alle mündlichen, schriftlichen, bildlichen und gegenständlichen Überlieferungen von Anna Katharina Emmerick vermitteln, ist ein sehr ergreifender. Wir spüren in diesem Geschöpf nicht nur den brünstigen und kühnen Brückenschlag zur jenseitigen Welt, nicht nur die liebende Unersättlichkeit ihres Leidens für andere, sondern auch eine kinderhafte Heiterkeit, ja Schalkhaftigkeit inmitten aller Folter. Vielleicht kann sie nicht schöner gezeichnet werden als mit den Tagebuchworten Brentanos, der »in den wunderbaren Ereignissen, die er um sich erlebt, die kindliche Unschuld, den Frieden, die Geduld und die tiefe Weisheit des armen ungelehrten Bauernkindes« verehrt. Brentano gewahrte an ihr »den erschütternden Ernst des leidenvollen Lebens der schuldlosen Büßerin neben demütigster Einfalt eines in Gott lebenden Kindes«, er erkannte »den seligen Frieden und die tiefe schauende Andacht, die auf der Kinderunschuld dieses Angesichts erschienen«.

Römerkastell und Lausebusch

Ein mittelalterlicher Autor nennt Westfalen »non vinifera, sed virifera – nicht Wein, wohl aber Männer hervorbringend«. Aus dem männererzeugenden Westfalen will ich über das breitbelagerte niederrheinische Gebiet das Weinland des Rheines erreichen. Ich folge der Lippe, der unter den Flüssen Westfalens die Römerstraßen und Römerbefestigungen eine eigene Bedeutsamkeit gegeben haben. Hier etwa lag die Grenze, die das Imperium Romanum von der nur zeitweilig beherrschten, dann wieder verlorengegebenen germanischen Kernwelt trennte. Bei Haltern an der Lippe haben Ausgrabungen ein römisches Heerlager und Uferkastell freigelegt, das Museum des stillen, nicht anmutlosen Landstädtchens bewahrt wunderbare Dinge: neben militärischen Ausrüstungsstücken und altersschwarzen Weizenkörnern allerlei schmuckreiche Gegenstände des Tagesgebrauchs, Fibeln, Pinzetten, schönfarbige Glasreste, Lampen und Salbölfläschchen, Tintenfässer für Bataillonsschreiber, Spiegelchen, vor denen Portepeefähnriche dem Durchbruch des ersten Barthaars entgegengefiebert haben mögen; bezaubernde, glattgeschliffene Spielsteine, schwarze und weiße, die man augenblicks zur Hand nähme, wären sie nicht klüglich hinter Glas gestellt. Es erstaunt einen immer wieder, wenn man sich durch solchen Augenschein überzeugen darf, in wie hohem Maße vormarschierende Kolonisationsheere die sichere Kultur ihrer Heimat in noch ungesichertes Neuland tragen. Das ist nicht römisch allein: Allen wahrhaft großen Armeen ist es eigentümlich, daß mit ihren Feldzeichen eine noch nach Jahrhunderten ablesbare Quintessenz ihres Landes in die Ferne gelangt. Im Halterner Museum fesselt mich das Fragment eines Steindenkmals mit einer griechischen Ehreninschrift auf Publius Quintilius Varus. Der Fund wurde in Pergamon getan und gelangte als Geschenk nach Haltern. Er stammt aus der Zeit, da Varus Quästor in der Provinz Asia war.

Damals mag er sich an jene knechtliche Unterwürfigkeit gewöhnt haben, die er, Vertreter eines ewig in der Geschichte wiederkehrenden Kolonialdespotentums, auch von den freiheitsgewohnten germanischen Stämmen meinte fordern zu sollen. Die Inschrift besagt, das Volk habe ihn geehrt. Aber das Volk um Lippe und Weser war von anderem Gemüt.

Man hat in dem Kastell des Annaberges bei Haltern das vielumstrittene Aliso erkennen wollen, die wichtigste Römerfestung Germaniens, die auch in der Gegend von Hamm, in Elsen bei Paderborn, ja sogar bei Wetzlar am Zusammenfluß von Lahn und Dill gesucht wird. Es ist begreiflich, daß die Wetzlarer Philologen mehr der letzten, die Paderborner Gymnasiallehrer der vorletzten Deutung zuneigen; das Umgekehrte fordern, hieße die menschliche Natur mißkennen.

Im Haltener Stausee erfrischt mich unter zahllosen anderen ein Bad am heißen Tage. Das nächste soll im Rhein geschehen, in der großen Einsamkeit der mächtigen Stromfläche.

Zwischen dem münsterschen und dem niederrheinischen Tiefland empfängt mich noch einmal eine bescheidene Hügelgegend; doch hält sich der westfälische, der münsterländische Landschaftscharakter ohne viel Änderung bis an den Strom. Von Kämpen, Wallhecken, Hofeseichen sind die bäuerlichen Anwesen umgeben. Diese Wallhecken, die eins der westfälischen Landesmerkmale sind, umschließen nicht den bäuerlichen Gesamtbesitz, sondern seinen Mittelpunkt, den Hof. Sie vertreten Mauerstelle und empfangen eine gewisse Pflege; wogegen die holsteinischen Knicks wildwachsende Flureinfriedigungen darstellen, Wiesen- und Ackergrenzen.

Vor Ratzeburg heißt ein Buchengehölz »der Lausebusch«, denn hier pflegten von altersher die Handwerksburschen vor dem Betreten der Stadt Toilette zu machen. Im waldarmen Lande vor Wesel spähe ich vergebens nach einer grünen Stadtvorhalle ähnlicher Art. Endlich beschließe ich, den Schatten einer Obstbaumgruppe als meinen Lausebusch gelten zu lassen. Ich raste in seiner Kühle und mache mich auf meine Weise stadtfähig, indem ich endlich den Hemdkragen schließe und zu Ehren des Weseler Gasthofspersonals eine Krawatte umbinde.

Kriegsleute am Niederrhein

Wesel liegt an der Mündung der Lippe in den Rhein. Es gehört auf eine engere Art zu Preußen als das übrige Rheinland, denn als ehemals herzoglich clevische Stadt hat es schon den Kurfürsten von Brandenburg huldigen müssen. Es war Preußens starke Nordwestfestung und es hat ein »Berliner Tor«, von den beiden ersten Preußenkönigen erbaut und mit kriegerischen Emblemen geschmückt. Vor dem großen Kriege haben vier preußische Regimenter in Wesel gestanden. Noch heute hat Wesel etwas Soldatisches. Mir fällt der niedrige, hölzerne, abseits gelegene Bahnhof auf, in einer Stadt mit fünfundzwanzigtausend Einwohnern und unmittelbaren Zugverbindungen nach Amsterdam, Hamburg, Köln und Essen. Man erklärt mir, die Gesetze des ehemaligen Festungsrayons hätten zu dieser Bauweise genötigt. Am Kornmarkt steht das alte Schloß der Herzöge von Cleve; Rathaus und Willibrorduskirche sind ansehnliche Baudenkmäler des Mittelalters. Aber Wesels Art wird nicht von solchen Gebäuden bestimmt, die auf die Stadtenge der gotischen Zeit weisen. Wesels Ausdehnung ist die der Festungs- und Garnisonsstadt, wo marschiert und exerziert wird, zugleich aber die der Hafenstadt im weiten, flachen, hollandnahen Lande.

Der Kriegswert der Festungswerke ist in neuester Zeit nur noch gering gewesen, dennoch mußten sie nach dem Versailler Frieden geschleift werden. Allerlei Hoffnungen auf Verkehrsentwicklung zuliebe ging man im Zerstören noch weiter, als der Vertrag es forderte. Nun wächst Gras über den Trümmern. Ich kann mein Herz nicht schützen gegen die grandiose Melancholie, die dies riesige Verwüstungsfeld aussendet. Ich irre um die verlassene Zitadelle, verliere mich in einem Wust von gesprengten Bauten, eingerissenen Wällen, breiten Gräben, in denen sich hastige Schrebergärten angesiedelt haben. Überall liegen, wirr gestürzt, mächtige Mauerbrocken umher. In der schattenlosen Öde begegne ich ein paar grasenden Schafen, rupfenden Ziegen, spielenden Kindern in ärmlicher Kleidung.

Es wird Abend, der Rhein glimmt rötlich, vom Wasser weht Kühle. Die wenigen, zu Wohnungen umgestalteten Bauten des Soldatenbezirks blinken mit düsterem Fensterlicht, die Trümmerwelt wird bläulich, grau, schwarz, vom Rheinstrom heult eine Sirene ihre Totenklage.

Preußen hat auf Wesel noch einen besseren Besitztitel als den Xantener Vertrag, der im Jahre 1614 das Herzogtum Cleve an Brandenburg brachte. Dieser preußische Besitztitel ist das Grab der elf Schillschen Offiziere. Abseits von der Stadt, inmitten weiter grüner Weideflächen steht in windloser Stille eine Gruppe von Eichen. Hier sind am zehnten September 1809 die elf erschossen und verscharrt worden. Das klassizistische Denkmal, nach Schinkels Plänen aus erbeuteten französischen Kanonen gegossen, ist keine große Schöpfung. Aber vor den elf Männern, die hier begraben liegen, gehört jeder Kunstmaßstab auf den Dreckhaufen. Ich kann nicht annehmen, daß sie ein großes Kunstverständnis gehabt hätten; sie haben andere Dinge zu tun gehabt, und sie haben sie getan. Die Namen der elf sind auf dem Denkmal verzeichnet, mehr als diese Namen weiß ich nicht von ihnen. Wir sehen sie als Einheit, dennoch sind es elf Einzelne, jeder mit eigenem Elternhause, jeder mit Erinnerungen, an denen er hing, jeder mit Menschen, die ihm wert waren, mit Gewohnheiten, Neigungen, Wünschen, Irrtümern und Fehlern. Ich weiß nichts von ihnen. Einer mag ein Querkopf gewesen sein, einer ein Träumer, einer ein Frommer, einer ein Spötter, einer nachtragend, einer ein Verschwender, einer heftig, einer eitel: wie wir Menschen es alle sind. Das alles hat keine Bedeutung vor dem einen: daß sie erwählt worden sind von einem strengen und wunderbaren Schicksal. Sie sind eingegangen in eine ewige Gültigkeit.

Alle Geschlechter nach ihnen haben ihr Andenken in Pietät gehalten. Aber vielleicht ist es erst die Generation der Freikorps, elf Jahrzehnte nach ihrem Tode, die gänzlich auf die Gesinnung dieser elf Freikorpsoffiziere antwortet. Wir treten vor die elf, die Hand am Helm. Meine Herren Kameraden, wir salutieren.

Stromauf von Wesel liegt Düsseldorf. Auf der Golzheimer Heide stand am

26. Mai 1923 abermals ein Freikorpsoffizier vor dem französischen Exekutionskommando. Herr Kamerad, wir salutieren.

Anderthalb Jahrtausende vor dieser Zwölfzahl sind im niederrheinischen Land um eines anderen Reiches willen soldatische Märtyrerglorien erworben worden. Die schlachtenberühmte Thebäische Legion, rekrutiert aus Christen der ägyptischen Thebais, wurde im Rhônetal mit ihrem Obersten Mauritius an der Spitze, kaiserlichem Befehle gemäß, bis auf den letzten Mann niedergehauen, weil sie sich weigerte, den Göttern jenes Staates zu opfern, dessen Siege sie hatte erfechten helfen. Die Überlieferung spricht von detachierten Teilen der Legion, die in Trier, Bonn, Köln und Xanten das Schicksal der Kameraden teilten, unter den Hauptleuten Thyrsus, Florentius, Cassius, Gereon, Gregorius, Victor. In zahllosen Kirchen und Häusern des rheinischen Stromgebiets werden diese geistlichen Soldaten angerufen, Schutzheilige des Bodens, den sie, aus der Fremde kommend, mit ihrem Blut für alle Dauer in Besitz nahmen.

Meine Herren Kameraden, wir salutieren.

Mittägliches Erschrecken

Von Wesel fahre ich stromab. Auf der weiten Fläche stehen kugelige Weidenbäume, hier und da schließt ein ferner Waldstreifen dunkel den Horizont. Die alte Stadtmauer von Rees mit dem Mühlenturm steigt rötlichgrau über dem grünen Weideland der Uferwiesen zur Höhe; nach Südwesten fällt sie steil gegen das ruhige Rheinwasser ab. Ich bin schon auf der Fähre, da jagt mit zwanzigfachem hellen Klingelgeschmetter eine Schar holländischer Pfadfinder zu Rad durch das Rheintor, allen voran der Führer, ein vierschrötiger Kaplan, der breite schwarze Schlapphut flattert im Wasserwinde. Im letzten Augenblick noch gelangen sie auf die Fähre und erfüllen sie mit Krach-, Malm-, Gurgel- und Zischlauten und einem guten holländischen Zigarrengeruch. Fährmann und Fahrgäste plaudern, der Unterschied zwischen dem niederrheinischen Platt und dem Holländischen ist gering. Hier läuft eine geschichtliche, keine natürliche Grenze; sie trennt zwei Nationen, nicht von Ursprung her zwei Volksstämme. In den elektrischen Straßenbahnen, die hier wie im ganzen rechtsufrigen Niederrheinland auch als Fernverbindungen ihre Rolle spielen, hängen Schilder mit Aufschriften: »Verboden te rooken, verboden te spuwen«, von den Landleuten wird niemand einen Gedanken daran wenden, ob das nun Holländisch oder Platt ist. Die Fähre entläßt uns, ein kleines Stückchen noch fahren wir gemeinsam, die Pfadfinder und ich, dann biegen sie nach Kevelaer ab, ich nach Xanten.

Die bleiche stechende Mittagssonne wäre unerträglich, brächte der Wind, der über die weite Fläche stiebt, nicht einige Frische. Diese Erquickung völlig zu genießen, verlasse ich die Landstraße und setze die Fahrt auf dem Rheindamm fort; schließlich muß auch er nach Xanten oder in Xantens Nähe führen. Niemand begegnet. Ich sehe weit über den geruhigen, glitzernden Strom zur Linken, der Damm ist die Grenze zwischen dem Weidegebiet des

Ufers und der besiedelten, auch ackerbaulich genutzten Fläche zur Rechten. Ab und zu lehnt sich ein Hof an den Schutz der rechten Dammböschung, ein schmales Treppchen führt zu ihm hinunter, bunte Bauernblumen, Dahlien und Georginen, leuchten aus dem Gärtchen. Vor dem Hause ist eine Bank oben auf die Dammkrone gestellt; hier muß in Abendstunden ein gutes Sitzen und Pfeifenrauchen sein.

Ich liebe das Grenzenlose dieser Landschaft, ihr Licht, ihr Schweigen und ihre Schwermut. Sie ist ungefällig, ohne Entgegenkommen vor den Menschen, aber sie strömt eine gelassene Freiheit aus; ihre Einsamkeit ergreift stärker als die der Wälder und Berge, denn hier ist die Einsamkeit inmitten unverstellter unendlicher Horizonte.

Es fährt sich bequem hier oben. Lästig sind allein die Gatter, die alle paar hundert Meter den Durchweg sperren, um dem Vieh des Nachbarn den Zugang zum Weidegrund des Anliegers zu wehren. Da hilft nichts, ich muß absteigen und öffnen, oft sind es drei schwere, kunstvoll verklammerte Balken, die entfernt und wieder an ihren Ort gesetzt werden wollen. Das gibt Aufenthalte von nicht geringer Dauer. Der Dammrücken, der streckenweise die Eigenschaften einer guten Landstraße hat, wird unwegsamer, ja, endlich ist von keinem Wege mehr die Rede, ich rumpele über holperige Grasnarbe und erwäge bereits, ob es nicht gut wäre, den Damm zu verlassen und einen Zugang zur Landstraße zu suchen, die da unten irgendwo durch die grüne Ebene sich abspulen muß. Aber es ist alles verzäunt, verdrahtet und verstachelt, die Bauernhöfe haben aufgehört, die Einsamkeit ist vollkommen.

Es stellt sich eine andere Beschwerde ein: Die Gatter sind nicht Gatter mehr, sondern Stacheldrahtverhaue, keineswegs zum Öffnen eingerichtet. Mühsam hebe ich das gepäckbelastete Rad über die Hindernisse, mühsam steige ich selber nach. Längst ist unter Strapazen solcher Art die anfrischende Einwirkung des freien Windes dahin, längst weiß ich, daß es Torheit ist, diese Fahrt fortzusetzen, aber wie mag ich mir denn mit der Umkehr die Niederlage einbekennen?

Ab und zu versperren Kühe dasjenige, was ich mir immer noch hartnäckig als Weg bezeichne, und ich habe Mühe, die Verwunderten auf die Seite zu scheuchen.

All diese Schwierigkeiten waren gering, mir steht anderes bevor: In einer der nächsten Umzäunungen sehe ich mich einem Bullen gegenüber. Man hat ihm ein eigenes Revier eingedrahtet. Kühe und Kälber grasen abseits, an der Böschung und im Ufergelände. Er steht in verdrossener Einsamkeit, groß im Mittagslicht, schwarzweiß gescheckt, quer über meinem Dammstück. Ich bin ihm schon recht nahe, als ich mir klar werde, daß es wirklich ein Bulle ist – denn aus der Entfernung hatte ich immer noch auf eine freundliche Kuh gehofft. Nun erblickt er mich und zieht sich, ungewiß, ein klein wenig zurück. Ich rufe mir ins Bewußtsein, daß ich ja nichts Rotes sichtbar an mir habe, und rücke vor, nicht gerade sehr fröhlich, immerhin in Festigkeit. Er steht jetzt vor dem stachligen Gatter, das ich zu überwinden habe, mit der Hinterhand rührt er fast an den Draht, weiter kann er nicht weichen. Er stemmt die Füße gegen den Boden, senkt den Kopf und läßt eine Bereitschaft erkennen.

Halben Herzens versuche ich ihm zuzureden, beruhigend, wie man es Pferden gegenüber tut. Aber diese Sprache ist ihm nicht vertraut.

Es ist die heiße, die panische Stunde. Ich bin ganz allein mit ihm, und ich bin in einer beklemmenden Verlegenheit. Aber das ist keine Verlegenheit mehr, es ist ein Schauer, es ist das Gefühl einer abgründigen Fremdheit.

Ich habe dergleichen empfunden in Museen vor wiederhergestellten Riesensauriern, vor phantastischen Landschaftsbildern früherer Erdperioden. Ich habe mir sagen lassen, daß diese Empfindung der äußersten menschlichen Verlassenheit den Reisenden unserer Hautfarbe in mancher exotischen Gegend bestürzend überkomme, in mittelasiatischen Gebirgen, in südamerikanischen Steppen, im Grand Cañon. Wir haben gemeint, mit der Natur zu leben, vertraut wie mit einer Mutter. Aber wie wohl in einem Angsttraum ein vertrauter Mensch sich plötzlich in einen unheimlichen Fremdling wandelt und all unser Zutrauen als einen Irrtum bloßstellt, so kann es jählings geschehen, daß sie uns ein Antlitz harter Gleichgültigkeit, wilder Fremdheit, ja, Feindseligkeit zuwendet. Hier bin ich; da bist du, es ist kein Weg von dir zu mir, was willst du?

Der Bulle sieht mich an. Vielleicht ist es ihm ähnlich zu Mute wie mir. In meinem Fahneneid hat nichts davon gestanden, daß ich auch gegen Bullen tapfer sein muß.

Ich nehme den Rückzug, ohne mich umzuwenden. Der Bulle folgt mir nicht. Doch bleibt der Tierblick, auf mich gerichtet, und solange ich den Bullen sehen konnte, hat er nicht wieder zu grasen begonnen.

Abermals geht es über rumpeligen Grasboden, mit Radheben und Klettern und Gatteraufbasteln, die Dammstrecke zurück. Endlich komme ich an ein Bauernhaus und kann den eingezäunten Damm verlassen. Ich will nach dem Wege fragen, es ist niemand daheim als ein zänkischer Hund und ein winziges, ausgemergeltes Großmütterchen. Die Alte versichert kopfschüttelnd, ich hätte recht getan, umzukehren – nicht wegen des Bullen, von dem zu berichten ich mich scheue, denn sie hätte mir ja sagen können, er sei ein ängstlicher und leberkranker Trottel, – aber wegen der zunehmenden Unwegsamkeit und der Höhe der Vergatterungen, über die ich zuletzt weder mein Rad noch mich selber hätte schaffen können; auch laufe der Damm weitab an Xanten vorüber. Sie weist mir die Richtung; über Wiesen, Kohlfelder, Äcker, die untereinander wiederum alle vergattert und verdrahtet sind, gelange ich nach manchen Umwegen auf die Landstraße. Die spitze Sonne sticht, meine Hände sind rissig von den Drahtstacheln, der Schweiß läuft mir über die Augengläser, die Zunge liegt im Munde, hart und trocken wie Holz. Die Straße ist staubig und ohne Schatten. Fernab, über dem Lande, dessen Grün immer mehr in ein düsteres Grau übergeht, heben sich die beiden spitzhelmigen Türme des Xantener Viktorsdomes. Wäre ich nie von meiner guten Landstraße gewichen, ich säße seit langem erquickt vor einem kalten Trank in Xanten.

Eine tüchtige Strecke bin ich gefahren, als ich mich endlich wiederum mit jenem Dammstück auf einer Höhe befinde. Der Bulle steht unbeweglich, scharf abgesetzt vor dem bleichen Himmelsblau auf seinem grünen Bergrücken: unbegriffen, ewig fremd, ein alter Stiergott, den römische Legionssoldaten unter heimlichen Schauern aus Asien mit sich geführt haben.

Xanten

Die Flüsse des deutschen Tieflandes, deren Lauf ja nirgends von strengen Felsenmauern unabänderlich bestimmt ist, haben ihre Strombetten mannigfach gewechselt. Neuß liegt in unseren Tagen landeinwärts, ehedem grenzten die Stadtmauern gegen den Rhein. Die Lippe, heute bei Wesel in den Rhein fließend, hatte zur Römerzeit ihren Mündungsort weiter rheinab, gegenüber von Xanten. So gewann Wesel erst im Mittelalter seine kriegerische Wichtigkeit, während die Römer Xanten erwählten. Jetzt liegt auch Xanten eine gute halbe Stunde vom Rhein entfernt. Ein Fischer erzählt mir, Napoleon habe im Zusammenhang mit dem Bau der großen Heerstraße von Cleve nach Köln den Strom abgeleitet. Das ehemalige Flußbett, der Altrhein, ist heute ein toter Arm, gehüllt in den schwermütigen, geheimnisreichen Zauber solcher abgestorbenen Gewässer. Das Wasser steht unbewegt in der flimmernden Sonne, mit Grün bedeckt. Insektenschwärme schimmern goldig im Licht. Hin und wieder brüllt ein weidendes Rind oder zieht den Fuß mit einem dumpfen Schnalzlaut aus dem quellenden Boden. Die einsamen Ufer sind verschilft und versumpft. Früher stieg das Land über dem Flußrande steil zur Höhe, gegen den dichten Laubwald, dessen Stämme vom Efeu in liebevoller Erstickung umwunden werden.

Bunte Drachen stehen hoch in der Luft, obwohl es noch nicht Drachensteigenszeit ist, denn die Ernte ist noch nicht völlig eingebracht; aber vor Xanten gibt es zu allen Jahreszeiten freie Fläche und Wind genug. Wer will, mag bei den Drachen an Siegfried denken, als dessen Königsburg im Nibelungenliede Xanten erscheint. Altes Gemäuer, das in der Nähe der Stadt freigelegt wurde, setzen die Leute gern mit Siegfried, Kriemhild, ja, mit Elsa von Brabant in Verbindung. Die Siegfriedsüberlieferung wird stark betont, aber sie ist doch erst auf dem Umwege über die Literatur aufgekommen, in der Epoche der Romantik und der Wiedererweckung aller Vorzeitkunde, wo nicht gar erst zur Wagnerzeit; ähnlich so möchte ich annehmen, mag es mit mancher anderen Sagenstätte bestellt sein, etwa der nahegelegenen Schwanenritterstadt Cleve. Ich habe mich im Odenwald an manchem Brunnen erfrischt, der sich rühmt, Siegfrieds Todesquell zu sein, gleichwie ich im Lahntal in manchem Wirtshause trank, welches das echte und alleinige »Wirthaus an der Lahn« sein wollte. (Ich für mein Teil habe mich, parteiisch genug, längst für den Marburger »Schützenpfuhl« entschieden.) Wie aber in Wittenberg weder Hamlets Studentenbude noch eins seiner Kolleghefte gezeigt wird, so kann auch Xanten nicht mit Nibelungenreliquien aufwarten. Die Stadtväter haben sich auf eine andere Weise geholfen, es gibt eine Siegfried- und eine Kriemhildenstraße, ja sogar eine Kriemhildenschule. Nach Unterrichtsschluß sehe ich die dickzöpfigen kleinen Kriemhilden schwatzend und lachend über die Straßen laufen. Ach, Kinder, sollt ihr wirklich zu Kriemhilden erwachsen, vorbestimmt zur furchtbaren Pflichterfüllung der Rache? Ihr werdet Bäckermeister heiraten, Delikateßhändler, Dentisten, Zollbeamte und Techniker, und werdet in einem eingeschränkteren Lebenskreise erfahren, daß »zu Leide Lieb sich wendet«. Einstweilen ist ein Streit der Königinnen vorgefallen. Oder ist es schon ein früher Liebesschmerz, der dich weinen macht, dickes, rosiges niederrheinisches Kriemhildchen mit der laufenden Nase? Komm her, für diesmal sollst du getröstet sein, dir ist, wie allen, Bitternis genug aufbehalten. Und sie nimmt zaghaft das Stück Schokolade, das ich ihr hinstrecke, schluckt noch ein paar Male und beginnt dann sorgfältig zu lutschen; ein Siegfried, der ihr den Hort entreißen will, bekommt augenblicks von ihr eine Ohrfeige, die mich eher brun- als kriemhildischen Ursprungs dünkt.

Die sommerlichen Freilichtaufführungen der »Nibelungen« knüpfen durch ihren Schauplatz auf eine gewissere Weise an die Überlieferungen des alten Xanten an. Sie finden statt im römischen Amphitheater von Birten, in der Nähe des Altrheins; im Gegensatz zu ähnlichen Bauten anderer Römerstädte ist es eine Erdanlage, ohne Verwendung von Steinen. In dieser baumgrünen Arena bezeichnet ein Kreuz die Stelle, da Viktor, der Heilige Xantens, römischer Legionsoffizier, mit über dreihundert seiner Kameraden um des Glaubens willen zum Tode gebracht wurde. Noch jetzt wird alle paar Jahre sein reichgeschmückter Sarg in festlicher Prozession vom Dom durch die Stadt getragen; dieser Umgang heißt die St.-Viktors-Tracht. Den Viktorsdom hat Kaiserin Helena gegründet, Kaiser Konstantins Mutter, die große Verehrerin der Märtyrer, große Kirchenerbauerin des rheinischen Landes. Er erfuhr fünf weitgreifende Umbauten, bis er, zur frühen gotischen Zeit, die heutige Gestalt erhielt, die gekennzeichnet wird von einem herrlichen Ausgleich zwischen gelassener Gebundenheit des Gefühles und brünstigem Aufwärtsdrang. Das Innere wirkt bedeutend. Fünf Schiffe gliedern edel den Raum, jedes wird von einer vieleckigen Kapelle abgeschlossen, an zweiundzwanzig holzgeschnitzten Altären haben fünf Jahrhunderte geschaffen. In diesen Altären wie auch im Hochaltar und im Chorgestühl spricht sich die Nachbarschaft Calcars und seiner ruhmvollen Bildschnitzerschule aus. Heinrich Douvermann, der große Holzbildner von Calcar, ist auch der Schöpfer des Xantener Marienaltars; es ist sein letztes Werk, und es ist, als sei eine reiche Kunst hier auf eine geheimnisvolle Weise wieder in die Natur zurückgekehrt; das tote Holz, aus dem der Meister schnitt, ist zum lebendigen Holz des wuchernden Rankenwerkes der mystischen Wurzel Jesse geworden. Draußen vor dem Dom, auf dem stillen, baumbestandenen, von Kuriengebäuden eingegrenzten Platz, ist Christi Leiden dargestellt in lebensgroßen und lebenswarmen Steinfiguren der nämlichen Blütezeit. Dieser Platz hat die gleiche Gottesnähe, die gleiche Abgeschiedenheit und Schwerzugänglichkeit wie die Zelle des heiligen Norbert, die im Oberstock des verschachtelten Häuser- und Kapellengebäus der Umfriedigung liegt, ein strenges und karges Steingemach. Norbert, ein Kind Xantens, ist in seiner Unbedingtheit und Großartigkeit eine echte Erscheinung des Mittelalters. Der reiche, weltfreudige, aufsteigende Mann am Kaiserhof gerät in ein Gewitter, der Blitz wirft ihn ohnmächtig nieder. Er verschenkt allen Besitz,

Clever Tor in Xanten

durchzieht in völliger Armut als Bußprediger Deutschland und Frankreich, gründet den Orden der Prämonstratenser, greift, bis an sein Lebensende in mönchischer Selbststrenge beharrend, machtvoll in Kirchen- und Staatsdinge und entsendet endlich, Erzbischof von Magdeburg, seinen predigenden, bauenden, ackernden Orden über die Elbe, weit hinein in das slawische Heidenland. Er erscheint als ein Nachfahr strenger Römertugenden.

Dem Zuge der Stadtmauer entlang ist Xanten bald umschritten. Auf diesem Gange prägt sich mancher Turm dem Auge ein, nicht weniger die alte Windmühle, die fest zum Bilde des flachen und freien Windlandes gehört. Den stärksten Eindruck aber gibt das tapfere und herzhafte Clever Tor, die einzige unversehrt erhaltene Doppeltoranlage des Landes, ein ritterliches Kastell für sich, neben dem die niedrige Stadtmauer fast allzu bescheiden und ackerbürgerlich anmutet.

Xantens Ursprünge liegen außerhalb der Mauer. Es ist das vor einem Menschenalter aufgedeckte Castra vetera der Römer auf dem waldigen Fürstenberge, südöstlich der Stadt, und das nach seiner Zerstörung im großen Germanenaufstand von Kaiser Trajan nordwestlich erbaute und nach ihm genannte Colonia Trajana.

Nach einem Kaiser dieses Ranges den Namen zu tragen, ist einem Gemeinwesen Ruhm genug. In späteren Jahrhunderten war der große Heerkaiser, der Kaiser der Bauten und Gesetze, dem Bewußtsein der Rheinländer entrückt. Der Name Trajana wandelte sich in Troja, und gelehrte Sagen des 7. Jahrhunderts führten den Stammbaum der Rheinfranken auf überlebende westwärts gewanderte Trojaner zurück. Auch dieser Name verschwand; der Ort wurde »Ad sanctos« genannt, »bei den Heiligen«, späterhin Santen und Xanten. So hält sein Name noch heute das Gedächtnis Viktors und der dreihundertsechzig hingeopferten Legionäre fest, in deren Obhut und Fürbitte die christliche Stadt heranwuchs.

Rheinfahrt

Besucht man hier und da den Rhein oder einen anderen unserer großen Ströme, so ist es, als blättere man im Versbuch eines geliebten Dichters. Aber erwacht nicht die Sehnsucht, mit der Gestalt des Dichters gänzlich vertraut zu werden und jedes Einzelstück seines menschlichen und dichterischen Daseins als Äußerung eines im Zusammenhang fließenden Lebensstromes zu begreifen? Sein Leben, Leiden, Aussprechen und Unvollenden zu verfolgen von seiner Geburt bis zum Tode? Ja, vielleicht noch die Wandlungen seines Nachruhms zu erfahren? So spüre ich von Kindheit auf das Verlangen, die großen und geliebten Ströme unseres Landes mitzuerleben. Was für ein Reichtum müßte das sein, den Rhein, die Donau einmal treulich zu begleiten von der Quelle zur Mündung, zu Fuß, Rad, Faltboot oder Schiff! Bei einigen kleineren Flüssen ist mir das erlaubt gewesen; bei den großen Strömen erbitte ich es mir für künftige Lebensjahre. Aber vielleicht ist dies ein Traum, der nie sattgemacht werden kann, gleich aller Reisesehnsucht überhaupt, und die Lockung der ungekosteten Weine, der unbegangenen Straßen, der nie befahrenen Gewässer soll als ein Zeichen vor uns hergehen bis über unseren Tod.

Ich habe häufig das große Dichtungsbuch des Rheines aufgeschlagen, bald an dieser, bald an jener Stelle. Ich schlage es wieder auf. Mein Schiff fährt stromaufwärts, und obwohl die Fahrt noch an flachen und rebenlosen Ufern vorbeigeht, fühle ich mich doch bald genug gefangen von den wunderbaren Genien des Wassers. Es ist mir immer merkwürdig erschienen, daß selbst der Römer, dem der Rhein ein unterworfener Barbarenfluß war, nicht ohne Gefühl bleiben konnte für die mystische Bedeutsamkeit des Stromes, die ihn weit über hundert andere hinaushob. Deutlich spricht sich diese Empfindung in einer der Schlachtenschilderungen des Tacitus aus; da legt er einem seine Krieger anfeuernden Germanenführer die Worte in den Mund: »Rhenum et deos Germaniae in conspectu esse« – »der Rhein und die Götter Germaniens schauen euch zu«. Auch wir vermögen uns nicht abzulösen von einer Vorstellungswelt, welcher der Rhein als der Träger eines uralten und unsterblichen Reichsmysteriums erscheint. Selbst in der nichtswürdigen Plattheit des Liedes »Es liegt eine Krone im grünen Rhein« klingt etwas auf von jener Ahnungsfülle, die sich an den heiligen Strom bindet; und ich stehe nicht an, zu bekennen, daß ich diese schlechten Strophen nie ohne ein tiefes Erschauern hören oder denken kann.

Eins der Wunder dieses wahrhaft königlichen Stromes ist seine unendliche Mannigfaltigkeit; da gleicht er einem Dichter, dem, sein Inneres auszudrücken, zahllose Weisen zu Gebote stehen, ohne daß er je sich selber verlöre. Ist dieses in sicherem Gleichmaß, in ruhigem Kraftbewußtsein rinnende Wasser wirklich das gleiche, das in Graubünden brauste, bei Schaffhausen sich aufbäumte, bei Breisach träumerisch funkelte? Aber diese Mannigfaltigkeit des Rheines ist nicht an die einzelnen großen Abschnitte seines Laufs gebunden, sie umfängt, beglückt, verwandelt den Reisenden überall von Stunde zu Stunde mit dem steigenden oder sinkenden Licht, dem Wachsen oder Abnehmen begegnender Fahrzeuge, den Windungen des Flußbetts, den Verfassungen der eigenen Seele.

Auf meinem Schiff wird getrunken, gesungen, gewinkt. Selbst der Einzelgänger, der sein ärgerliches Mißtrauen hat gegenüber der gewerbsmäßigen Fröhlichkeit der Rheindampfer, kann sich den Einwirkungen einer öffentlichen Wohlgelauntheit nicht durchaus entziehen. Belustigt ertappe ich mich dabei, wie ich aufrichtigen Herzens teilnehme an dem kindlichen Vergnügen des Winkens von Schiff zu Schiff. Aber wie könnte ich denn widerstehen, wenn ich selbst freundliche Diakonissen rhythmische oder gar eurhythmische Armbewegungen vollführen und von Herzen dazu strahlen sehe? Faltboote umschwärmen uns, von den Ufern kommen Zurufe aus den Zeltlagern einer wanderlichen Flußjugend; eines ist mit Kanus ummauert, recht eine Wagenburg unserer Tage.

Das stille, einsame Ufergrün verschwindet; zyklopisch getürmt, drängen sich industrielle Bauten aller Art bis hart an den Strom. Ein bizarres Filigranwerk, stehen Krane, Kipper, Eisenbahnbrücken vor dem abendlicher werdenden Himmel. An den Ufern steigt der Rauch langsam und senkrecht in die unbewegte Luft, er wird dünner und lichter, färbt sich rosig und golden und verklärt sich ins beglänzte Abendgewölk, ein Opferrauch des Dankes und Lobes, Hunderten von Altären entströmt. Ach, wir wollen ja gern die schwarzen Rußstäubchen auf Zunge und Hemdkragen hinnehmen, nur rauchen sollen die Schlote, nur rauchen! Die Möwen verlieren ihre lichte Farbe; grau, schwarz, ruhelose Seelen Ertrunkener, geistern sie über das Wasser. Die Schattenbilder der Uferbauten, der Kirchtürme haben sich geschwärzt; Schiff an Schiff liegt vor Anker, dunkel, in verworrenen Umrissen. Der weite Himmel hat eine finstere, der gänzlichen Unfarbigkeit nahe Bläue angenommen. Der Rauch der Schlote ist tiefschwarz oder reinweiß wie Watte. Es ist sonderbar, daß dieser weiße Fabriksrauch für Augenblicke fast als Lichtquelle erscheinen will. An Traumbauten, Traumstädten geht es vorüber, Lichter schimmern an den Ufern, rote, orangefarbene, weiße und gelbe, klein wie Nagelköpfe. Der Himmel ist völlig schwarz geworden, die Nacht sternenlos, die Uferlichter legen zitternde gelbliche Brücken über das blanke schwarze Wasser. Feurige Essen lodern, rote Flammensäulen schießen zum Himmel auf, über unsichtbaren Ortschaften liegt ein rötlicher Feuerdunst.

Köln, Dom und St. Martin

Die Kaiserinsel

Auf einer Rheininsel, stromab vom heutigen Düsseldorf, hat der angelsächsische Missionar Suitbert, Apostel des Bergischen Landes, zu Ehren St. Petri ein Kloster gegründet. Die Kirche versetzt ihn unter die Heiligen, über seinem Sarge erhebt sich, stattlich und viergetürmt, die gründachige, frühromanische Stiftskirche, weithin über die Stromfläche sichtbar. Zur geistlichen Bedeutung des schön und sicher gelegenen Ortes gesellt sich die irdische, neben dem Kloster erwächst die fränkische Königspfalz. Kaiser Heinrich der Schwarze stärkt und erweitert sie, seine Vorliebe für den anmutigen Ort geht auf seine Witwe Agnes über und wird ihr und ihres Sohnes Verhängnis.

Der Vorgang ist von balladischer Wucht. Kaiserin Agnes, Regentin des Reiches, verbringt die österliche Festzeit des Jahres 1062 mit ihrem elfjährigen Sohne Heinrich auf der Rheininsel. Der Vormund des Kaisersohnes, Erzbischof Anno von Köln, ein herrischer und gewaltiger Fürst der Kirche, als Haupt einer weitreichenden Verschwörung entschlossen, der Kaiserin die Regentschaft zu entreißen, läßt sein Prunkschiff an der Insel landen. Heinrich wird zur Besichtigung eingeladen, das Schiff fährt ab. Der Knabe begreift das Geschehnis und springt über Bord, um schwimmend Ufer, Mutter und Freiheit zu erreichen; in der herrischen Entschlossenheit dieses Handelns kündigt sich der künftige Kaiser, Heinrich IV., an. Der Sprung ist umsonst getan: Ekbert von Braunschweig, des Erzbischofs Bundesgenosse, springt ihm nach und schafft ihn wieder an Bord. Das Schiff gelangt nach Köln, das Reich in Annos Hand. Aber so groß ist in jener Zeit die Kraft der Symbole, daß die Person des Kaisersohnes nicht genügt, Lanze und Kreuz, die heiligen Insignien des Reiches, werden aus der Burgkapelle geraubt; nun erst ist die Tat gültig.

Bis über die Hohenstaufenzeit hinaus hat die Insel den Namen des heiligen Suitbert getragen. Danach kommt die neue Bezeichnung Kaiserswerth in Gebrauch. Sie erinnert noch in unseren Tagen daran, daß dieser Platz zur alten Kaiserzeit seine innige Verbindung hat. Wer heute durch die einsamen Trümmer des Schlosses streift, wird sich im tiefsten Herzen von dem versunkenen Glanz dieses Ortes und der alten Kaiserkrone angerührt fühlen. Der ausgedehnte Bezirk des verfallenen, hart über der Rheinböschung stehenden Gemäuers ist gartenhaft begrünt. Die Trümmer umschlingt dunkelgrüner Efeu mit friedhofartigem Ernst, zugleich auch mit der tröstenden Lindigkeit und Verheißung eines unsterblichen Wachstums. Mit Erschütterung liest man auf einem am Boden liegenden Portalsturz die wahrhaft kaiserlichen Worte: Hoc decus imperio cesar Fredericus adauxit justiciam stabilire volens et ut undique pax sit. Zu deutsch: »Um diese Zier mehrte Kaiser Friedrich das Reich; er ist gewillt, der Gerechtigkeit einen festen Grund zu geben, auf daß allenthalben Friede sei.« Ich kenne kein Wort, das die Würde des alten Imperiums, welches ein Abbild des Gottesreiches auf Erden sein wollte, in gleicher Größe und Schlichtheit ausspräche.

Kaiserswerth, Pfalzruine

Diese Inschrift meint den rotbärtigen Friedrich I., der die alte Pfalz der fränkischen und salischen Herrscher zu einem prunkvollen und festen Kaiserschloß umgestaltete. Es hat über sechshundert Jahre gestanden, Feuersbrünste und

Franzosenkämpfe haben es am Ende des siebzehnten und am Anfang des achtzehnten Jahrhunderts zur Ruine gemacht. Damals ist auch ein großer Teil der Stadt zerstört worden. Ihr neuerer Aufstieg geschah – im neunzehnten Jahrhundert eine Seltenheit – nicht aus dem Geiste der Industrie, sondern aus einem Antrieb gläubiger Menschenliebe. Im Jahre 1820 kam Theodor Fliedner als evangelischer Pfarrer nach Kaiserswerth, ein Mann, der zu Vergleichen mit dem Vater Bodelschwingh von Bethel auffordert. Er begann mit Gefängnisfürsorge und Mädchenpflege; vor rund hundert Jahren zog die erste Asylantin in das pietätvoll erhaltene Gartenhäuschen des Pfarrgartens. In Anknüpfung an das niederländische Beghinenwesen schuf Fliedner Diakonieverein und Diakonissenanstalt. Heute zählen die Mitarbeiterinnen seines Werkes nach vielen Zehntausenden, aus der Gründung ist ein Netz von Heil-, Pflege- und Ausbildungsstätten geworden, und immer noch ist die alte Suitbertsinsel der Kopf und das Herz dieser großartigen und klug geleiteten Karitas.

An einem hellen und windigen Sonntag nimmt mein Schiff den gleichen Weg, den die Entführer mit dem Knaben gesegelt sind. Der Strom ist feiertäglich belebt, von den Schiffen kommt Musik, das Festlustige des rheinischen Volkes nimmt sich hier, im Lande der großen Arbeit, ebenso sein Recht wie im südlicheren Rebengebiet. An einen stromauf ächzenden Schlepper hat sich eine ganze Faltbootflottille gehängt, rufende, winkende, singende junge Leute. Es erscheint das heitere, klare, lebensoffene Düsseldorf, der schöne Umriß des Neußer Quirinus-Domes mit dem eckigen und dem gerundeten Hauptturm, im silbergrauen Licht das einsame grüne Ufergelände mit dem weißen Rheinsand und den verrunzelten Weidenbäumen. Alles atmet Ausdehnung, Weite, Freiheit. Schloß Benrath mit seinem Park ist vom Schiffe aus nicht sichtbar, ich hole es gern aus der Erinnerung früherer Jahre hervor. Am linken Ufer dämmern die Türme und Mauern des winzigen Festungsstädtchens Zons; hier habe ich vor Jahren in einsiedlerischer Vergrabenheit eine längere Weile gehockt.

Endlich sehe ich, unnatürlich groß, hinter einer fernen Flußbiegung zwischen den Weidenbäumen die beiden Türme des Kölner Doms. Die Wupper mündet, hafenhaft beleben sich die Ufer, endlich steht mit den Türmen von St. Martin, St. Kunibert und denen des Domes das Umrißbild der heiligen Stadt groß vor dem abendlich verfärbten Himmel.

Erinnerungen aus der Eifel

Hinter Köln verlasse ich das Uferland und wende mich südwestlich. Die Gegend ist flach, erst allmählich, kaum vermerkt, gelange ich ins Hügelgebiet, das sich dem Eifelgebirge vorgelagert hat. Einstweilen könnte man versucht sein, sich mit einer schlechten Redensart zu sagen, die Gegend »biete nichts Besonderes«.

Kronenburg in der Eifel, Kyllbrücke

Und das, bei Gott, soll nichts Besonderes sein, daß hier Äcker seit Jahrhunderten ihr Korn geben, lebende Menschen zu nähren? Wälder ihr Holz zu Kinderbetten und Totensärgen? Daß Kirchenglocken den Tag empfangen und entlassen, riesige Bäume aus winzigen Keimen aufgewachsen sind und die ganze Herrlichkeit der Schöpfung von jedem einzelnen Grashalm abgelesen werden kann? Daß Menschen wie allerorts so auch hier leben, leiden, lieben, glücklich sind und verzweifeln und endlich ihren Tod sterben; daß sie Wasser aus Brunnen schöpfen, Blumen auf Gräber pflanzen, Böses und Gutes tun und in allem sich halten nach der wunderlichen Weise der Menschen?

Nein, etwas Besonderes ist es freilich nicht; es ist ein Allgemeines. Es ist dasjenige, um dessen willen die Sonne sich noch heute, auch diesen Tag, um die Erde dreht.

Vielleicht ist Euskirchen eine wichtige Stadt. Ob es indessen so wichtig ist, daß ein rotbärtiger Mann vor Jahren recht hatte, mich mit einem Tadel ins Klassenbuch zu schreiben, weil ich Euskirchen beim Aufzählen der linksrheinischen Städte ausließ, ist mir zweifelhaft. Ich habe also meinen Einwand gegen Euskirchen und schenke ihm keine tiefergreifende Aufmerksamkeit.

Aus der feuchten, oft drückenden Wärme des Rheintals komme ich in die kühle und klare Luft der Eifel.

Nenne ich dies Wort »Eifel«, so rinnen Gedächtnisbilder verschwenderisch mir zu, ich habe Mühe, sie zu sondern. Wie die meisten Landschaftsgebiete, so mag, von außen her gesehen, auch die Eifel als einheitliches Gebilde erscheinen. Jetzt, in der Vielfalt der Erinnerungen, meine ich auf eine Reihe verschiedenster Länder zurückzusehen, vor der auch die herkömmliche Einteilung in vordere, vulkanische, westliche und Schnee-Eifel nicht standhalten will. Da waren hochgelegene arme Dörfer mit kärglichem Acker, über die der Wind hinstrich, und da waren die fruchtbaren, schöngesättigten Ebenen der Pellenz und des Maifeldes; menschenreiche Kurorte und verlassene Waldsteige mit verwitterten Bildstöcken an den Kreuzungen; zutrauliche, lichte Wiesengründe, Wasserstürze, die wie ungestüme Kinder tobten, und regungslos liegende Kraterseen, schwermütige Widerspiegler der Einsamkeit; da war dürres Heidegestrüpp und saftgrüne Buchenwölbung, Tannendickicht und Ginstergebüsch. Schmiegsame, schmale Flußtäler und kahle Bergkuppen; Dolomitfelsen, Basaltsäulen und Lavawälle, weite Hochflächen, deren öden Ernst auch der lieblichste Sommertag nicht abzumildern vermochte; einsame Waldmühlen und spitzgiebelige Fachwerkstädtchen, an Vergangenheit reich. In diesem Lande sind die Burgen und Ruinen der Genovevazeit, die Römerniederlassungen und die fränkischen Königsorte, die großen Abteien und Klöster; Dörfer, aus düsterem Lavagestein erbaut, Talsperren, Schieferbrüche und Tuffsteingruben. Ich erinnere mich guter Fische und Krebse, des Räucherschinkens mit dem kräftigen Wacholderaroma und des Wacholderbranntweins, der mir als herberer

Monreal in der Eifel

Vetter des ostdeutschen Machandelschnapses erschien. Meine Erinnerung fällt auf dörfliche Menschen mit breiten Gesichtern und langsamer wortkarger Art und wieder auf einen anderen Schlag, den dunkles Haar, bräunliche Hautfarbe, Beweglichkeit und Gesprächslust als Erben italischen Blutes ausweisen mochten. Ich entsinne mich an Flecht- und Holzarbeiten mancher Dörfer, die ein sicheres, unangegriffenes Formgefühl offenbarten, und an andere Ortschaften, in denen nichts gedeihen wollte als Mausefallen und ähnliches Drahtgerät, mit dem Männer und Weiber weithin auf händlerische Wanderschaften gehen. Ich erinnere mich hoher Fachwerkbauten auf steinernen Sockeln und strohgedeckter, einstöckiger Wohnungen, die mit Stall und Scheune unter einem Dach lagen; doch war es nicht die natürliche Harmonie des niedersächsischen Bauernhauses, vielmehr waren die Wohn-, Vorrats- und Stallbaulichkeiten seitlich aneinandergeschoben gleich einer Karrenreihe, so daß das Ganze wohl wie ein Übergang erscheinen mochte vom norddeutschen zum fränkischen Gehöft, das sich aus selbständigen Einzelbauten zusammensetzt und fast wie eine mikrokosmische Stadt anmutet – vielleicht kein Zufall in den Bereichen einer uralten, von der Ewigen Stadt selbst genährten städtischen Kultur.

Stärker als alle anderen Erinnerungen aber ist ein großes Waldgefühl. Ich komme aus Wäldern, und ich habe vergessen, wie Städte aussehen. In den Tiefen der Wälder bin ich gewesen, Jahre lang, Jahrzehnte, Menschenalter. Ich habe zottige Baumflechten und altersgraues Moos statt der Haare. Ich kenne keine Zeitungen mehr, meine Uhr steht, und es gibt keinen Kalender. Tief unter mir schimmern in der Dämmerung die ersten Lichter des Ahrtales. Mein Weg stürzt bergab, allein ich darf mich der Wollust des mühelosen Abwärtsgleitens nicht völlig überlassen, es dunkelt schon, und die Straße ist voller Schlaglöcher, Steine, Schotterhaufen und Kurven, die Fahrradlampe hat Mühe, den Nebel zu durchdringen. Weiße Tücher spannen sich über die Wiesen, Burg Kreuzberg steht da als ein mächtiges schwarzes Ungetüm, blinzelnd aus erleuchteten Fenstern. Ich fahre über uralte gewölbte Steinbrücken, an Kapellen und Kirchen vorüber in die Nacht.

Schild der Starken, Trost der Frommen

Der Morgen im Ahrtal ist lichtmatt und zauderig. Die Sonne steigt und bringt Himmelsbläue mit federweißen, federleichten Wolkenarchitekturen. Die Ahr hat den Reiz der schleifenartig vielgekrümmten Flüsse, daß sich augenblicks immer wieder ein neues Bild zur Schau gibt, ja, daß der Reisende, ohne von seinem Wege zu weichen, in alle Himmelsrichtungen blickt. Die Ahr ist flach, steinig, von schöner Klarheit, ein rechtes Forellenwasser; die langen grünen Haarsträhnen verschollener Flußgeister rinnen mit der Strömung, ohne ihren Ort zu verlassen. Das Tal ist eng, die phantastischen Felsbildungen beider Ufer rücken nahe aneinander, auf der Schattenseite mit Wald, auf der Sonnenseite mit Weinbergen bedeckt. Man wird den Ahrweinen nicht gerecht, wenn man sie mit großen Bordeaux- oder Burgunderweinen vergleicht; das ist, als erwartete man Stachelbeergeschmack von der Johannisbeere. Unter Sankt Peters Patronat wachsen diese Trauben, sein Bild steht über Gasthofstüren und Weinbergpforten. Etwas von seinem Amt der Schlüssel zum Himmelreich ist auf den dunkelroten Wein übergegangen.

Eifel, Gemündener Maar

Die Landschaft hat ritterliche, geistliche, winzerliche Art. Burgen, Ruinen, Kirchen, alte türmereiche Weinorte, alle Dinge, die das Auge lind, das Herz glücklich machen, liegen nahe beisammen, eins leitet ins andere, hierin kündigt das südliche Deutschland sich vor. Die Straßen sind eng, der Raum ist kostbar wie allenthalben in bergländischen Flußtälern; so ein ganzes Städtchen mit Mauern und Toren und Türmen könnte man getrost auf den Marktplatz von Marggrabowa stellen, es bliebe immer noch Raum genug für die Wagen und die flinken, kleinen masurischen Pferdchen, mit denen die Bauern zu Markte kommen. Hier und da steht ein gutes Fachwerkhaus, oft biedermeierlichen Charakters; seltener ist die Schieferverkleidung, die in anderen Rheingegenden, im Bergischen Lande, im Nassauischen so häufig begegnet. Im ganzen mangelt eine natürlich erwachsene Bauweise, man sieht den Allerweltsstil der Bade- und Kurorte oder jene gotische Architektur, die so lästig wirkt, weil sie ja nicht aus einem gotischen Gefühl, sondern aus einer kunstgewerblichen Nachahmung hervorgegangen ist. Aber wie mag ich denn Anstoß nehmen am einzelnen, da doch das Ganze in Sonne, Weinlaub, blauer Luft sich so schimmernd krönt!

Das Tal öffnet sich. Je näher ich dem Rhein komme, der hier ja noch nicht der eigentliche Traubenfluß ist, um so mehr verschwindet die Rebe und macht an den sanfter werdenden Berglehnen dem Ackerbau Platz. Nach oberdeutscher Art schieben sich die Felder in schmalen, vielfarbigen Streifen von den Hängen zu Tal, als sei ein Schachbrett in die Länge auseinandergezogen worden. Ich komme an Tabakstauden vorüber; nun, ich bekenne gern, ein Mann von Vorurteilen zu sein, und so habe ich mehr Zutrauen zum roten Ahrwein als zum braunen Ahrtabak. Die Ahr, die ich jung, hurtig und brausend gesehen habe, fließt nun gemächlich mit vielen Armen durch den fruchtbaren Landstrich der Goldenen Meile dem Rhein entgegen.

Über die sogenannte Rheinromantik mit ihrer Ansichtskartenrührseligkeit, ihrem rudelweise ausgeübten Programmgehorsam und ihrer Geschäftemacherei ist oft gescholten worden. Ich glaube, es braucht da nicht vieler Worte, man kann sich leicht verständigen, wenn man nur die Bereitwilligkeit aufbringt, durch die scheinbare Gefühlsverlogenheit hindurch die verborgene Echtheit des Gefühls wahrzunehmen. Es gibt ja keine Schablonenempfindung, der nicht etwas Großes, Wahres und Einfaches zum Grunde diente; und es hat noch keiner heiligen Gestalt dadurch etwas genommen werden können, daß ihr Abbild sich in Tausenden von schlechten Gipswerken oder Drucken verbreitet hat.

Ich erreiche den Strom, das ist jedesmal von neuem wie eine Heimkehr nach langer Verbannung. Niemand kann ihn schöner grüßen, als wie Brentano es tat. Er ist neben und oberhalb von Schenkendorf der eigentliche Dichter des Rheins, er bindet seine Kraft und Lieblichkeit in eine Fülle. So blühend auch Eichendorff den Rhein bekränzt hat, bei ihm ist er nicht der Rhein, sondern ein poetisch-romantischer Fluß schlechthin, ähnlich den Königreichen Illyrien oder Böhmen bei Shakespeare. Brentano aber war ein Kind des Stromgottes, an rheinischen Ufern griff er aus der Wiege nach den Sternen, sein Gruß klingt heute und ewig:

»O willkomm! willkomm! willkommen!
Wer einmal in dir geschwommen,
Wer einmal aus dir getrunken,
Der ist vaterlandstrunken.

Ström' und Flüss' hab' ich gesehen
Reißend, schleichend durch das Land,
Aber keiner weiß zu gehen
Herrlich so durchs Vaterland.
O willkomm! willkomm! willkommen!
Schild der Starken, Trost der Frommen,
Gastherr aller Lebensgeister,
Erzmundschenk und Küchenmeister!

Weinesfeuer, Liebestreue,
Männerkraft und Jungfraunzucht,
Daß mein Herz sich recht erneue,
Hab' ich wieder euch besucht.
O willkomm! willkomm! willkommen!
Echo schlag die Freudentrommen,
Daß der Vater Rhein auch höret,
Wie ich bin zurückgekehret.«

Reliquien am Rhein

Ich habe den Rhein häufig befahren, die Mosel nie. Wenn ich mir eine Moselfahrt zum Vorsatz gemacht hatte, dann hatte jedesmal eine Periode der Trockenheit den Wasserstand dergestalt sinken lassen, daß keine Schifffahrt geübt werden konnte. So etwas pflegt von Reisenden und Schiffahrtsunternehmungen als Mißgeschick beklagt, von den Winzern aber willkommen geheißen zu werden. Ist in einem glutheißen Sonnensommer der Wasserspiegel der Mosel so weit gesunken, daß der sonst in der Flut verborgene Paulinusstein sichtbar wird, dann sehen sie einen glücklichen Weinherbst vor sich. Und wenn die Weine eines solchen Jahrganges endlich auf den Tischen stehen, dann segnen gewiß auch die Reisenden und vielleicht sogar die Schiffahrtsaktionäre noch nachträglich die längstverwundene Enttäuschung.

Es fällt mir schwer, zur Rheinreise ein anderes Fahrtwerkzeug zu gebrauchen als das Schiff. In dem altertümlichen Remagen vertraue ich mich und mein Rad dem Dampfer an.

Der Ortsname verliert seinen befremdlichen Klang, wenn man sich seine keltische Abkunft vergegenwärtigt. Das Gallische »magos« bezeichnet eine Ackerfläche und kehrt in Dormagen, Marmagen, Neumagen wieder. Das letztgenannte Moselstädtchen, ehedem Sommerresidenz römischer Kaiser, hat einen merkwürdigen Ruhmestitel; jeder Mensch kennt den Vorgang, wenige wissen, daß er auf deutschem Boden seinen Schauplatz hat. Als Konstantin der Große von seiner Residenzstadt Trier gegen den Nebenkaiser Maxentius ins Feld zog, geschah bei Neumagen die Erscheinung des Kreuzes am Himmel mit den Worten:

»In hoc signo vinces« – »in diesem Zeichen wirst du siegen«. Die Symbolik dieser Legende hat weltgeschichtliche Größe; von nun an wurde das

Labarum, die Kreuzesfahne, zum Banner des Riesenreiches, wie sie zum Wappen des kleinen Neumagen wurde.

Auch Remagen hat seine römische Vergangenheit, Julian der Apostat hat in einem überraschenden Vorstoß die an die Franken verlorengegangene Stadt zurückgewonnen, römische Altertümer machen mit frühchristlichen und gotischen den Schatz des Ortes aus.

Der Heilige Remagens und seiner Umgebung ist Apollinaris, und auch die bekannte, im vergangenen Jahrhundert entdeckte Heilquelle des Ahrtales trägt seinen Namen. Er verschwistert durch eine eigentümliche Beziehung das rheinische Remagen mit dem oberitalischen Ravenna. Apollinaris wird als ein Schüler Petri und Gründer des uralten ravennatischen Erzbistums verehrt, Stadtheiliger von Ravenna, das über seinem Sarge die schönste Basilika altchristlicher Zeit errichtete, S. Apollinare in Classe. Der große Theoderich stellte ihr die neue Kirche zu S. Apollinare an die Seite. Von Apollinaris stammt Ravennas kirchlicher Rang und sein ehemaliger Anspruch, gleich Mailand dem Bistum Rom nicht unter-, sondern gleichgeordnet zu sein. Fast elf Jahrhunderte lang werden seine Reliquien unbestritten in Ravenna verehrt.

Remagen und die Apollinariskirche

Rainald von Dassel, der Kölner Erzbischof und Kanzler des Reiches, gehört unter die größten staatsmännischen Gestalten unserer Kaiserzeit; ein guter Teil des Ruhmes, der sich um die Krone des rotbärtigen Friedrich windet, ist seiner Charakterstärke, seiner Verhandlungs- und Kriegskunst zuzuschreiben. Nach der Bezwingung Mailands will Barbarossa ihm danken, und er dankt ihm kaiserlich: Aus der Mailänder Beute schenkt er ihm die Leichname der Heiligen Drei Könige. Wert und Bedeutung dieser Gabe können nur verstanden werden aus dem Geist jener Jahrhunderte, deren Reliquienschätzung einer Sucht gleichkam. Um kostbare Reliquien sind blutige Kämpfe geführt worden, Reliquien erscheinen den Gemeinwesen, gleich dem Palladium Trojas, als geheimnisvolle Schutzbilder der Gottheit: Die Stadt kann nicht sinken, solange sie in den Mauern sind, sichtbare, tastbare Unterpfänder des Heiles.

Kölns Aufblüte scheint an den Erwerb dieser Königsleiber geknüpft, ihre Kronen gehen in sein Wappen über, Fremde und Wallfahrer strömen zu, das geistliche Ansehen des Erzbistums stärkt sich, der Grundstein zum Dombau wird gelegt. Päpstlichen Nachstellungen zum Trotz, gelang es Rainald von Dassel, auf abenteuerlichen Schleichwegen die drei Leiber nach Deutschland zu bringen. Er führte noch eine andere im oberen Italien gewonnene Reliquie mit sich, den Leichnam des Apollinaris. Die letzte Wegstrecke wurde zu Wasser zurückgelegt; die Drei Könige kamen bis Köln, vom Schiff des Apollinaris aber berichtet die Legende, es sei, genötigt von einem jenseitigen Geheiß, bei Remagen gelandet und an der Weiterfahrt wunderbar gehindert worden. Den oberen Willen erkennend, bestattete man in Feierlichkeit zu Remagen den Heiligen, der seine Zuneigung zu der anmutigen Örtlichkeit zu erkennen gegeben hatte.

Demgegenüber behaupten die Ravennaten noch heute, die Gebeine ihres Schutzpatrons in ihrer Stadt zu haben. Manche Geschichtsforscher wollen wissen, der Kanzler sei nur im Besitz der mailändischen, nicht aber der ravennatischen Reliquien gewesen, deren Überführung nach Deutschland eine rheinische Sage sei. Allein mit dieser These ist nicht erklärt, wie es denn hat geschehen können, daß ein ravennatischer Ortsheiliger zum Patron eines rheinischen Städtchens wurde. Eine andere Aussage geht dahin, daß der Körper zu Ravenna verblieben und nur das Haupt über die Alpen gelangt sei. Wie sich auch der geschichtliche Hergang verhalte, der aus Antiochien stammende Petrusjünger, der an der Adria den Märtyrertod erlitt, hat am Rheinufer Wohnung genommen und hält seit fast acht Jahrhunderten seine Hand gütig über Remagen, das Unterahrtal und die Goldene Meile.

Seine Grabkirche ist ein neuer tuffsteinerner Bau, von jener trivialen Zierlichkeit, mit der das vorige Jahrhundert von außen her die Gotik nachzuahmen liebte; doch hat sie eine Kostbarkeit in dem ergreifenden Holzbildwerk des sterbenden Christus, das man dem Veit Stoß zuerkennen möchte. Von

Mauern umgürtet, liegt die Apollinariskirche über dem Rhein, Weingärten ziehen sich die Höhe hinan. Der Blick von hier aus über den Strom weg hat etwas Herzbezauberndes, gleichwie die schlanke Kirche, deren Mängel auf die Entfernung nicht wahrgenommen werden, die Augen aller Rheinbefahrenden mit sanftem Zwinge auf sich befiehlt.

Ein wenig stromauf, ein wenig landein, oberhalb der Ahrmündung wird eine andere Reliquie von äußerster Merkwürdigkeit bewahrt: Ich erinnere mich des halb befremdenden, halb zu einer zögernden Ehrfurcht auffordernden Eindrucks, den sie mir als noch sehr jungen Menschen auf einer meiner ersten Rheinreisen gemacht hat. Es ist der »heilige Vogt« in der Peterskirche von Sinzig, der Überlieferung nach ehemaliger Hausvogt und Hofgeistlicher der Kaiserin Helena, deren Palast hier im römischen Sentiacum vor der Königspfalz der Franken, vor der Kaiserpfalz der Hohenstaufen gestanden haben soll. Andere wollen in ihm einen Ritter aus dem Geschlecht der Quaden von Landskron erblicken, deren stattliche, jetzt in Trümmern liegende Burg über dem linken Ufer der Ahr als einem Nachkommen dieser Familie dem Freiherrn vom Stein gehört hat; er liebte es, gelegentlich über den seltsamen Vorfahren zu scherzen. Der Leichnam liegt in einem gläsernen Sarge und hat sich, vielleicht unter dem Einfluß gewisser mineralischer Substanzen des Baugesteins, unverwest erhalten. Ja, er hat sich die Farbe eines lebenden Menschen und die Beweglichkeit der Gliedmaßen bewahrt. Es ist, als habe der Tod einen schaurigen Spott treiben wollen, indem er dem entseelten Leibe die Merkmale der Lebendigkeit beließ. In der napoleonischen Zeit ist die Mumie nach Paris entführt und später prozessionsweise und in hoher Feierlichkeit über Köln an ihren Ort zurückgebracht worden. Man möchte vermuten, daß sich der Gedanke von der Heiligkeit des Vogtes vornehmlich an der Unverweslichkeit seines Leichnams entzündet habe.

Der Tag ist windstill und warm. Der Rauch der Dampfer wie der Uferschornsteine scheint unverrückbar in der Luft zu stehen. Der Fluß zieht, nur schwach gekrümmt, zwischen dem Westerwald und den Eifel-Ausläufern. Links werden die Waldberge höher und dunkel, rechts schimmern Weinlehnen und Kornhänge. Kleine graue Städtchen mit steil zum Wasser abfallenden Mauern begleiten das Ufer zu ebener Erde, Burgen, Ruinen und Klöster schaffen einen durchbrochenen Oberstock, der einen Vorgeschmack von der großen Burgenstraße zwischen Koblenz und Mainz gibt.

Von den Ortschaften der Gegend werden, gleichwie es auch in der Eifel geschieht, manche als Kneippkurorte gerühmt. In Heildingen unerfahren, kann ich eine kleine Verwunderung darüber nicht unterdrücken. Mir scheint, diese Behandlungsweise müsse sich mehr als jede andere dem Versuch einer Lokalisierung widersetzen, denn mit kaltem Wasser kann man sich, den guten Willen vorausgesetzt, schlechterdings überall begießen, und was zu dieser Kur erfordert wird, das sind doch die generell wasserlichen Eigenschaften, nicht die mineralischen Bestandteile bestimmter, an ihre Orte gebundener Quellwässer. Indessen werden die Kneippanten und Conkneippanten dies *sicherlich* besser wissen. Unvergeßlich ist der Augenblick, da hinter dem scharf vorspringenden bewaldeten Berge plötzlich die vier Türme der Andernacher Liebfrauenkirche stehen, links von ihr der kräftige runde Stadtturm, wohl das eindrucksvollste Stück seiner Gattung im ganzen Rheingebiet. Das alte, spitzwinklig zum Wasser vordringende Bollwerk ist von einem sehr glücklichen Einfall zu einem unserer schönsten Kriegsehrenmale umgestaltet worden. Der Krahnenberg ist die letzte Höhe, letzter Gruß der im rauchigen Abendgold verdämmernden linksrheinischen Gebirgskette. Dann plattet das Land sich ab, stellenweise zu entschiedener Ebene, und ich möchte mich, für Augenblicke, an den Niederrhein zurückversetzt meinen.

Auf dem rechten Ufer hebt sich, helleuchtend und von einer neuzeitlichen Klarheit und Sicherheit aller Linien, die steinerne Deichmauer von Neuwied aus dem Wasser, auf ihrer Krone ein Gastwirtschaftsgebäude von der gleichen wohltuenden Bauart tragend. Der Gedanke lockt, hier oben ein paar Abendstunden zu versitzen. Aber ich habe meinen Entschluß zu spät gefaßt. Eine in Andernach zugestiegene Gruppe von Radfahrern hat ihre Räder vor das meine gemauert; als ich es aus der Verklammerung gelöst habe, da ist der Landesteg schon eingezogen, der Dampfer fährt.

Auf Koblenz zu wird es wieder bergig, das flache Vorland des Ufers deckt sich mit Pappeln und Weiden; schwarz und unbewegt stehen sie in der Dämmerung.

Koblenz

Erst bei meinem fünften Besuch in Koblenz wurde ich gewahr, daß diese zauberische Stadt zu allem anderen auch einen Bahnhof besitzt. Das will besagen: Er liegt abseits, und es ist das Gewöhnliche, daß man Koblenz zu Schiff oder auf Fahrstraßen und Wanderwegen erreicht, es sei denn, man wäre ein Eiliger; aber mit den Eiligen habe ich es hier nicht zu tun.

Die Lage an Rhein und Mosel, nicht fern von der Lahnmündung, inmitten von Eifel, Hunsrück, Taunus und Westerwald, gibt Koblenz etwas Mittelpunkthaftes, etwas freudig Sammelndes. Es liegt eine Fröhlichkeit in der Luft, spritzig wie junger Moselwein. Mit jener geflissentlichen, ans Berliner Café Vaterland erinnernden Koblenzer Fröhlichkeit, wie sie im Weindorf neben der Rheinhalle ihre fremdenanlockenden Winzerfeste feiert, vermag ich mich freilich nicht anzufreunden. Solchen Veranstaltungen gegenüber preise ich echtere Feiern, etwa den Dürkheimer Wurstmarkt, den »Derkemer Worschtmarkt«, wie die Pfälzer ihn nennen, dies uralte, vollsaftige Wein- und Volksfest, das alljährlich zum Beginn der Weinlese an der Haardt seine lustige Lärmtrompete bläst.

In der Koblenzer Luft begreift der Ankömmling den Rhein als den Strom der Freude, Strom gesteigerter Empfindung; daß er zugleich der Strom aller deutschen Tragik ist, dies kann einem bei so erhöhten Herzensgefühlen ein wenig abseitsrücken. Man meint mehr vergnügte Menschen zu sehen als anderwärts. Das mag an den vielen Fremden liegen, die hier anlangen in der erwartungsvollen Laune des Reisebeginnes, alles Weinglück des Rheines und der Mosel vor Augen, oder mit dem Nachglanz der schon genossenen Fahrt im Herzen. Ich habe Koblenz im Frühling, im Sommer und im Herbst erlebt, die aufgeräumten, gutgelaunten Menschen habe ich immer angetroffen, und so kann ich mir nicht denken, man sollte in der bösen Jahreszeit hier traurig sein. Diese Stadt hat eine sanfte Macht der Beglückung, welcher ich jedesmal von neuem erliege; freilich setze ich ihr keinen Widerstand entgegen. An den Rhein- und Moselbrücken, den Landungsplätzen der Dampfer und Motorboote teilt sich einem augenblicks der Geist einer freudigen Unruhe mit. Rheinstraße, Firmungstraße, Entenpfuhl, Löhrstraße sind bis tief in die Nacht von plaudernden und flanierenden Leuten erfüllt und von einem lauten, lustigen Hupen und Fahrradgeklingel; man hört viel Lachen; in den ärmlicheren Vierteln stehen Menschen noch spät in den Haustüren, rauchen Stummelpfeifen und schwätzen. Aus zahllosen Wirtschaften klingt Musik – daß es meist nicht Musik, sondern maschinelle Wiedergabe von Musik ist, dies hat unsere Zeit zu verantworten, nicht der Genius der Koblenzer Fröhlichkeit. Und dann tut man aus den hellerleuchteten, getümmelvollen Straßen ein paar Schritte seitab, man biegt von der Rheinstraße in die Castorpfaffengasse ein oder geht vom Jesuitenplatz durch die Arkaden des Stadthauses und der Gymnasialbauten, und nun ist man plötzlich in eine dunkle Stille versetzt, unter Bäume und silberne Gestirne am schwarzen Himmel.

Die Koblenzer Jesuitenkirche ist eine der wenigen ihrer Art, die nicht von den Vätern dieser Gesellschaft errichtet, sondern aus vorhandenen Kirchen geschaffen worden sind. Der gotischen Fassade ist ein schönes Renaissanceportal vorgesetzt worden, erst das Innere enthüllt den kirchenschmückenden Pomp des Ordens. Beim Verlassen der Kirche freut einen immer wieder die aufgezwungene und sinnvolle Architektur des Platzes: Prächtig steht die Kirche als Blickabschluß am Ende der auf sie und den Platz zulaufenden Jesuitengasse. Koblenz ist reich an schönen Kirchen, wie es einer altchristlichen, seit früher Zeit erzbischöflichen Stadt geziemt, die eine Weile etwas wie eine kurtrierische Nebenresidenz gewesen ist, insbesondere in den letzten Jahrzehnten des geistlichen Kurfürstentums. Damals entstand das Schloß, ein ausgedehnter Bau von steifem und kaltem Prunk, der später dem Prinzen von Preußen, nachmals Wilhelm I., als dem Militärgouverneur der Rheinprovinz zur Residenz diente. Vorüber an der Rheinfront des Schlosses, dessen Regelmäßigkeit hier durch mancherlei Nebenbauten und ummauerte Gartenstücke anmutig gelindert wird, zieht sich, wohl eine ganze Schlenderstunde lang, ein schmaler Parkstreifen flußaufwärts, eine Allee, deren Anlage das

Auge und die Hand des großen Gartenkünstlers Lenné verrät. Unter den vielen liebenswerten Promenaden Deutschlands möchte man dieser von Herzen einen besonderen Rang zuerkennen. Hier steht ein Denkmal für den in Koblenz begrabenen Schenkendorf, im Angesicht des Rheines, den er so gläubig geliebt hat. Stromab von ihm, zwischen Schloß und Wasser, hat ein Größerer sein Denkmal gefunden, ein Koblenzer Kind, Joseph Görres, den Napoleon »die fünfte Großmacht« nannte. In der Jugend eine Flamme, im Mannesalter ein Löwe, im Greisentum der gigantische Tragepfeiler eines unsichtbaren Domes, so steht Görres über seinem Jahrhundert. Dieser feurige, sprachgewaltige Geist war als Gelehrter und Publizist eine der universalen Erscheinungen der Romantik, ein Herold und Fanal jenes Reiches, das ihm und den Seinen als eine ewige Aufgabe der Nation vor Augen stand. In seiner Vorrede zu den »Teutschen Volksbüchern« finden sich die herrlichen, ihn so sehr bezeichnenden Worte: »Die Pforten des Aufgangs such' ich immerdar, wo die starken Geschlechter wohnen. Es öffnete der alte Fels sich, wir standen an dem Tore von Erz: vor der Springwurzel wich es prasselnd auseinander. Ein weiter Dom war uns geöffnet, spiegelglatt zog der Kristallboden in die ferne Dämmerung sich hin. Wir schritten hinein, der Kristall war nicht gebrochen! Wir kamen tief in des Domes Grund, in die dämmernde Kapelle, wo Friedrich Barbarossa saß.« Drei Ehrenmale sprechen seine Art und Wirkung aus. Auf seinem Münchner Grabstein ist der Völkerapostel Paulus dargestellt, sein Schwert in Joseph Görres' Hände gebend. Als einer der ersten hat Görres zum Ausbau des Kölner Domes aufgerufen, der ihm ein Sinnbild war für die nicht restaurative, sondern im Geistigen zu vollziehende Wiedererrichtung des Heiligen Reiches. In diesem Dom zeigt ein Glasgemälde Joseph Görres mit Karl dem Großen unter dem hütenden Segen der Muttergottes. Das dritte Denkmal ist das Koblenzer, und es hätte ihm kein schönerer Ort gefunden werden können, als hier am Strom, dem er verbrüdert war von Vorfahren und Kindheit her.

Drei Jahre vor ihm ist in Koblenz im stattlichen Metternicher Hof am Münzplatz, nahe der alten Moselbrücke und der Erzbischofsburg, der spätere Staatskanzler Metternich geboren worden, der vielgeschmähte, aber in der Tragik seiner geschichtlichen Sendung wenig gekannte. Und zwei Jahre nach

Görres, mit dem er auf einer Schulbank sitzen sollte, wurde jenseits des Flusses, dem Görresschen Hause fast genau gegenüber, Brentano geboren, gleich Görres ein rheinischer Deutscher mit einem Guß italienischen Blutes. Sein und Metternichs gemeinsamer Pate war Clemens Wenzeslaus, letzter Fürstbischof und Erbauer des Koblenzer Schlosses; beide haben nach ihm den Vornamen empfangen. Es ist, als habe der Genius der Geschichte hier ein eigentümliches Beziehungsspiel treiben wollen.

Brentano hing Görres an bis zu seinem Ende. Mit Arnim und Eichendorff hat er in der Heidelberger Zeit zu seinen Füßen gesessen, nach Eichendorffs Wort: wie fahrende Schüler vor ihrem Meister. Damals hat sich, so erklärte nachmals der Freiherr vom Stein, »in Heidelberg ein guter Teil des deutschen Feuers entzündet, welches später die Franzosen verzehrte«.

In dem Hause an der Schloßstraße, das Görres in reiferen Jahren erwarb und zu einem Schnittpunkt geistiger Lebensströme zu machen wußte, hat Goethe ihn besucht, als er mit dem Freiherrn vom Stein 1815 eine Lahn- und Rheinreise unternahm. Volkstümlicher ist ein früherer Besuch Goethes in Koblenz geworden, vier Jahrzehnte zuvor, und eine Gedenktafel am alten Gasthause im Entenpfuhl hält die Erinnerung an jenes Mittagessen fest, da er zwischen Lavater und Basedow als »das Weltkind in der Mitten« gesessen ist.

In Koblenz findet sich einer der besten Witze der Weltgeschichte. Im Jahre 1812, zur Feier des Einzuges der großen Armee in Moskau, ließ der Präfekt der damals französischen Stadt Koblenz, Monsieur Jules Doazan, ein Monument errichten: einen Brunnen aus Sandsteinquadern mit einer entsprechenden Inschrift. Fünf Vierteljahre danach war ein russischer General Kommandant von Koblenz. Vielleicht hätte ein anderer nun das Siegesmal abreißen lassen und an seiner Stelle einen Denkstein der napoleonischen Niederlage errichtet. Der russische General verfuhr feiner und geistiger, indem er unter Monsieur Doazans Inschrift mit einer charmanten Ironie die lakonischen Worte setzen ließ: »Vu et approuvé par nous. Commandant Russe de la ville de Coblence. Le 1. Janvier 1814.« Der Brunnen rauscht noch heute vor St. Castor, der ansehnlichsten und ältesten Kirche von Koblenz; in ihr wurde Görres getauft, in ihr fand im Jahre 842 jene denkwürdige Ratschlagung statt, deren Ergebnis im folgenden Jahre der Vertrag von Verdun war, der das fränkische Gesamtreich unter Karls des Großen Enkel aufteilte und als Geburtsurkunde des deutschen und des französischen Volkes angesehen werden kann. Der Platz mit dem Brunnen hält manchen Nachklang gewesener Pracht fest, die beiden hohen romanischen Türme steigen wie aufklingende Strophen aus seiner weiträumigen Fläche, und die überrheinische Festung Ehrenbreitstein schließt majestätisch das Bild. Das feste Haus des Deutschen Ordens grenzt an den Platz, und von ihm ist der klangvolle Name »Deutsches Eck« genommen. Er bezeichnet den spitzwinklig vorspringenden Ort, da die Mosel in den Rhein mündet; hier wird sich mancher an den Passauer Zusammenfluß von Donau und Inn erinnert fühlen. Die Bedeutsamkeit der Stelle macht den Wunsch begreiflich, ihr einen sinnbildhaften Nachdruck zu geben. So entstand das Kolossaldenkmal Wilhelms I., das der Örtlichkeit einen mächtigen Akzent verleiht, bei näherem Zuschauen freilich durch sein leeres Pathos den Betrachter nicht nur erkältet, sondern auch erschreckt.

Ich gehe die Rheinwerft entlang, in der Quellrichtung des Flusses, und lasse mich zum jenseitigen Ufer bringen. Das Fährschiffchen legt an am Hotel zum Kurfürsten, einem Gebäude von altmodischer und zurückhaltender Noblesse. Es ist das Haus des kurtrierischen Kanzlers La Roche; hier ist Goethe zu Gast gewesen, hier ist Brentano zur Welt gekommen, als Enkel des Hausherrn und der von Wieland verehrten Sophie von La Roche, als Sohn der schönen, schwarzäugigen Maxe, die von Goethe geliebt worden ist.

Ich gehe vorbei an fürstlichen Rokokobauten der kurtrierischen Zeit. Dann steigt meine Straße in Windungen empor zur tausendjährigen Festung Ehrenbreitstein. Ich komme an Riesenmauern, durch düstere Tore, zu öden Bastionen und Kasematten, durch stille, grünverwachsene Höfe, in denen eine heiße Sonne brütet, voll der großen Verlassenheit der Vorzeit. Unvergleichlich ist der Blick von hier oben, stromauf und stromab, auf Koblenz mit den Höhen der Kartause und des mächtigen Rittersturzes; nach der Landseite zu schaut man zum Wallfahrtsort Arenberg, tief unten auf das Straßen- und Häusergewirr des Städtchens Ehrenbreitstein. Hier droben flattert der Wind, es sind Atemzüge voll Freiheit und Weite, der stolze, klingende Name des Ortes übt talismanische Wirkung. Es erscheint unvorstellbar, daß dies Gigantenbollwerk auf dem hohen Rheinfelsen je sollte bezwungen worden sein.

Über den Osthang nehme ich den Rückweg, oben stehen schattig und breit die Kastanienbäume, dann verstrickt sich der Berg in eine einzige Zauberwildnis von Holunder, Akazien und Efeu.

Koblenz, Deutsches Eck

Liebes Land an der Lahn

Die Ahr verbreitert sich langsam in eine Mündungsebene, die Lahn aber mündet heroisch und groß, als wolle sie ihren oft gemächlichen, leidenschaftslosen Lauf vor dem Ende noch einmal verklären. Wie zwei Torhüter thronen zur Linken und zur Rechten Burg Lahneck und Niederlahnstein mit dem Allerheiligenberg. Die bewaldeten Felsbildungen stehen hoch und nah über dem Fluß, ohne seinen Lauf in eine eigentliche Schlucht zu zwingen. Erst kurz vor Ems erweitert sich das Tal und verliert die einsame Wald- und Felsennatur. Felder und Obstgärten treten auf, die Rebe steigt bergan, alles bereitet freundlich auf die heilende Lindigkeit des Emser Bades vor. Ems ist ein uralter, schon zur Römerzeit gebrauchter Kurort, sein größter Aufschwung aber begann gegen die Mitte des vorigen Jahrhunderts; der Stil Baden-Badens, wo französische Einflüsse stark waren, wirkte herüber, und so haben die altmodisch vornehmen Bauten der vierziger bis siebziger Jahre ein französisches, ein südliches Aussehen.

Bald hinter Ems durchfahre ich das Stadttor des winzigen Dausenau und freue mich am oberen Stadtausgang des schiefen Turmes, der freilich weder an Schiefe noch an Schönheit mit dem Pisaner verglichen werden darf. Die Dausenauer nennen ihn Beutelturm und erzählen, hier sei ein sagenberühmtes Liebespaar eine Weile gefangengehalten worden, Eginhard und Emma, der Geheimschreiber und die Tochter Karls des Großen. Wald- und Weingehänge wechseln, auf den Höhen des linken Flußufers findet sich eine Merkwürdigkeit, von der ich oft habe reden hören, ohne daß es mir je gelungen wäre, sie vor Augen zu bekommen. Es sind die nach einem nahen Dörfchen genannten Misselberger Blumen, eine Narzissenart, die in ganz Europa nur auf dieser einen Wiese wächst und zur Blütezeit um Ostern herum von Emser und Nassauer Kurgästen gern bestaunt wird. Dann erscheint Nassau inmitten der

Waldberge, zu Füßen jener bewunderungswürdigen, fast architektonisch gesetzten Bergkuppe, die hoch oben die alte Burg der Grafen von Nassau trägt. Auf halber Höhe lugt rötlich aus dem dichten Walde das Denkmal des Freiherrn vom Stein unweit der Trümmer der Steirischen Stammburg. Es ist, als wolle die verschiedene Höhenlage der Burgen auf dem gleichen Berge das ursprüngliche Lehensverhältnis zwischen den Häusern Nassau und Stein ausdrücken. An der Stelle des Denkmals soll Stein gern gesessen und ins Lahntal hinuntergesehen haben; so gönnte man auch dem Standbilde diese Blickrichtung, wodurch es freilich dem Besucher die Rückseite zuwenden mußte, bis Kaiser Wilhelm I. die Umkehrung befahl. Ein wirkenderes Denkmal hat Arndt aufgerichtet in seinen »Wanderungen und Wandelungen mit dem Reichsfreiherrn vom Stein«, einem Buch, dem man eine größere Verbreitung wünschen möchte. Denn Stein, der letzte große Reichsritter, steht heute in einem Schatten. Jener überzeugende Erfolg, der freilich für kein edleres Gemüt den Maßstab des Wertes und der Leistung hergibt, blieb ihm versagt, und der Nachwelt mußte sein Bild vor dem Bilde Bismarcks verblassen, wie der oberdeutsche Gedanke des alten Reiches vor dem preußischen Staatsgedanken Bismarcks verblassen mußte.

Unten, mitten im winkligen Städtchen, steht das Steinsche Schloß, in welchem das Andenken des Staatsmannes von den Erben gehütet wird. Er selber hat dem alten Bau einen Seitenturm angesetzt, von jener rührenden und menschlich so echten Art, in welcher das Zeitalter der Romantik die Gotik der Ritterzeit mißverstand. Deutlicher noch als hier findet man dies liebevolle und ergriffene Mißverstehen in der Kasseler Löwenburg ausgesprochen, im Nauener Tor zu Potsdam, im Gotischen Haus des Wörlitzer Parkes; das alles hat nichts gemein mit der platten Gotikimitation einer späteren Zeit.

Die Lahn selber, manchmal unansehnlich und schmal, manchmal breit sich entfaltend, hier durch Ebenen, dort wieder durch schluchtartige Taleinschnitte den Weg nehmend, ist ohne Reiz, ein trübes schleichendes Gewässer. Desto anziehender sind ihre Ufer mit dem unaufhörlichen Wechsel zwischen heiterer Lieblichkeit und herbem Ernst. Das waldige Felsental wird eng, hart am Ufer läuft der alte Leinpfad, die Eisenbahn windet sich durch die tunnelreichste aller deutschen Strecken; erst vor Limburg flachen die Uferhöhen sich so sehr ab, daß der Begriff des Flußtales verlorengeht und statt seiner für eine Weile ein breites und fruchtbares Becken daliegt. Der Lauf der Lahn ist reich an Mineralquellen wie Fachingen und Selters, reich an Mineralgruben und Marmorbrüchen, doch wird das stille Bild der Landschaft nirgends durch eine allzu laute und vordringliche Industrie zerrissen. Die Orte liegen nahe beieinander, man kennt hier nicht die langen geschichtslosen Strecken des Koloniallandes, innerhalb deren immer nur einzelne Ortschaften ihr denkwürdiges Leben haben. Hier ist alter Boden, viele kleine Dynasten waren hier ansässig. Nicht weit oberhalb von Nassau, an der Einmündung des Gelbach- und des Dörsbachtales, hat die Lahn eine ihrer beglückendsten Stellen. Bei dem kleinen Weinort Obernhof liegt flach in Wiesen die Burg Langenau, hoch in Wäldern das Kloster Arnstein, mit seinen romanischen Türmen ein rechtes landbeherrschendes Merkzeichen. Zieht man noch die flußaufwärts gelegene Burgruine Lauren dazu, von der die Nassauer Grafen und Herzöge, die Oranier, die luxemburgischen Großherzöge und niederländischen Könige ihren Ursprung genommen haben, so hat man den Schauplatz von Brentanos »Chronika eines fahrenden Schülers«; in meiner Jugend wurde auch wohl ein in Arnstein spielender Roman Wildenbruchs gelesen, »Der Neid«, der an ein im Kloster aufbewahrtes Bild die Geschichte eines Bruderstreites knüpfte. Von Laurenburg ab wird das liebe Ufer unwegsam, der Fluß bildet nach Norden eine ausgedehnte Schleife, ich mit meinem Rade muß eine Nordschleife wohl dreifachen Umfanges machen, mühsam mein plötzlich nutzlos gewordenes Fahrzeug über die Berge schiebend, bis ich, endlich abwärts gleitend, bei der wilden grauen Ruine Balduinstein die Lahn wieder erreiche. Ich freue mich an der ausblickreichen Schaumburg, deren tausendjährige Vergangenheit freilich von der seinerzeit so beliebten englischen Schloßbaugotik wunderlich eingemummt worden ist, ich labe mich am heißen Tage mit mildem Gewässer in Fachingen und gelange in das burgenreiche Becken, welches die Städte Dietz und Limburg umschließt.

Und hier, als an einem natürlichen Einschnitt, gedenke ich der Schilderung, die Goethe von seiner Fußreise durch das Lahntal gegeben hat und die noch heute in Gültigkeit steht: »Mein Auge, geübt, die malerischen und übermalerischen Schönheiten der Landschaft zu entdecken, schwelgte in Betrachtung der Nähen und Fernen, der bebuschten Felsen, der sonnigen Wipfel, der feuchten Gründe, der thronenden Schlösser und der aus der Ferne lockenden blauen Bergreihen.« Auf dieser Wanderung hat er jenes merkwürdige Orakel angestellt, dessen mehrdeutiger, den Zwiespalt nicht lösender Ausgang von seinem Künstlerstreben einen kennzeichnenderen Begriff gibt, als eine klare Entscheidung es vermocht hätte. Einer plötzlichen Eingebung den Willen lassend, warf er sein Taschenmesser in die Lahn, indem er sich vorsetzte: Sähe er es hineinfallen, so wolle er das als ein Zeichen dafür nehmen, daß seine zeichnerischen und malerischen Bestrebungen ihr Ziel erreichen würden. »Würde aber das Eintauchen des Messers durch die überhängenden Weidenbüsche verdeckt, so sollte ich Wunsch und Bemühung fahren lassen. Aber auch hier mußte ich die trügliche Zweideutigkeit der Orakel, über die man sich im Altertum so bitter beklagt, erfahren. Des Messers Eintauchen in den Fluß ward mir durch die letzten Weidenzweige verborgen, aber das dem Sturz entgegenwirkende Wasser sprang wie eine starke Fontäne in die Höhe und war mir vollkommen sichtbar.«

Runkel an der Lahn

Die Drachenburg

Man sagt, der Name Limburg enthalte das alte Wort »Lint« und habe also eine Drachenburg zu bedeuten. In der Tat mag man sich den schroffen Felsen über der Lahn als die ehemalige Wohnung eines mythischen Untiers denken. Es ist bezwungen, über ihm schloß sich der Berg; daß er sich nie wieder öffne, dazu ist er versiegelt worden mit dem siebentürmigen Denkmal des Drachentöters; denn dem Ritter Sankt Georg ist der Limburger Dom geweiht.

Die Kirche ist älter als ihr Bau; sie ist noch zu karolingischer Zeit gegründet worden. Ihre ältere Baugeschichte liegt im Dunkeln, ihr zweiter Begründer, der Gaugraf Konrad Kurzbold, strahlt in der Glorie der Sage und der Kunst. Der dritte Bau, der des eigentlichen Mittelalters, ist der heute noch dauernde; selbst das domreiche Deutschland hat nicht viel, das seines Ranges wäre. Die Kathedrale von Laon hat das Vorbild gegeben; aber fast möchte man für Vorbild das Wort »Anstoß« setzen, so groß ist die schöpferische Freiheit des Baumeisters, den schon die Landschaftsbeschaffenheit, der Bauplatz und der ältere Grundriß gänzlich neuen Aufgaben gegenübergestellt haben. Hoch auf dem Berge drängte er die Baumassen zusammen, der Fels wächst steil aus der Lahn, der Dom steil aus dem Felsen, kaum sind hier Grenzen zwischen Natur und Kunst wahrzunehmen, und steil aus dem Dom wachsen die Türme, in ihrer Siebenzahl auf die Siebenzahl der Sakramente hindeutend. Hat hier das gottbestimmte Menschenwerk sich die Landschaft, hat hier die gottgegebene Natur sich das Menschenwerk untertan gemacht? Es ist ein Akkord, die Elemente sind nicht mehr zu sondern.

Neben dem Dom, auf gleicher Höhe, steht das alte Schloß; Kirche und Stadt sind von hier aus ins Dasein gerufen worden. Vor wenigen Jahren hat eine Feuersbrunst die Hälfte der jetzt bischöflichen Bauten vernichtet.

Gestrüpp und Unkraut hat sich behende in den Trümmern angesiedelt, hinter leeren Fensterhöhlungen steht der blauseidige Morgenhimmel.

Von drei Seiten drängt die Stadt vielverwinkelt den Domberg, den Burgberg hinan. Grafenburg, Domstift und Bürgerstadt haben, wie es die verwickelten Interessen und Rechtsverhältnisse des Mittelalters begreiflich machen, nicht immer in vollem Frieden miteinander gelebt. Dennoch hat der Zusammenklang dieser drei Elemente das Ganze zu einer heute schwer vorstellbaren Blüte gehoben. Die Adels-, Handels- und Ackerstadt des Mittelalters, die zugleich Stätte einer großartigen Chronikschreibung und Geschichtskunde war, hat zwanzigtausend Einwohner gezählt, eine im damals dünnbevölkerten Deutschland gewaltige Ziffer; heute ist sie auf fast die Hälfte zurückgegangen. Das Aufblühen Frankfurts mag Limburgs Niedergang verursacht oder doch befördert haben. Die großen Geschlechter wanderten aus oder erloschen, Freiheiten und Privilegien gingen verloren, Feuersbrünste und kriegerische Schicksale besiegelten den Verfall. Limburg war eine stille nassauische Provinzialstadt, bis ihr im vorigen Jahrhundert die Errichtung des Bistums, der Eisenbahnbau und die Erweiterung der Handelstätigkeit neue Lebenssäfte zuführten.

Aus der alten Zeit hat Limburg sich die schönen, in ihrer Unregelmäßigkeit so viel Leben bewahrenden Straßenbilder erhalten; die unebene Ortsbeschaffenheit verstärkt den Reiz. Die Häuser sind reich an Erkern, Ausbuchtungen und Türmchen, verwandt mit den Renaissancebauten von Hildesheim, Goslar, Hannover, nur daß diese mit ihren spitzen Giebeln in einer der mitteldeutschen Art fremden Entschiedenheit steilauf zur Höhe streben. Das Fachwerk gibt Anlaß zur Entfaltung einer heiteren Schmuckfreude, da sind Kreuz- und Querbalken, geschwungene Linien, Schnitzereien und Überkragungen, ein behagliches Spiel der Ornamente.

Altersgrau und bemoost leitet die fünfbogig gewölbte Lahnbrücke zur Brückenvorstadt hinüber. Ein mächtiger Torturm zeugt von der Stärke der alten Brückenbefestigung. In der Mitte der Brücke stehen einander ein Kruzifix und ein Standbild des Johann von Nepomuk gegenüber. In die ausgestreckte rechte Hand des brückenbewahrenden Heiligen sind zwei dunkelrote Dahlien gelegt; in der Spätsommersonne leuchten sie zwischen den steinernen Fingern. Das Standbild setzte, so verkündet die Inschrift, anno 1743 Johann Philippus Scheuerer, Dero Kayserl. Röm. Majestät Postverwalter. Diese Brücke mag ihm besonders angestanden haben, sie führt zu den großen Straßen nach Weilburg, Köln, Montabaur, Koblenz. Von ihr hat der Ankommende oder Aufbrechende den wahrhaft überwältigenden Blick auf den Felsendom.

Wer flußab kommt und den Limburger Dom noch nicht sah, dem mag Dietkirchen ein bescheidenes Vorgefühl geben, dem lahnauf Fahrenden ist es ein Nachhall und Abschied; die romanische Kirche steht felsig über dem Fluß, ihre Ursprünge mögen um ein halbes Jahrtausend weiter zurückreichen als die des Limburger Domes. Hier schläft in einem steinernen Sarge St. Lubentius, der Apostel des Lahntales. Die Felsbildungen, auf denen Dietkirchen und das Schloß Dehrn liegen, leiten zu abermaliger Talverengerung über. Die düsteren, ungefügen Burgtürme von Runkel, denen das schlichtere Schloß Schadeck vergeblich Widerpart zu halten sucht, haben inmitten des hellen Sommertages die schattenwerfende Kraft eines großen Totenmals. Das altertümliche Städtchen bezeichnet zugleich eine Grenze: Mit dem altvertrauten roten Runkeler Lahnwein nehme ich Abschied von der Nachbarschaft des rheinischen Rebenlandes.

Limburg an der Lahn, Dom

Schlummer im Schloßgarten

Der Name, den die 1866 entstandene preußische Provinz Hessen-Nassau trägt, verführt leicht zu dem Gedanken, sie sei ein einheitliches Gebilde. In Wahrheit sind Kurhessen und Nassau, von Hessen-Darmstadt nicht zu reden, zwei verschiedene Lande, nach Bevölkerung, Mundart, Geschichte getrennt. Weilburg ist eine der altnassauischen Residenzstädte und durch seine Lage eine der schönsten von Deutschland. Die Lahn macht eine Schleife, durch die der Schloß und Stadt tragende Berg fast zur Insel wird. In Grün gefaßt, stehen die Bauten des Schlosses herrlich über dem Abhang. Dieser Abhang wirkt aus der Ferne wie eine grüne Wand; schaut man näher zu, so offenbart er parkartigen Charakter, die Weilburger nennen ihn hübscherweise »das Gebück«. Villen, Gärten, Wälder decken die Höhen der Umgebung.

Die Residenzhaftigkeit Weilburgs schickt mir ein paar prächtige Vorposten bis über die Lahn entgegen: da ist ein freier Platz mit dem Barockgebäude der Post. Aber dies Postamt hat nichts mit der deutschen Reichspost zu tun, es ist nicht zur fruchtlosen Versendung von Nachnahmeaufträgen gebaut worden, sondern zum Pferdewechseln und zum Lösen von Wegebilletts, in den Zeiten, da die Fürsten von Thurn und Taxis noch des heiligen römischen Reiches Erbgeneralpostmeister waren. Dicht dabei, an der Lahnbrücke, stehen zwei alte Wachthäuschen, vor denen ehemals gräflich nassau-weilburgische, später fürstlich und zu allerletzt herzoglich nassauische Musketiere und Mautbeamte blauröckig in der Sonne geschimmert haben mögen.

Es dauert seine Weile, bis ich jenseits der Brücke die steile Oberstadt erstiegen habe. Aber in Weilburg hat ja die Uhr ihren eigenen Schritt. Weilburg hat den verschlafenen Charme der kleinen ehemaligen Residenzen; da es aber nicht erst 1918 aufhörte, Residenz zu sein, sondern 1866, oder, wenn man es streng nehmen will, schon 1816, so hat dieser Charme bereits Patina angesetzt.

Die kleine Stadt hat nie eine Eigenbedeutung gehabt, der stille Marktplatz mit seinem Neptunsbrunnen wirkt wie ein Vorhof zu den Schloßbauten, wie im Grunde der ganze Ort es tut. An diesen Gebäuden herrscht ein nüchternes gelbliches Grau mit roten Einfassungen, das von den eigentlichen Schloßbaulichkeiten auf alles Zubehör übergegriffen hat. Ungemein lehrreich ist die Schloß- und Stadtkirche, sie hat nie etwas anderes sein wollen als lehrreich. Sie wurde im Anfang des achtzehnten Jahrhunderts erbaut, aber sie nimmt bereits die ganze Trockenheit kommender rationalistischer Jahrzehnte vorweg. Die langen, oben durch Rundbogen abgeschlossenen Fenster werden von rechtwinkligem weißen Stabwerk säuberlich in kleine Quadrate aufgeteilt. Puritanische Kirchen dieser Art wollen nicht Tempel sein, nicht Wohnsitze des Mysteriums, sondern Häuser, in denen sich die Gemeinde zu bestimmter Wochenzeit in guter Ordnung versammelt, um Mahnung und Lehre zu empfangen. Kirchen dieser Art haben so sehr einen weltlichen Alltagscharakter, daß sie an Kanzleien erinnern, und es ist nur folgerecht, daß behördliche Stellen wie Polizei und Unfallstation, also gewiß nützliche und einwandfreie Institutionen, unter einem Dach mit der Weilburger Kirche ihre Unterkunft gefunden haben. Schwer zu denken ist es freilich, ein Kirchentum dieser bürgerlich wohlanständigen Mäßigung könne je Gestalten hervorbringen wie Eckehart, Tauler, Jakob Böhme; allein in solchen würde es wohl auch vornehmlich leidige Störenfriede erblicken müssen.

Auch das Schloß ist nicht frei von der beklemmenden Zweckmäßigkeit seiner Kirche, mit der es Bauherrn und Entstehungszeit gemein hat. Aber in seinen älteren Teilen finden sich Überreste des kräftigen und lebensvollen sechzehnten Jahrhunderts, und auch in den jüngeren bricht hin und wieder ein frischerer baukünstlerischer Einfall durch.

Das nassauische Haus hat dem Reich einen König gegeben, den wenig begüterten, wenig staatsmännischen, aber ritterlichen und männlichen Adolf; von den kennzeichnenden Sinnsprüchen, die im Frankfurter Römer die Bilder der einzelnen deutschen Kaiser und Könige begleiten, lautete der seinige: »praestat vir sine pecunia pecuniae sine viro« – »besser ein Mann ohne Geld als Geld ohne einen Mann«. Der letzte seiner Nachkommen, der in einem deutschen Lande geherrscht hat, hieß Adolf gleich ihm. Er verlor, schon in reiferem Alter, sein Land 1866 an die Preußen. Vierundzwanzig Jahre später wird der landlose Fürst durch das Aussterben der luxemburgischen Linie seines Hauses wiederum zum Souverän. Er lebt und regiert bis in unser Jahrhundert hinein, er stirbt uralt wie eine Gestalt der Legende. Seine ehemaligen nassauischen Untertanen setzten ihm im letzten Vorkriegsjahrzehnt ein Denkmal im Weilburger Schloßgarten; die Preußen ließen es geschehen, großmütig und ihrer Sache gewiß.

In diesem Schloßgarten mit seinen geschorenen Bäumen, seinen in strenger Regelmäßigkeit auf das Brüstungsgeländer verteilten Urnen schläft die Zeit. Zwei, drei betagte Damen sitzen auf weißgestrichenen Bänken in der Sonne. Ein alter Herr ist über seiner Zeitung eingenickt; dies ist gewiß, schaute ich genauer hin, ich würde lesen: »Mit allergnädigsten Privilegien allwöchentlich erscheinender Postbote für die Fürstentümer Nassau-Weilburg und Nassau-Usingen sowie die Grafschaft Katzenellenbogen.«

Ich habe mein Fahrrad gegen die Mauer gelehnt und behage mir in einem müßigen, träumerischen Schlendern. Durch einen gedeckten Gang schaue ich in den verlassenen Schloßhof mit seinen Innentürmen und Bogengängen und grünen Efeuauskleidungen. An einer der Wände hängt ein Klingelzug, »Schloßbesichtigung« ist dabeigeschrieben. Der Klingelzug läuft über drei, vier Glocken, jede würde für einen mittleren Bauernhof ausreichen. Ich fürchte mich, all diese Glocken mit einem mutwilligen Berühren zum Läuten zu bringen; das müßte erschreckend sein, wie ein Beschwören unbekannter Geister. Und so kehre ich in den Garten zurück, ich scheue mich, laut aufzutreten. Unbeweglich starrt unter eherner Allongeperücke ein Denkmalskopf geradeaus: Johann Ernst Graf zu Nassau und Weilburg, »Schöpfer dieser Anlagen«.

Kein Windhauch rührt an die Baumblätter. Auf der Terrasse vor der Orangerie, inmitten wohlabgezirkelter Blumenbeete und Rasenstückchen, wirft ein Springbrunnen seinen dünnen Strahl mit eintönigem Plätscherlaut in die Höhe. Zwei steinerne Götterbilder hat der Spindelstich des Dornröschenschlafes überkommen. Ich fühle, wie mir Glieder und Lider schwer werden. Ich lehne mich in meine Bankecke und bin bald eingeschlafen.

Da ich erwache, fallen die Schatten länger, es dünkt mich kühl, ein Wind raschelt. Mich schläfert und schauert. Meine Zunge ist schwer, ich habe nicht die Kraft, mich mit einem uniformierten Manne zu streiten, der mir Vorwürfe macht, weil ich mein Fahrrad mit in den Schloßgarten gebracht habe. Geduldig, voll schläfriger Ergebenheit nenne ich ihm, des verheißenen Strafmandats halber, Namen und Adresse: Kammergerichtsrat Hoffmann, Berlin, Taubenstraße 34, zweiter Stock. Der Mann macht ein wenig glaubwilliges Gesicht; in der Tat mag es ungewöhnlich sein, daß Kammergerichtsräte Rad fahren, dieser Rangklasse steht wohl der Mercedeswagen zu. Endlich dünken ihn meine Mensurnarben beweiskräftiger als mein Fahrrad. Er notiert. Langsam und trübselig schleiche ich davon.

Das Reichsgericht und der Dom

Um der Burg und des Städtchens Braunfels willen habe ich das Lahntal südlich verlassen. Nun überquere ich wieder den Fluß und führe mein Rad zum Prämonstratenserkloster Altenberg hinauf. Das ehedem mächtige Nonnenkloster hat unter dem Äbtissinnenstab der Gertrudis geblüht, Tochter der heiligen Elisabeth. Heute ist es ein Landgut der Fürsten zu Solms-Braunfels. Meine Vorliebe für das Entziffern von Grabinschriften treibt mich auf den Friedhof an der alten Klosterkirche, deren reine gotische Formen dem Auge wohltun. Ich lese nicht ohne Bewegung: »Sanft ruht hier und harret auf den Tag der Garben Maria Clara Schneider aus Altenberg. Sie starb den 7. Dezember 1813 an dem damals herrschenden Lazarethfieber im zweiundzwanzigsten Jahr ihres blühenden Alters. Eine war ihr vorangegangen und vierzehn folgten ihr nach, unter welchen sich auch ihr Vater, ihr Großvater, ihr Bruder Joseph, Freunde und Anverwandte befanden, alle als Opfer der nämlichen Krankheit. R.I.P.« Eine ähnliche Inschrift fand ich auf einem lahnmarmornen Grabmal des Braunfelser Friedhofs; dort soll in jenen Kriegsjahren ein Zehntel der Bevölkerung am Lazarethfieber hingestorben sein; die Krankheit, die von den durchflutenden Armeen mitgebracht und zurückgelassen wurde, nennen wir Heutigen Flecktyphus.

Das nahe Wetzlar ist der erste durch Goethe denkwürdige Ort gewesen, den ich habe betreten dürfen. Ich war damals Sekundaner, und vielleicht liegt in der unaussprechbaren Empfänglichkeit dieses Jugendalters der Zauber beschlossen, den die alte Reichs- und Rechtsstadt noch heute auf mich übt. Unfähig, einen Ort in der Gesamtheit der von ihm empfangenen und von ihm ausgegangenen Wirkungen zu begreifen, vermochte ich in Wetzlar nichts anderes zu erblicken als die Stadt des jungen Goethe, die Stadt Lottes, Werthers, Jerusalems. Ich verbrachte Stunden im Jerusalemhause und im Amtshof des Deutschen Ordens, ich habe lange die Pistole betrachtet, mit der Werthers Urbild sich erschoß, ich wanderte nach Garbenheim, dem »Wahlheim« des jungen Werther, übernachtete in einem Gasthaus, das sich auf ihn berief, und ahnte nicht, wie wenig mit einem solchen Nachleben und Nachfühlen getan ist.

Wetzlar, Dom

Immerhin hat Wetzlar schon ein tausendjähriges Leben geführt, bevor Goethe es betrat, und es hat sein Leben auch heute. Zu dem heutigen zählen bestimmend die Unternehmungen der optischen Industrie, der Marmorverarbeitung und Stahlerzeugung, vor allem aber die Eisenwerke, die von hier aus weit ins untere und obere Lahntal ausstrahlen. Diese großen Anlagen haben Erwerb und Energien nach Wetzlar gebracht, aber sie haben das Denk- und Ehrwürdige der alten Stadt nicht zerstört, wie es anderswo geschehen ist; ihr größter Teil liegt der eigentlichen Stadt gegenüber, auf dem rechten Flußufer; jenseits der Brücke steigt man zur Altstadt hinan. Die krummen, behaglichen Gassen gehen bergauf und bergab, häufig müssen Treppen an ihre Stelle treten. Zum Kornmarkt führen zwei Treppenaufgänge, in ihrer Mitte steht ein rechter Gevatterinnenbrunnen mit dem gekrönten Doppeladler des Reiches. Hohe, altväterische Bürgerhäuser umrahmen den Platz, hier mag man sich »Gretchen und Lieschen mit Krügen« denken. Der Platz selber steigt, als habe er die Treppen fortzusetzen. Hier hat Goethe gewohnt, neben dem Gasthaus zum Römischen Kaiser, über dessen Toreinfahrt noch heute eine steinerne Kaisergestalt steht. Nicht weit davon liegt der geräumige Deutschordenshof, in welchem der verwitwete Amtmann Buff mit den Seinen wohnte. Den Eingang flankieren zwei hohe viereckige Pfosten, von Kugeln gekrönt, im Hof breiten alte Kastanien die Äste aus. Diese Mauerpforte, diese Kastanien vergißt keiner, der sie einmal gesehen hat.

Das Reichskammergericht hat zweihundert Jahre lang seinen Sitz in Speyer gehabt, bis die Franzosengefahr zur Übersiedlung in eine der weniger grenznahen Reichsstädte zwang. Für das dritte und letzte Jahrhundert seines Bestandes gelangte es nach Wetzlar, und hier ist es mit dem Reiche zugleich aufgehoben worden. Wie das Ganze des alten Reiches ist es zuletzt ein schwerfälliger, vergreister, dem Leben fremd gewordener Apparat gewesen, voller Kleinlichkeiten und Verknöcherungen. Dennoch haftet ihm etwas an von der ehrwürdigen Hoheit und Glorie jenes Gebildes, dessen oberste Rechtsstelle es war; und was mich angeht, so bekenne ich gern, daß ich in letzter Instanz lieber zu Wetzlar als zu Leipzig gerichtet sein möchte. Für Wetzlar, dessen Stern damals bereits durch Frankfurt verdunkelt war, hat der Einzug des Gerichts viel bedeutet. Zu allen Vorteilen, die es ihm brachte, mag man auch die jungen Rechtsgelehrten zählen, heute würden wir sie Referendare nennen, die dem Reichskammergericht zur Ausbildung überwiesen waren, muntere, gebildete, junge Leute, es läßt sich denken, mit wieviel Leben sie die Stadt erfüllten. Einer von ihnen hat ihr einen unvergänglichen Glanz hinterlassen.

Ich weiß nicht, ob die berühmte Ortenbachsche Weinstube noch in die Zeiten des Reichskammergerichts zurückreicht. Nach ihrer Atmosphäre und Tradition könnte ich es mir vorstellen, sie hat auf Menschenkreise von geistiger Art immer im Sinne einer Anlockung gewirkt. Schon vor der Erfindung oder doch vor der allgemeinen Bräuchlichkeit des Kraftwagens pflegten Leute aus den Universitätsstädten Gießen und Marburg, insonderheit ältere Herren, eigens nach Wetzlar zu fahren, um an diesem preisenswürdigen Einkehrort zu essen.

Fisch- und Buttermarkt bilden eine geräumige Hochfläche inmitten der Altstadt. Die Namen klingen häuslich und zutraulich, wie es ja auch die Art der Wetzlarer Gassen ist. Nichts bereitet den bergan Steigenden auf das ungeheuerliche Felsgeklüft des Domes vor, von dessen Anblick eine wild und dunkel überwältigende Wirkung ausgeht. Um die alte romanische Kirche wurde, größeren Maßstabes, der gotische Dom herumgebaut. Er ist nie fertig geworden, und so konnte auch die Absicht, die ursprüngliche Kernkirche nach Vollendung der Mantelkirche abzutragen, nicht ausgeführt werden. Eine Kirche steht in der andern. Der Eindruck des Ganzen ist verworren und fragmentarisch. Hier ist nichts von der ruhegebenden Harmonie des Vollendeten; aber die tragische Dissonanz reißt das Herz auf wie der Pflug den Acker.

Im Chor halten die Katholiken, im Schiff die Evangelischen ihren Gottesdienst. Auch diese Hälftung scheint der Zwiegestalt des Domes zu entsprechen. Da ist in Einem gotische und romanische Bauweise, Kirche und Ruine, dunkler Basalt und roter Sandstein, der in der Sonne warm leuchtet. Der eine Turm, rot und von gotischen Formen, trägt oben eine Haube von heimischem, grauem Schiefer. Ihre Form gemahnt, wohl ohne des Baumeisters Absicht, an die Kaiserkrone des römischen Reiches. Der andere Turm ist ein Stumpf geblieben; Gras wächst auf den Trümmern.

Alte Stadt der Jugend

Die weite, von der Lahn durchflossene Ebene um Gießen empfängt ihre Akzente von einigen hochgelegenen Burgruinen. Die flache und wenig augenmerkswerte Lage der Stadt selbst hat es ihr verwehrt, eine äußerlich wahrnehmbare Physiognomie auszubilden. Keineswegs indessen ist sie ohne Charakter, sie ist urhessisch, und ich glaube nicht, daß es viele Orte ihres Umfanges gibt, die sich in einer solchen landsmännischen Eindeutigkeit haben erhalten können. Dies gilt nicht zuletzt von der Studentenschaft, die von jeher sich zum größten Teil aus Landeskindern zusammensetzte und vielfach im Rufe einer Wildheit und süddeutschen Ungezwungenheit stand. Ein alter Studentenvers, der auch zweier heute nicht mehr dauernder Universitäten des gesamthessischen Raumes gedenkt, lautet:

»In Marburg leb ich nach dem Staat,
in Gießen purschikos und fröhlich,
in Herborn als eyn Candidat,
in Rinteln mehr als eynmal selig.«

Nun, wir haben auch in Marburg purschikos und fröhlich und mehr als einmal selig gelebt.

Mir, der ich in Marburg längere und für mich bedeutsame Zeiten verbracht habe, mir fällt es nicht leicht, dieser einstmals geliebten Stadt gegenüberzutreten und von ihr zu sprechen. Ich bin in das Alter geraten, in welchem man der eigenen Jugend entrückt ist, ohne ihr schon mit ganzer Unbefangenheit zuschauen zu dürfen wie einem durchaus Vergangenen und Geschichte Gewordenen. Da hat es sein Verfängliches, wieder einzukehren in eine Stadt der Jugend, wenn es nicht zugleich die Stadt der Heimat und Vorfahren ist. Es ist eine Einkehr nicht bei der Vergangenheit, sondern bei der Vergänglichkeit. Von denen, die hier mit mir jung gewesen sind in allen Torheiten, allen Vorwegnahmen, allen Wildheiten und Hingebungen solcher Jahre, von denen liegen die meisten in Flandern, Frankreich und Polen begraben. Und es mag mir nachgesehen werden, wenn Marburg mir bisweilen erscheinen will als ein riesiges, mit aller Herrlichkeit verschwenderisch geschmücktes Ehrenmal über den zerfetzten Leibern einer gläubigen Jugend.

Diese bergige, verzauberte Stadt ist ungewandelt, immer noch ein unausschöpfbarer Brunnen jeglicher Augenfreude. Das Spiel der Vertikalen mit den Horizontalen fügt sich bei jedem Schritt zu immer neuen und in aller Altvertrautheit immer wieder überraschenden Bildern zusammen. Wo Neues aufgekommen ist, da blieb es außerhalb der eigentlichen Stadt. Ein törichter Sachlichkeitsvandalismus hat unlängst die gewaltige Berankung des Schlosses entfernt, die zur Herbstzeit so blutrot leuchtete, man sah sie mehrere Wanderstunden weit. Und er hat das grüne, gartenartige Revier, das den Vorhof des Schlosses ausmachte, zu einem Steinplatz von öder Kahlheit umgeschaffen; das geheimnisvoll umwucherte Wasserbecken ist dabei verschwunden, es hatte die wehmütige Betörung eines Volksliedes, dessen uralte Worte nicht mehr ganz enträtselt werden können. Vielleicht sind solche Volkslieder zum Verklingen bestimmt; dem, der sie noch hat hören dürfen, wird ihre Magie unverloren im Herzen bleiben.

Marburg, Elisabethkirche und Lahn

Außer diesen nehme ich keine Änderungen wahr. Die Straßen sind still, wie sie es immer in den Universitätsferien sind. Die Brunnen fließen, die Hessenmädchen kommen zum Markt in ihren bunten Trachten, die Jugendhaftigkeit der alten Stadt ist so mächtig wie je. Diese Universität hat ein blutjunger Fürst gegründet, selber noch studentischen Alters. Und noch stärker schwebt dieser Hauch von Vorfrühling, dieser Duft einer zauberhaften Verfrühung um seine Ahnfrau und ihre Kirche. Die Landgräfin Elisabeth kommt vierjährig aus ihrer ungarischen Heimat an den thüringischen Hof des ihr zum Bräutigam bestimmten Kindes. Sie heiratet mit vierzehn Jahren, mit zwanzig ist sie Witwe, mit vierundzwanzig stirbt sie, und vier Jahre nach ihrem Tode ist sie bereits zur Ehre der Altäre erhoben. Dies Jugendhafte, dies knospenmäßig und zart Verhüllte spricht auch aus dem Baugeist der Kirche, die über ihren Gebeinen errichtet wurde. Die anmutigste, die meistverehrte aller deutschen Heiligen war Mutter mehrerer Kinder; in der Empfindung der Menschen aber steht sie in einer jungen und ewigen Mädchenhaftigkeit. Sie und ihr Nachkomme Philipp der Großmütige sind die eigentlichen Urheber der Stadt Marburg, zwei junge Menschen, welche die beiden Pole aller Leidenschaft bezeichnen: die eine früh dem gotischen Himmel zugewandt, der andere ein nutznießender Lobpreiser der kräftigen Erde des sechzehnten Jahrhunderts.

Vor hundert und einigen Jahren studierte in Marburg ein junger Dichter. Außerhalb Hessens kennen ihn heute nur wenige, aber die wenigen lieben ihn durch alle Wandlungen des eigenen Lebens hindurch. Er hieß Ernst Koch, als Dichter nannte er sich Eduard Helmer. Er war kurhessischer Beamter, spanischer Fremdenlegionär, luxemburgischer Professor. Er hat nicht viel geschrieben; auf die Nachwelt kam einzig ein schmales Bändchen, bunt und wirr wie das Leben des Dichters, der wunderliche »Prinz Rosa-Stramin«. In seinem romantischen Reichtum an Wehmut und Witz, an Anmut und Phantasie, an Laune und Liebe ist er wohl wert eines winzigen Tröpfchens Unsterblichkeit. In diesem Buch stehen die Worte: »Ich habe in Marburg und in Göttingen studiert. Beide Orte unterscheiden sich sehr. In Göttingen ist's kalt, fein und stolz. Überall riecht's nach Professoren und Heineschen Personalwitzen. In Marburg ist's warm, grob und zutraulich. In Göttingen gedeihen Kamele,

Heidekraut, Professorentöchter und Würste; in Marburg frohe Burschen, Maiblumen, liebe Mädchen und irdene Waren. Ein Ball in Göttingen ist ein Handschuh, den die Damenwelt in den Zirkus der gräßlichsten Langeweile wirft und den die Männerwelt mit Schaudern zurückholt. Ein Ball in Marburg ist eine lachende Rose, welche die Studenten den Marburger Mädchen schenken. Göttingen hat eine Universität, Marburg ist eine, indem hier alles, vom Prorektor bis zum Stiefelwichser, zur Universität gehört. Durch die Marburger engen Gassen weht der fromme Geist Philipps des Großmütigen, und die alten hohen Häuser machen ehrwürdige säkularische Gesichter.«

Jedem alten Marburger fallen diese Worte auch heute noch gut ins Ohr, gut ins Herz. Sie gehen mir durch den Sinn wie eine liebe Kindermelodie, da ich mich von der alten Stadt der Jugend wende.

Straße und Schwelle

In Marburg nehme ich für ein Stückchen Weges die Eisenbahn. In diesen Zug pflegten wir als Studenten zu steigen und so weit mitzufahren, bis das Bier im Speisewagen ausgetrunken war. Dies war häufig in Nauheim oder Friedberg der Fall.

Nauheim hat schöne Anlagen, Promenaden und Parks, wie es einem Heilort seines Ranges ansteht. Allein dergleichen findet sich auch anderswo. Was aber Nauheim von vielen anderen Städten unterscheidet, ist, daß es ein natürliches, nicht von menschlichen Händen erschaffenes Sinnbild seines Wesens hat: die weiße Wassersäule im Sprudelhof. Sie empfängt den Ankömmling, der vom Bahnhof her die Stadt betritt. Man muß sie in der Dämmerung sehen, im Winter, außerhalb der eigentlichen Kurzeit, zur menschenleeren Stunde. Da mag man ihrem Steigen und Fallen lange zuschauen oder geschlossenen Auges zuhören. Kein Frost kann sie bändigen, kein Sturm sie verkrümmen, durch alle Jahres-, alle Tageszeit steht sie in Bewegung, bewegt sich im Stillstande als eine gestaltgewordene Aussage von den ewigen Heilungskräften der Erde, die dem Menschen lehensweise zugewiesen und untergeben wurde.

Einen Schuß weit von Nauheim, das aus einem Dörfchen aufgewachsen ist, liegt Friedberg, gleich Nauheim in der Ebene zwischen Taunus und Vogelsberg, der obst- und kornreichen Wetterau. Schon die Römer, deren Straßen, zum Teil noch heute befahren und begangen, durch die Wetterau liefen, haben den weit ausschauenden Basaltfelsen befestigt. Später erwuchs hier eins jener eigentümlichen Zwillingsgebilde, wie sie nur das vielgestaltige, keine nackten Zweckmäßigkeiten kennende Mittelalter hervorbringen konnte: Auf nachbarlich engem Raum standen sich hadernd zwei reichsunmittelbare Gemeinwesen gegenüber, die von Bürgern bewohnte Reichsstadt

Friedberg und die von Burgmannen bewohnte Reichsfeste Friedberg. Dieser Zustand währte bis 1906, da Burg und Stadt ans Großherzogtum Hessen kamen. Aber noch heute meint man ein anderes Land betreten zu haben, wenn man, hindurch unter dem Reichsadler des Tores, in die weitläufigen Burganlagen gelangt und vor dem schönen Schloßbrunnen steht, auf dem St. Georg, der Patron aller Ritterschaft, den Drachen überwindet. Zwischen grauem Gemäuer und grünem Wachstum bin ich hier gern umhergegangen, den Blick immer wieder aussendend in die Wetterau und die beiden Gebirgskörper, die sie eingrenzen. Heute liegt die Burg still; aber noch vor wenigen Jahrzehnten ist die unglückliche Familie der letzten Romanows hier zur Sommerzeit häufig bei den hessischen Verwandten zu Gast gewesen.

Die Wetterau als eine schmale, nordsüdlich sich hinziehende Ebene hat etwas von einer Straße. Merkwürdig entspricht diesem Charakter die Stadt Friedberg mit ihrer überraschend breiten, den eigentlichen Stadtkern bildenden Hauptstraße, an der zahlreiche, altväterische Einkehrhäuser stehen, treuherzige Spitzgiebelbauten oder ausladende Fronten von gemächlicher Breite. Ihr rechtes Leben hat diese Straße, wenn die Jahrmarktsbuden aufgestellt sind und die Bauern mit Pferd und Wagen kommen, oder wenn junge Leute truppweise ihren Bummel vornehmen; denn Friedberg hat eine technische Bildungsanstalt, bei deren Schülern allerlei studentische Lebensformen Eingang gefunden haben.

Die Wetterau, zu deren Hüterin die alte Friedberger Reichsburg bestellt ist, erscheint als Vorhof der langgereckten oberrheinischen Tiefebene; der breite, in fürstlicher Ruhe strömende Main ist die Schwelle, die Vorhof und Hauptraum gegeneinander abteilt. Allein Wetterau und Oberrheinebene sind verhältnisweise kleine Gemächer; der Main aber ist zugleich die Schwelle zwischen den beiden größten Sälen des deutschen Hauses, nicht sie trennend, sondern vom einen in den anderen den guten Übergang gewährend. An dieser Schwelle liegt Frankfurt, nach Norden und Süden gleichermaßen ausstrahlend. Verzichtet man darauf, den Begriff einer Hauptstadt gleichzusetzen mit dem einer Residenz, der ja in Deutschland erst spät eine Geltung erlangt hat, so darf man Frankfurt wohl als eine deutsche Hauptstadt begreifen. Es war der Ort der Kaiserwahl und es wurde auch zum Ort der Kaiserkrönung.

Es war der Ort Goethes, es war der Ort des Deutschen Bundestages und damit etwas wie die Herzkammer des Reiches in der Zeit seiner Verwaisung. Es war der Ort der Nationalversammlung und es war der Ort jenes Friedens, der am 10. Mai 1871 im Gasthof zum Schwan geschlossen wurde und die Bestimmung hatte, den deutschen Stämmen und Ländern eine neue Form kaisertümlichen Zusammenschlusses zu verbriefen.

Vier Frankfurter Örtlichkeiten tragen, vier Pfeilern gleich, den deutschen Himmel, der sich über dieser Stadt wölbt: der Römer, der Dom, die Paulskirche und das Haus am Großen Hirschgraben. Mit diesen vieren ist Frankfurt eine hohe Schule aller deutschen Vergangenheit und damit eine Bürgin der Zukunft. Denn die Zukunft fällt nicht aus dem luftlosen Himmel wie ein Meteorstein, sie wächst geduldig aus dem Boden, den Jahrtausende bestellten.

Der Römer in Frankfurt

Reichstage im Ried

Südwestlich von Frankfurt, in der tischflachen Ebene, liegt das Städtchen Groß-Gerau. Drollig steht sein Rathaus, ein gemächlicher Fachwerkbau, vor der Straßenflucht; man meint, geradwegig in seine breiten Toröffnungen hineinfahren zu müssen.

Es ist sonderbar, wie stark sich hier, unweit des Odenwaldes, unweit des rheinhessischen Hügelgebiets, der Charakter der reinen Ebene ausdrückt. Läßt ein dunstiger Tag die Berge verhüllt, so glaubt man sich in einem Flachlande von nicht abmeßbarer Ausdehnung.

Das rechte Rheinuferland, etwa von der Mainmündung bis an die badische Grenze, heißt das Ried. In seinem nördlichen Teil ist es nicht unfruchtbar, auf den Sandflächen des südlichen gedeiht in der heißen Sonne nur die Tabakpflanze. Dazwischen liegt eine schwermütige, einsame Sumpfwildnis. Entwässerungen sind hier schon in früher Zeit vorgenommen worden. Landgraf Georg I., ein Sohn Philipps des Großmütigen, schuf den ausgedehnten »Landgraben«, der, zwei Wasserläufe verbindend, die Rheinebene schräg durchschneidet und später in seiner entwässernden Wirkung durch allerhand andere Anlagen unterstützt worden ist. Neuestens sind umfangreiche Meliorationsvorhaben aufgenommen worden, aus Sumpf wird Ackerboden werden, aber der geheimnisvolle Seelenzwang, den das feuchte und menschenarme Ödland heute noch übt, wird schon dem übernächsten Geschlecht verloren sein.

Um das zuckersiedende Groß-Gerau dehnen sich Rübenfelder einförmig im Sonnenbrande; keine Nutzpflanze kennzeichnet das entschiedene Flachland mit solchem Nachdruck wie die trübselig anzuschauende Zuckerrübe. Ohne von der geringsten Steigung zum Verlangsamen oder gar Absitzen genötigt zu werden, fahre ich in westlicher Richtung nach Trebur. Von den

Einheimischen hört man wohl noch die Sprechart »Tribur«. Das ist der Name, unter welchem das heutige Dorf an allem Glanz und allem Hader des alten Kaisertums seinen Anteil gehabt hat.

Die Landschaft jener Zeit darf man sich grundverschieden denken von der heutigen. Das Rheinbett lag mehr östlich, und der Neckar, der jetzt bei Mannheim in den Rhein fließt, hatte seine Mündung gut fünfzig Kilometer weiter nach Norden. In der Nähe von Groß-Gerau erkennt man mit einiger Aufmerksamkeit noch deutlich die Böschungen, welche ehedem den Lauf des Neckars gesäumt haben. Wo die beiden schiffbaren, flößbaren, handelsreichen Flüsse sich vereinigten, entstand die Kaiserpfalz Tribur, die manchen Reichs- und Fürstentag gesehen hat. Wer auf der weiten Fläche von Trebur steht, der möchte meinen, auf diesen Feldern müsse wohl in Hunderten von Zelten gelagert und unter freiem Himmel nach Art der altgermanischen Landgemeinde getagt worden sein; denn so schwer ist es einem heute, sich selber glaubhaft zu machen, daß hier ein mächtiges Festungswesen gestanden haben soll mit Prunksälen und Wehrtürmen, Wohnbauten, Stallungen, Vorratsspeichern und Gasträumen. Aber man darf sich wohl denken, daß es außer diesem allen einen Flußhafen gegeben haben wird, einen Stapelplatz, eine Zollerhebungsstelle und all das menschliche Leben und Sterben, wie es jeder Ortschaft eigentümlich ist.

Es steht fest, daß von der Triburer Kaiserpfalz Herrschaft und Gericht in allen weltlichen Angelegenheiten über einen weiten Umkreis geübt worden sind. In geistlichen Dingen geschah ein ähnliches von Groß-Gerau aus; hier saß ein mainzischer Archidiakon, sein Gebiet reichte noch weit über Darmstadt. Heute ist Tribur ein Dorf, Groß-Gerau ein Städtchen, Darmstadt die Landeshauptstadt. Wie sie es zwischen Menschen und zwischen Geschlechtern tut, so verschiebt die Geschichte ihre Schwerpunkte zwischen den Orten.

Alle Strommündungen des nordwestlichen Europa waren in den Händen der Normannen, Hamburg wurde von ihnen verbrannt, Paris belagert, Köln, Bonn, Trier und Koblenz zerstört, Aachen, Orléans, Bordeaux geplündert. Kränklich und tatenscheu ließ Kaiser Karl der Dicke allen Bedrängnissen ihren Lauf. Da traten in Tribur die Großen der deutschen Stämme zusammen, sagten sich von dem echtgeborenen Karolinger los und hoben den karolingischen Bastard an seine Stelle. Der Vorgang hat umstürzende Kühnheit: Von nun an erst ist der Weg frei für die Wahlmonarchie des künftigen Halbjahrtausends. Der neue Mann war Arnulf von Kärnten; er schlug die Normannen, er erstürmte Rom, er zwang die Böhmen, Mähren und Sorben unter die Hoheit des Reiches zurück.

Drei spätere Reichstage zu Tribur stehen miteinander in einem schauerlichen Zusammenhang. Heinrich III., ruhmvollen Angedenkens als Kaiser und als Mann, ließ die deutschen Fürsten in Tribur seinen dreijährigen Sohn zum König wählen. Drei Jahre danach starb der Vater, das Kind war König: Heinrich IV. Den Sechzehnjährigen zwingen die Fürsten, abermals in Tribur, sich von seinem Leiter und Berater, dem macht- und habgierigen Erzbischof Adalbert von Köln, auf eine demütigende Weise loszusagen. Den Schimpf dieses Tages vergißt Heinrich nicht, aller kommende Bürgerkrieg kann von hier aus verstanden werden. Zehn Jahre danach treten die deutschen Fürsten um Heinrichs willen ein drittes Mal in Tribur zusammen. Gebannt, verlassen, durch eigene und fremde Schuld aller Macht verlustig gegangen, muß er das Abkommen unterzeichnen, das ihn nicht in der Form, wohl aber in der Tat seines Königsamtes enthebt und als öffentlichen Sünder dem Richtspruch des Papstes anheimgibt. Im gleichen Winter noch kniet er in Canossa.

Es ist, als habe die hier geschehene Untreue einen Fluch auf den Ort gelegt. Nicht einmal die Stelle der Kaiserpfalz ist auszumitteln. Das Land ist steinarm; als die Bauten zu verfallen begannen, benutzten die Umwohner sie als Steinbruch.

Heute stehen die Fachwerkhäuser der Ortschaft Trebur gutmütig beisammen. Die Gassen liegen leer in der mittäglichen Sonne. Zum Kirchenbau hat sich keine Anhöhe bieten wollen; so müssen Ummauerung und Baumbestand das ihre tun, die Kirche mit einigem Nachdruck aus der Landschaft zu heben. Unter Pappeln und Weiden, den Bäumen der stromnahen Ebene, hat der Schwarzbach seinen gemächlichen Fluß. Gänse und Enten watscheln und schnattern um die grünen Ufer. Nichts deutet auf vergangene Entscheidungen, vergangene Königsgeschicke. Zwischen Spargel- und Gemüsefeldern stehen beladene Obstbäume, in einer bäuerlichen Wirtschaft wird mir ein erquicklicher Apfelwein vorgesetzt. Apfelwein darf nicht anmuten wie ein saurer und geringer Traubensaft, er muß Duft und Geschmack seiner Ursprungsfrucht bewahren. Der Treburer tut es, und ich denke freundlich an ihn zurück.

Das bebaute Land bleibt hinter mir, ich komme durch wiesenfeuchtes Ufergelände an den Rhein. Gegenüber dehnt sich, grünbuschig und einsam, die Insel Langenau. Ich fahre stromab, oben auf der Dammkrone, und genieße die unabnutzbare Lust, mich solchermaßen auf der erhöhten Scheidelinie zweier Landstriche behaglich fortbewegen zu dürfen. Rechts habe ich die weite, die unendlich scheinende hessische Ebene, links das Stromland. Mein Ufer ist flach, das linke bergig, mit Wein bestellt. Aber auch auf diese Höhenzüge hat die Gleichförmigkeit der Ebene hinübergewirkt, sie haben nicht die ewig wechselnden Konturen der Rheinberge zwischen Mainz und Koblenz, sie sind ebenmäßig wie eine Wallanlage. Auch hier gilt jenes rätselhafte Gesetz, dem noch keine Gelehrtenerklärung Genüge getan hat: daß bei den großen europäischen Strömen dem steilbergigen Westufer ein wiesenflaches Ostufer entspricht. So deutet sich, wie an der Elbe, Wolga und Donau auch hier die Richtung an, in welcher die Geschichte unseres Erdteils verläuft.

Hart stromauf von der Mainmündung führe ich mein bestaubtes Rad, vorbei an den Trümmern der Gustavsburger Brückenbefestigungen, über die kaum endenwollende Eisenbahnbrücke. Wunderbar reich und zugleich wunderbar ausgewogen hebt sich die Silhouette von Mainz mir entgegen. Der Dom beherrscht sicher die Mitte des Bildes, rechts und links von den Türmen der Stadt flankiert. Es ist, als umdrängten nahe Vertraute achtungsvoll einen Gebieter.

Das goldene Mainz

Wie so manche unserer alten Krummstabresidenzen wird auch Mainz vom roten Sandstein beherrscht. Er ist der vornehmlichste Baustoff gewesen für Befestigungswerke und Brunnen, für den Dom und St. Peter, Palais und patrizische Wohnhäuser, neuerer Bauten wie des Theaters nicht zu gedenken. Von rotem Sandstein ist die lange, durchbrochene Mauer gegen den Rhein. Sie mag früher, wie Merian sie zeichnet, ein stattliches Ansehen gehabt haben, heute besteht sie zum Wesentlichen aus zahllosen Toren oder vielmehr Maueröffnungen, denn auf eine architektonische Ausgestaltung ist verzichtet worden. Dennoch zieht sie mich immer wieder an, man geht an ihr hin wie durch eine Gemäldegalerie, jeder dieser Durchlässe gibt, stadtwärts oder flußwärts, ein neues steinern gerahmtes Bild.

Die Bilderfülle dieser Stadt ist nicht auszukosten, im Äußeren wie im Inneren. Ich, dem eine Häufung zu Recht oder zu Unrecht als »Sehenswürdigkeiten« bezeichneter Dinge leicht ein Gefühl der Entmutigung bewirkt, ich lasse mich durch eine solche Stadt gern hindurchtreiben ohne Plan und Wegerichtung. Laune und Zufall, vielleicht ein plötzliches, halb unbeabsichtigtes Kopfwenden, ein Seitwärtstreten, ein Einbiegen rücken mir Bild um Bild vor Augen, und es ist schwer zu sagen, ob der Anblick des Neuen beglückender ist oder der Wiederanblick des schon Vertrautgewordenen. Das kirchenfürstliche, das patrizische, das festunghafte Element der Stadt Mainz sind, ehemals scharf voneinander gesondert, allmählich eine rankenmäßig unauflösbare Verschlingung eingegangen. Es ist eine Lust, unterzutauchen im Geschachtel alter Gassen, aufzusteigen zu landbeherrschenden Höhen, Kirchen und Palästen sich gegenübergestellt zu finden, dem Zeughaus, dem Kurfürstenschloß, dem Hause des Deutschen Ordens, oder unter den zahllosen Marienbildern der Bürgerhäuser plötzlich eins zu gewahren, das durch Innigkeit oder Formenadel mit stiller Gewalt das Herz bezwingt. Mainz hat Zeiten erfahren, da es zu den stärksten Strahlungspunkten des deutschen Lebens gehörte. Gern hängt man träumerische Gedanken an das pfingstliche Reichsfest, das Barbarossa mit seinen fünf Söhnen und den Großen der Christenheit hier abhielt. Siebzigtausend Ritter fanden sich zusammen, um dem Ritterschlage zweier Kaisersöhne beizuwohnen, des späteren Kaisers Heinrichs VI. und des Herzogs Friedrich von Schwaben. Mainz konnte die Gäste nicht herbergen, jenseits des Stromes entstand eine neue Stadt aus Zelten und Baracken, mitteninne der kaiserliche Palast. Aller Glanz eines ganzen Zeitalters drängt sich für uns Nachgeborene in diese Pfingsttage zusammen, Kaiser- und Rittertum strahlen in ihren höchsten Erscheinungen, und die Dichter deutscher und fremder Zunge lassen nicht ab, die Herrlichkeit dieses Festes und all der Gedanken, die es verkörperte, zu preisen. Macht und Geist erscheinen so vermählt wie kaum ein anderes Mal in unserer Geschichte, und hier überkommt den verspäteten Träumer der heiße Schmerz darum, daß diese Vermählung wohl geschehen konnte im aufrauschenden Glanz eines kaiserlich erhöhten Festes, nicht aber möglich war in einer Dauer unbestrahlter Werktagszeiten. Der ritterliche Dichter Heinrich von Veldeke, der nach Gottfried von Straßburgs Wort »das erste Reis in deutscher Zunge impfte«, selber ein Teilnehmer jenes Festes, sprach es aus, bis an das Jüngste Gericht werde man Wunder sagen von jenen Tagen zu Mainz. Man malt sich gern den gewaltigen Kaiser, der ein Schirmfreund der Dichter war, inmitten der Herzöge, Bischöfe, Frauen, Ritter, Sänger und Gaukler und meint ein Bild zu haben, das gleich Raffaels »Schule von Athen« den Auszug einer Epoche widerspiegelt.

Jeder Reisende wird Neigung haben, sich an eine Bemerkung Goethes zu halten: »Je mehr ich die Welt sah, je mehr erfreute ich mich, außer den allgemein berühmten Namen, auch besonders an denen, die in einzelnen Gegenden mit Achtung und Liebe genannt wurden.« Überraschend ist die Wahrnehmung, in wie hohem Grade die großen Namen von Mainz in jene allgemeine Berühmtheit eingegangen sind. Aber dies entspricht dem Vorrang, den Mainz lange Zeit vor allen deutschen Städten gehabt hat als Vorort der Kirche Deutschlands und als gewaltigste Festung am Rheinlauf. Der Kurfürst von Mainz war nach dem Papst der mächtigste und reichste Kirchenfürst der Welt, vierzehn Bistümer waren ihm untergeordnet, er war des römischen Reiches Erzkanzler, er führte den Vorsitz im Kurfürstenkollegium, er schrieb die Reichstage aus, er krönte den Kaiser; auf keinen anderen hatte das Amt der Krönung übergehen können als auf ihn, seit es nicht mehr in Rom vom Papste geübt wurde.

Zu den großen Namen, die in enger Verbindung mit Mainz stehen, zählen römische Feldherren und Kaiser, zählt Drusus, dessen gewaltiges, düsteres Totenmal noch heute auf den Festungshöhen im Südosten der Stadt aufragt; zu ihnen zählt Bonifatius, Apostel der Deutschen, und Erzbischof Willigis, von dessen niedriger Geburt und höchster, in Demut ausgeübter Machtfülle die volkstümliche Sage berichtet; zu ihnen gehört der Mainzer Patrizier Gutenberg oder Gensfleisch, der die herrlichste und verderblichste aller Handfertigkeiten ersann. Und zu ihnen gehört der Dichter Heinrich Frauenlob, von dem die anmutige Überlieferung berichtet, die Frauen von Mainz hätten ihn aus Dankbarkeit für sein Singen auf ihren Schultern zu Grabe getragen, wie sein Sarkophag im Domkreuzgang es abbildet; der verwitterte Kopf des Grabsteins, von vielen Betrachtern für Heinrichs Porträt gehalten, ist das gekrönte Frauenhaupt seines Wappenschildes.

Mainz, Dom

In der zweitausendjährigen Stadt ist vieles geschehen an Kriegsdingen, Belagerungen und Verteidigungen, zur Römerzeit, im Mittelalter, im Dreißigjährigen Kriege und in der Franzosenzeit. Goethe, der mit eigenen Augen mainzische Drangsale wahrnahm, sagt in einem seiner Reiseberichte: »Der Bewohner von Mainz darf sich nicht verbergen, daß er für ewige Zeiten einen Kriegsposten bewohnt: alte und neue Ruinen erinnern ihn daran. Und welch ein Schauplatz der Befestigungs- und Belagerungskunst hat sich hier nicht schon so manchmal eröffnet!« Oft haben ganz Deutschlands Blicke an Mainz gehangen. Als das geistliche Kurfürstenwesen zerstäubte, hohl, morsch, gewichtlos, da wurde Mainz eine Nachbildung von Paris, wie es zuvor eine Nachbildung von Versailles gewesen war. Man pflanzte Freiheitsbäume, man bekundete eine gewaltsame Unermüdbarkeit im Feiern immer neuer Feste, und der Nachtwächter hatte seinen Stundengesang mit einem »Lobet Gott den Bürger!« zu beschließen, denn Gott der Herr durfte in der Stadt der Sansculotten und Klubisten nicht mehr gelobt werden. Mainz wurde nach der Niederwerfung Napoleons eine der fünf Deutschen Bundesfestungen, preußische und österreichische Kontingente bildeten gemeinsam die Besatzung, zu der ehrenhalber noch ein hessisches Bataillon zugelassen wurde. Alle fünf Jahre wurde ein neuer Festungsgouverneur ernannt, abwechselnd von preußischer und österreichischer Seite, und auf den Deutschen Bund vereidigt; auch Prinz Wilhelm von Preußen, der spätere Kaiser, hat dies Amt bekleidet. Unter den jungen Avantageuren, die damals in der Defensionskaserne auf der Eisgrube ihre soldatische Schulung empfingen,

Mainz, Kurfürstliches Schloß

war Detlev von Liliencron. Als er zwischen den Feldzügen von 1866 und 1870 hier Leutnantsdienst tat, war Mainz keine Bundesfestung mehr und hatte keine andere Garnison als die preußische. Der Prinz von Holstein-Augustenburg, letzter preußischer Vizegouverneur der Bundeszeit, tat, als er nach den Friedensschlüssen von 1866 wieder in Mainz eingerückt war, den hübschen Ausspruch: »Ich freue mich natürlich, daß wir gesiegt haben, aber die Österreicher fehlen mir doch.«

Die mainzischen Schicksale lassen sich noch heute an den Bauten der Stadt ablesen, den militärischen, weltlichen und geistlichen. Jede Zeit hinterließ das ihr Eigentümliche, und sehr vieles hat die kriegerischen Zerstörungen früherer Epochen und die oft ärgeren friedlichen Zerstörungen des neunzehnten Jahrhunderts zu überdauern vermocht. Wahrer Mittelpunkt von Mainz ist der Dom, an dem fast ein Jahrtausend baute. Erzbischof Willigis, Kaiser Heinrich IV. und der Sohn des großen Rokokobaukünstlers Neumann, das sind einige der Männer, deren Namen im rötlichen Domgestein fortleben. Glücklich hat man hier den berühmten, in Köln begangenen Irrtum vermieden, indem man den Mainzer Dom nicht freilegte. Er steht nicht in der künstlich geschaffenen kahlen Feierlichkeit eines offenen Platzes, sondern umschmiegt von Häusern, und an ihnen messen sich seine gewaltigen Maße. Er hat nichts von der stillen Weltabgeschiedenheit, welche für die meisten unserer Dome so kennzeichnend ist als für bischöfliche oder stiftische Gotteshäuser im Gegensatz zu den stadtbürgerlichen. Wie auf dem Freiburger Münsterplatz reicht das bunte Leben des städtischen Tages bis hart an die Domwand. Stadt und Kirche, Werktag und Feiertag, Welt und Gott sind ungeschieden und geben so ihr Zeugnis von der großartigen, das Natürliche wie das Geoffenbarte gleichermaßen umschließenden Lebenseinheit des Mittelalters.

Eine lange und wechselvolle Baugeschichte versagt dem Mainzer Dom die ganze Einheitlichkeit, die wir an manchen kleineren Kirchen bewundern; aber sie gibt ihm dafür den Reichtum und die Lebensfülle einer unendlichen Geschlechterzahl. Zwei große schwere Baugestalten scheinen sich zögernd einander genähert zu haben, von Osten und von Westen, bis die Vereinigung geschah, deren Ort zwischen dem Vierungs- und dem großen Ostturm liegt.

Der Dom hat Wucht und Strenge, auch in seinem Inneren mit der großartigen Reihe der Bischofsgräber. Der Ernst sänftigt sich in der wunderbaren Leichtigkeit der roten Westtürme; sie haben etwas heilig Spielerisches in jenem hohen Sinne, in welchem Guardini die Liturgie als ein Spiel gedeutet hat. Kostbar sind die beiden ehernen Türflügel, auf Geheiß des Willigis für die heute nicht mehr stehende Liebfrauenkirche gegossen und später dem Domportal eingefügt. Sie sind, dauernder als Pergament, die Magna Charta altmainzischer Freiheit, denn in sie ließ einer der frühmittelalterlichen Erzbischöfe die Privilegien eingraben, die er der Stadt bewiesener Kampftreue halber verlieh und bestätigte. Noch heute sind die lateinischen Worte kenntlich.

Dies wird, wie oft ich noch nach Mainz kommen mag, immer mein Willkommen und mein Abschied sein: der Gang am Rheine entlang, der Gang zum Dom, der Aufstieg zu einem der hochgelegenen Blickpunkte, etwa zum Drususdenkmal oder zum Stephansturm. Es ist schwer zu sagen, ob der Ausblick von Mainz oder der Ausblick auf Mainz die größere Augen- und Herzenssättigung gewährt. In meiner Erinnerung vermählen sich beide auf jene phantastische Weise, mit welcher der Traum das einander Ausschließende zusammenfügt. Da sehe ich den Rheinstrom, die weite Ebene und den Bergumriß des Taunus und in einem goldenen Abendrauch die Silhouette der Stadt, den Dom des alten und die Christuskuppel des neuen Mainz und dahinter in bläulichem Dunst die Berge des hessischen Weinlandes.

Der Altrhein und seine Komödianten

Im zeitig einfallenden Dunkel des warmen Spätsommerabends komme ich in das starkenburgische Dorf Erfelden. Im Gasthaus ist die Rede von einer wandernden Schauspielertruppe, ich bin augenblicks zu dem Abenteuer entschlossen, und gleich nach dem Abendbrot tappe ich mich wohlgelaunt durch die nachtschwarzen Dorfgassen zum bezeichneten Ort, der sich durch Stimmengewirr und bleiches Scheinwerferlicht ankündigt. Die Bühne ist im Freien aufgeschlagen vor dem Wohnwagen, der zugleich die Garderobe für die Schauspieler abgibt, das Ganze lehnt sich an eine dunkle Erdaufschüttung. Entliehene Bänke und Gartenstühle machen den Zuschauerraum aus. Das Publikum ist gleichzeitig zu Genuß und Bewunderung der kommenden Vorgänge wie zu einem mitleidlosen Verhöhnen ihrer Darstellung aufgelegt. Die lustige erwartungsvolle Stimmung fängt mich ein, ich bin plötzlich in der alten Kinderverzauberung, die von gemalten Vorhängen, von Schminkengeruch und Flitter ausgeht.

Endlich gibt eine Fahrradklingel das Zeichen zum Beginn. Der Direktor tritt vor und hält eine Ansprache in hessisch-pfälzischer Mundart. Er bedauert, bei Freilicht arbeite ze misse, er hätte koi passende Saal net krische kenne, drum sei auch der Preis auf dreißig Pfennige »rezudiert« werde. »Hier werd Ihne was gebode, Se werde all zufriede sei!« Die Leute lachen und applaudieren, die Schnaken stechen, einige kreischende Kinder werden streng zur Ruhe verwiesen; vom Kirchturm schlägt es halb zehn, zwei Burschen streiten sich um einen Stuhl, ein gekitzeltes Mädchen schreit auf. Das angekündigte Stück heißt: »Der Schuß im Morgengrauen oder Wenn die Rosen wieder blühen, ein Kriminalroman in vier Aufzügen«. Ich erinnere mich an einen Tonfilm ähnlichen Namens und frage den Direktor nach einem etwaigen Zusammenhang. Er hat etwas von den gebildeten Literaturworten »Fassung« und »Verfasser« gehört; so belehrt er mich diplomatisch: »Es is e annere Verfassung, auch der Verfasser ist net ganz der gleiche, gewissermaße e Soitestick.«

Das Stück ist rundherum herrlich. Es spielt unter lauter feinen Leuten und Lords in »Wicktabel«, und erst im zweiten Akt erfasse ich, daß unter dem romantisch klangvollen Wicktabel das trübselige Londoner Elendsviertel Whitechapel zu verstehen ist. Das Stück übertrifft die Verheißungen des Titels, statt eines Schusses im Morgengrauen gibt es deren zahllose zu allen Tages- und Nachtstunden, es wird entführt und erpreßt, verhaftet, entsprungen und getötet; dem Publikum ist sein mißtrauischer Anfangshochmut längst abhanden gekommen, sein Gelächter gilt den Pointen, nicht den Darstellern, es gibt häufig Beifall bei offener Szene. Im letzten Akt verlobt sich Sherlock Holmes mit der von ihm aus den Schurkenkrallen des Dr. Mors geretteten »Lahdy«, und in diesem Moment rechtfertigt ein Ausblick in das beide erwartende Liebesglück auch den bis dahin vollkommen unverständlichen Nebentitel.

In den Pausen mache ich mir Bewegung und gewahre nun, daß die wallartige Erhöhung, an deren Fuß dies ganze nächtliche Glitzerwesen seinen Platz hat, der Flußdamm ist. Ich steige hinauf, schwarz liegt der stille Altrhein unter einem ungeheueren Sternenhimmel. Ein paar Segler und Kahnfahrer, die am Ufer festgemacht haben, finden sich dazu. Mit einem, er kommt aus Mannheim, gerate ich ins Gespräch, er fragt mich nach Herkunft und Heimat, wir finden gemeinsame Bekannte aus Kriegs- und Friedenszeiten. Es ist sonderbar, wie die Unwirklichkeit dieser Nachtstunde zwischen Sternenhimmel und Scheinwerferlicht, zwischen Schminke und Schilfgeruch, zwischen grellfarbigem Flitter und schwarzem schweigenden Wasserland zufällige Begegner zueinanderführt. Wir besuchen die Schauspieler in ihrer Garderobe, deren dunstige und von tausend abenteuerlichen Dingen verstellte Enge nicht zu beschreiben ist. Unsere Schmeicheleien und Glückwünsche nehmen sie unbefangen und gläubig hin, wie Kinder bei Schulaufführungen. Der Direktor ist Schreiner gewesen, er hat schon damals bei Vereinsfestlichkeiten mitgewirkt. Die Truppe besteht aus ihm, drei Töchtern, vier Söhnen, drei Gehröcken und sehr vielen schwarzen und roten Umschnallbärten.

»Die Frau macht net mit, die is dahoim, da ist was net in Ordnung«, sagt er mit einem kleinen Ärger und einem halb pfiffigen, halb resignierten Lachen. Die »Lahdy«, seine Jüngste, zeigt sich plauderlustig und nicht ohne Anmut; es ist schwer zu begreifen, woher sie die trübselige Unbeholfenheit nimmt, mit der sie sich auf der Bühne bewegt. Da jeder der Akteure seine zwei bis drei Rollen spielt, müssen zur Vermeidung von Mißverständnissen alle Grimierungen von übergreller Deutlichkeit sein. Da gibt es phantastische Bärte und Perücken, auffallende Damenkleidungsstücke, alles hat die abenteuerliche Färbung volkstümlich kolorierter Moritaten, Neuruppiner Bilderbogen. Erscheint zum Gehrock eine blaue Krawatte, so haben wir es mit dem Lord X. zu tun, während eine rote Flatterwinde den Gehrockträger als Mister Y. auszuweisen hat.

Das Stück ist beendet, es wird zum Benefiz für die Darstellerin der Lahdy gesammelt, allein damit ist das Programm noch nicht erschöpft. Der Direktor und zwei seiner Söhne schmettern ein Trompetenkonzert; danach werden für morgen und übermorgen Preziosa und der Trompeter von Säckingen angekündigt, »zwei große historische Schauspiele mit Musik und echte historische Kostüme«; der Besitz der Trompeten scheint nicht ohne Einfluß auf die Repertoiregestaltung. Den Abschluß macht eine als Lustspiel bezeichnete burleske Duo-Szene »Adam und Eva«, voll derber Pointen. Nun wird ein letztes Mal gesammelt, die Leute verlaufen sich gesprächig. Ich mache noch einen Gang über den Rheindamm, und die nächtliche Schweigsamkeit des Uferlandes hat etwas Überwältigendes nach der bunten kindlichen Flimmerei, die so plötzlich in Schwärze und Stille versunken ist. Ich kann meine Gedanken nicht von dem Erlebnis lösen, ich habe die tröstliche Gewißheit, daß in der ungeschwächten Fortdauer eines so göttlich unbekümmerten Schmierenwesens ein Stückchen beschlossen liegt von der Unzerstörbarkeit aller natürlichen Weltendinge.

Ich erinnere mich, als Student in einem oberhessischen Dörfchen eine Marionettenvorstellung gesehen zu haben: »Das schöne Puppenspiel von der heiligen Pfalzgräfin Genoveva«. Im Lauf der letzten Jahrzehnte haben sich Künstler und Kunstgewerbetreibende dem Puppenspiel wieder zugewandt. Diese kleine Truppe aber ahnte nichts von solchen Erneuerungsbestrebungen. Ihre Figuren und ihr Spiel waren jahrmarktmäßig, der Text in einem altertümlichen Deutsch gehalten, gleichzeitig hochstelzig und in seiner Einfalt rührend. Ich wollte ihn mir beschaffen und befragte die Puppenspielerfamilie, als wir nachher beim Bier zusammensaßen. Da erfuhr ich zu meiner Überraschung, daß die Truppe keinen schriftlichen Text hatte, sondern aus mündlicher Überlieferung spielte, aber ohne an den überkommenen Worten sich je eine Änderung zu gestatten. Es war mir wunderlich, ja, erschütternd zu denken, mit welcher Treue hier ein altertümliches, in manchen Sätzen weder den Spielern noch den Zuschauern mehr verständliches Wortgefüge von halb barocker Art sich durch völlig gewandelte Zeiten hatte erhalten dürfen. Dies Puppenspiel mögen der junge Goethe und nach ihm Tieck schon mit den gleichen Worten gehört haben wie ich; es erscheint mir noch heute, da ich mich auf seine Einzelheiten nicht mehr zu besinnen vermag, als Zeichen und Bürgschaft dafür, daß es unter der Oberfläche aller unserer Lebenserscheinungen eine geheime Weiterfolge gibt, welche die Zeiten verbindet und als ein ewiges Volksunterpfand gelten mag.

Da ich am Morgen wiederkomme, steht das komödiantische Wagenlager fremdartig in der Sonne. Die Lahdy stopft Strümpfe, ihre Schwester mahlt Kaffee, Sherlock Holmes holt mit entblößtem Oberkörper Wasser vom Altrhein. Der Direktor und ich rauchen noch eine Zigarette miteinander, wir tauschen einige Kunstansichten aus, dann führe ich mein Rad auf den Damm und fahre flußauf zur Fährstelle.

Der Altrhein bei Erfelden ist vor rund hundert Jahren entstanden, indem mittels eines Durchstichs halbwegs zwischen Mainz und Worms eine beträchtliche Stromschleife abgeschnitten und so der Schiffahrtsweg verkürzt wurde. Damit bildete sich, von Rhein und Altrhein umflossen, eine riesige Insel, für die der sonderbare Name »Kühkopf« in Gebrauch kam. Es ist schwer zu glauben, daß diese Insel einem menschlichen Eingriff ihr Dasein verdankt; eher möchte man meinen, die grünfeuchte Wildnis sei kaum noch von Menschenfüßen betreten worden.

Die Fähre bringt mich hinüber in ein zauberhaftes Einsamkeitsland. Diese größte aller Rheininseln beherbergt in zwei Bauernhöfen und einem Forsthause genau zwei Dutzend Menschen. Aber in dieser scheinbaren Totenstille regt sich jenes tausendfältige Leben, das von der zeugenden, brütenden, feuchtschwülen Umschlingung der Stromarme und des Ufersumpfes unablässig wachgelockt wird. Alles Wachstum hat tropische, urwaldhafte Üppigkeit. Alle Baumarten vereinigen, verknäulen, verfilzen sich zu undurchdringbarem Laub-, Busch- und Gestrüppwald. Knorrige Kopfweiden, phantastisch anzusehen wie verhexte Menschenleiber, drängen sich zu Wäldern zusammen. Vom Rehwild bis zur Rheinschnake nimmt auch die Tierwelt Anteil an dieser ungebändigten Üppigkeit. Enten schwimmen durch die Schilfwildnis, Reiher horsten auf Eichen, immer wieder hört man den Milan schreien, sieht den roten Gabelweih mit dem langen gegabelten Schwanz in der sonnenzitternden Luft kreisen. Der Wald lichtet sich, weite wiesige Apfelgärten stehen voll schimmernder Früchte. Ich sehe keinen Zaun, keinen Pfad, keinen Menschen. Ich muß glauben, daß diese rosigen, goldigen Bälle nicht von Menschen behütet und geerntet werden. Schilfgeister und Wasserfrauen mögen sie brechen, um im Mond- oder Mittagslicht werfend und singend ihre tausendjährigen Spiele zu treiben.

Zur Bergstraße

Im Gegensatz zu den engen winkligen Ortschaften des Odenwaldes und den an die Höhenkette gelehnten Städtchen der Bergstraße sind alle Ansiedlungen der Rheinebene weit und raumvergeuderisch angelegt; die großen Dörfer und Flecken mit den Storchnestern auf den Dächern möchte man eher als Ackerbürgerstädtchen bezeichnen. Sie haben die Breite und Stille des Niederungslandes. Es ist, als lägen sie unmittelbarer als andere unter der ungeheuren Glocke des Himmels, deren Farbe sich so wunderbar wandelt: weißlich, seidenblau, malachitgrün, taubenblau, schwefelgelb, schwarz. Sie liegen inmitten einer schwermütigen Einsamkeit, und doch kommt vom Weinlande der anderen Stromseite ein Hauch Fröhlichkeit zu ihnen geweht.

Selten gewahre ich ein Kornfeld. Eigentümlich wechselt das schmalstreifige Zuckerrüben-, Mais- und Gemüseland mit den riesigen sumpfigen Flächen, auf denen die hohen Pappeln wachsen und die alten Weiden, verhutzelt, gespalten, zerfressen wie Ölbäume. Am Rhein und seinen toten Armen steht das Schilf in Wäldern. Insekten schwirren, die Welle wirft Muscheln und Wasserpflanzen ans sandige Ufer, manchmal springt ein Fisch, eine Ente glänzt in der Sonne auf.

Es fährt sich gut durch diese Freiheit. Mich überkommt, wie es in solcher Landschaft geschehen kann, ein Rausch der Grenzenlosigkeit, Rausch der Ebene, der eine sonderbare Verwandtschaft haben mag mit dem rauschartigen Wohlgefühl der Hochgebirgswelt, wie ja auch von verwandten Empfindungen bei Brand- und bei Frostverletzungen berichtet wird. Mein Rad rumpelt über holperige Ackerwege und schießt über ebene Straßen, rheinwärts, landeinwärts, kreuz und quer.

Bei Gernsheim nehme ich ein Rheinbad und freue mich des blitzenden Stromes vor der Stadt und des barocken Heiligenprunkes in ihrem Innern.

Nicht weit davon hebt sich eine Lindengruppe inmitten der baumarmen Feldebene, es ist der Wallfahrtsort Maria Einsiedel. Die Linden geben ein freundliches Schattenasyl am heißen Tage, sie breiten die Äste über die kleine, aus dem Mittelalter stammende Gnadenkapelle, die das wunderwirkende Bildnis umschließt. Durch die Blätter fallen Sonnenflecken auf Kanzel und Bänke, hier wird Gottesdienst und Predigt unter der Kuppelwölbung der grünen Bäume gehalten. Vor einigen Jahren entstand bei der Kapelle ein kleines Kapuzinerkloster, sein Garten flimmert in der Sonne von Blumen und Tomaten, noch ist kein Baum zu Schattenhöhe und -breite gewachsen.

Gegen die eigentliche Bergstraße zu ist das freie tiefe Land begrenzt von einem mächtigen, durch seine unerschöpfbare Mannigfaltigkeit wahrhaft beglückenden Hochwald. Hier hat Karl der Große gejagt, und noch heute ist dies Waldgebiet, das zehntausend Morgen umfaßt, an Rot- und Schwarzwild reich.

Kloster Lorsch, karolingische Torhalle

Jenseits des herrlichen Waldriesen gelangte ich nach Lorsch. Heute ist es eine kleine Tabakstadt, zu der wohl Fremde kommen, um eine Weile ergriffen vor den wundersamen Bauresten einer sehr entlegenen Vergangenheit zu stehen. Für Jahrhunderte einer früheren Zeit aber war die Lorscher Benediktinerabtei ein mächtiges Staatswesen innerhalb des Reiches, sein gewaltiger Besitz an Leuten und Land machte es manchem Fürsten überlegen. Karl der Große hat dem Kloster eine besondere Zuneigung erzeigt, an der Einweihung nahm er selbst teil. Zwei Ludwige, sein Enkel und Urenkel, liegen hier begraben. Den letzten Mann aus dem Geschlecht der Agilolfinger, Herzog Tassilo von Bayern, ließ er im Kloster Lorsch zum Mönch scheren; damit war das letzte deutsche Stammesherzogtum dem Reiche einverleibt.

Von den Bauten des Klosters, in dem auch die Frau Ute der Nibelungensage bestattet sein sollte, hat sich weniges erhalten. Die schwere, massige Basilika gehört dem nachkarolingischen Mittelalter an. Wie ein fremdländisches Wunder aber steht die buntfarbige Michaeliskapelle vor uns, die dreibogige, zweigeschossige Vorhalle des alten Klosters mit den heute vermauerten Arkaden. Sie entstand in Karls des Großen Jugendzeit, und sie ist das seltene Denkmal jener Epoche, in welcher das junge deutsche Volk in Hinneigung und Widerstand mit dem ungeheueren Erbe der alten Welt zu ringen hatte und dieses Erbes Meister zu werden suchte. Deutlich spricht sich in Säulen, Pilastern und Maßen und dem an Holz gemahnenden Steingebälk das antike Vorbild aus, der gallisch-fränkische Einfluß und zugleich die Überlieferung des heimisch-bäuerlichen Fachwerks. Die roten Mosaikplatten auf dem weißen Grunde geben ein zauberhaftes Farbenspiel; es ist, als habe sich mitten in einer urdeutschen Landschaft der Märchenvogel eines fernen, eines versunkenen Landes niedergelassen.

Ich verlasse Lorsch unter einem bleifarbenen und feindseligen Himmel. Mein Weg läuft durch wiesiges, öbstliches Gelände auf Bensheim und die Bergstraße.

Wer die Bergstraße südwärts reist – und dies ist die natürliche Richtung zur Gewinnung des immer südlicher werdenden Landes –, der hat zur Rechten die Rheinebene, zur Linken die Kette der Odenwaldberge. Nicht sehr weit hinter Darmstadt beginnt das Gebiet des Waldes, der Berge und der Burgen, in das hier oben freilich noch ein düsterer Streifen sandigen Kiefernlandes hineinreicht. Dann reiht sich eine Augenweide an die andere, Fahrt oder Wanderung werden zu einem einzigen Freudenlachen. Die Berge treten näher, doch bleibt noch Raum für eine Kette von Vorbergen, und sie sind es, welche die Burgen und Schlösser tragen, Frankenstein, Alsbach, Auerbach, Schönberg, die Starkenburg; sanft recken die bergsträßischen Ansiedlungen sich zu ihnen hinan. Jeder einzelne dieser Orte ist eine Verlockung, anzuhalten und zu bleiben, sich in den Gasthausgarten eines freudigen Städtchens zu setzen oder bergan in den Wald zu steigen, auf eine der Burgen, von denen der Blick weit über den Rhein trägt; einzubiegen in eine der seitlichen Talmündungen oder sich zu verlieren in den stillen, altfürstlichen Lustanlagen des Fürstenlagers.

Die Berge haben teil an der Heiterkeit, sie sind ohne Schroffen; selbst der mächtige Malchen, der daneben den herzensdrolligen Namen Melibokus führt, hat das Lächelnde, das Sanfte des Landes zu seinen Füßen. Lebhaft, zierlich, zutraulich sind die Städtchen, Seeheim, Jugenheim, Zwingenberg mit seiner hochgelegenen, ummauerten Kirche, Auerbach, Bensheim, Heppenheim, wo der schwere, hitzige Bergsträßer Wein wächst. Denn dies ist Weinland wie Obstland und ein rechtes südliches Paradies. Im Februar blühen die Mandeln, Pfirsiche und Aprikosen folgen, und von da an nimmt das schaumige, zartflockige Farbengewölk kein Ende bis an den Winter, der in diesem Strich ohne Schrecknisse ist. Selbst der Feigenbaum übersteht ihn, nur leicht bedeckt, im Freien.

Bensheim an der Bergstraße, Raab-Brücke

Wo die Weschnitz aus dem Gebirge tritt, liegt Weinheim mit dem zärtlichen, guten Namen; hoch darüber seine zwei Burgen, Windeck, die alte, und Wachenburg, die neue. Als Josef II. diese Landschaft vor hundertundfünfzig Jahren durchreiste – er kam von der Frankfurter Kaiserkrönung –, da soll er den Ausspruch getan haben: »Hier will Deutschland Italien werden!« In der Tat gewinnt die Gegend mit ihrer glücklichen, sonnenheißen Üppigkeit ein immer lombardischeres Ansehen. Selbst der hochwölkende weiße Straßenstaub will an Italien erinnern.

Nach Westen zu breitet sich das Tabaksland. In seinem nördlichen Teil um Bürstadt und Lampertheim hängen die gilbenden, sich bräunenden Blätter in der Sonne an den Hauswänden. Je mehr es auf Heidelberg zugeht, in die

Gegend der großen Tabakfelder, um so häufiger werden die hohen, die Wohnhäuser weit überragenden Scheunen, luftig und halboffen gebaut. Hier hängen Abertausende von Blättern auf Nadeln gespießt, auf Schnüre gereiht. Ist die Scheune gefüllt, so hängt man die Ernte zum Trocknen an Wände und Mauern, an lange Stangen in den Gärten, ja, an Obstbäume. Man sagt diesen Tabakdörfern, die übrigens den Tabak nur bauen, nicht verarbeiten, einen hohen bäuerlichen Reichtum nach.

Weinheim und die Ruine Windeck

Großsachsen und Lützelsachsen an der Bergstraße erinnern gleichwie das frankfurtische Sachsenhausen an die von Karl dem Großen durchgeführten Zwangsansiedlungen unterworfener Sachsen im Innern des Reiches. Edelkastanien, Maulbeer- und Walnußbäume stehen an den Wegen, rot und golden leuchtet es aus dem Obstgezweige. Lombardisch heben sich in der Ferne die schlanken, stromverkündenden Konturen der Pappeln. Scharf zeichnet sich Ladenburgs Schattenbild gegen den westlichen Himmel; dahinter stehen im Dunst der Ferne, jenseits der Fabrikschlote von Ludwigshafen und Mannheim, die linksrheinischen Bergketten. Ladenburg, das römische Lupodunum, liegt an einer Krümmung des breiten, schilfigen Neckars, der hier schon gänzlich die Art eines flachländischen Stromes angenommen hat. Von Lupodunum hat dies Land seinen Namen; es heißt Lobdengau. Ja, den Gau will ich loben.

Endlich schließt Heidelberg das Bild, in Lindigkeit und Zärtlichkeit der rechte Schlußstein der Bergstraße.

Poeten und Philosophen

Mainz und Darmstadt gravitieren noch zu einem wesentlichen Teile nach Mitteldeutschland. Erst mit Heidelberg habe ich süddeutsches Städtewesen betreten. Hier kulminiert der zärtliche Südgeist der Bergstraße. Die Luft ist einschmeichlerisch, ja hold. Wie alles Holde hat sie auch ihre gefährlichen Hintergründigkeiten, sie kann schwül drücken und beklemmen.

Es ist schwer zu sagen, woran sich dem nordher Gekommenen der spezifisch süddeutsche Zauber dieser Stadt offenbart. Ist es die Luft, die Üppigkeit, die Lage, die Bauweise, der Menschenschlag und seine herzliche Mundart, ist es die Beschaffenheit der Gast- und Einkehrhäuser mit ihren freundlich sorgenden Kellnerinnen und mit ihren altväterisch zutraulichen Namen: zum weißen Schwanen, zum silbernen Hirsch, zum roten Ochsen, zum Lamm? Es ist ähnlich schwer zu ergründen wie jenes deutliche Gefühl, nach Mitteldeutschland gelangt zu sein, das sich dem Ankömmling aus Berlin in Wittenberg, ja schon in Jüterbog, mitzuteilen pflegt. Dort freilich mag es durch architektonische Eindrücke mitbestimmt sein, denn da zuerst begegnet man stattlichen Kirchen aus natürlichem Stein, und der Verbindungsbogen zwischen den Türmen hat nichts Märkisches mehr.

Nirgends ist in Heidelberg der Natur Gewalt geschehen. Die Stadt hat ihre Form getreulich von der Beschaffenheit des Geländes empfangen, das gibt ihr einen Charakter gesättigter Harmonie. Ihre Richtung ist die Länge, ihre Achse entspricht dem Lauf des Flusses; außer, über der Stadt steht das Schloß. Es tut so wohl, wieder und wieder die unendliche Hauptstraße entlangzuschlendern und sich zu freuen an ihrem natürlichen Sinn für heitere lind schickliche Maße, an den guten Häusern mit den hellfarbigen, hölzernen Fensterläden. Allenthalben gucken Berge und Gärten grün in sie hinein, aus den schmalen Quergassen, die an die Berglehne oder zum Neckar führen und in warmen

Sommernächten von Grillen durchzirpt werden. In ihrer Lage zwischen waldigen Bergzügen und Flußbett mag sie wie eine verjüngte und städtische Wiederholung der Bergstraße anmuten.

Ich liebe die Städte, in die man nicht unversehens hineingerät als in ein wirres Gehäuft, sondern die man durch einen Eingang betritt wie ein Haus, ein wohnliches Zimmer. Heidelberg hat zwei solcher deutlicher Ein- und Ausgänge, das Karlstor, das mit seinem vollen, allzuvollen Namen Karl-Theodor-Tor heißt und den Zugang zur Stadt von der Schlierbacher Landstraße gewährt, und das Brückentor der Neckarseite, dessen »edle Würde« Goethe gerühmt hat. Gern habe ich diese Brücke überschritten und vom rechtsufrigen Philosophenweg den Blick auf Schloß und Stadt genossen.

Philosophen- und Poetenweg haben mir manches Kopfzerbrechen bereitet. Fragt man einen Heidelberger, so erklärt er einem mit Sicherheit, des anmutigen Weges Bezeichnung rühre daher, daß hier dieser oder jener Heidelberger Gelehrte – etwa Kuno Fischer, doch werden auch andere Namen genannt – ambulatorisch sein philosophisches Geschäft ausgeübt habe; andere indessen verweisen auf das Königsberger Vorbild und sehen in der Heidelberger Namensgebung eine Nachwirkung des Kantianismus. Tatsächlich liegt der Gedanke nahe, der nach der Feste Friedrichsburg führende Königsberger Philosophenweg, durch Jahrzehnte Kants regelmäßiger Nachmittagsspaziergang, auf dem nach seinem eigenen Zeugnis die Grundgedanken seiner Kritik der reinen Vernunft entstanden, habe das Vorbild abgegeben. Allein da erhebt sich der überraschende Umstand, daß der genannte Königsberger Spaziergang schon in vorkantischer Zeit den Namen eines Philosophendammes oder Philosophischen Weges geführt hat. Ein Philosophenweg bei Riga wird als der regelmäßige Spaziergang Herders und Hamanns bezeichnet. Selbst die kurländische Hauptstadt Mitau hat einen solchen. Ich weiß nicht, ob er auf den Tausendkünstler Cagliostro zurückgeht oder auf die Professoren des universitätsähnlichen Gymnasium Illustre. Wer aber ist den Philosophenweg des ostpreußischen Heiligenbeil gewandelt? Noch rätselhafter wollen die Poetenwege erscheinen. Der Leipziger leuchtet ein. Wer jedoch ist der Poet von Riesa? Zu Schiff von Meißen gekommen, füllte ich in diesem sächsischen Städtchen die Stunden bis zum Abgang des Berliner

Zuges mit müßigem Umherschlendern aus und geriet verwundert in einen »Poetenweg«. Einem Poetensteig begegnete ich in der pommerschen Bischofsstadt Cammin; die Einheimischen konnten mir nichts darüber sagen, welche Poeten hier gestiegen sind. Zum Vergnügen des Reisens gehört der gelegentliche Versuch, sich von Zusammenhängen solcher Art eine spielerische Rechenschaft zu geben, während man sich atemholend für eine Weile von der Bezauberung der Linksneckarlandschaft abwendet oder bei der guten Tante Ritzhaupt Kaffee trinkt.

Heidelberg, Brückentor und Heiliggeistkirche

Heidelberg will mehr als eine Stadt der Poeten erscheinen denn der Philosophen. Im Stückgarten des Schlosses fand Goethe den morgenländischen Baum »Gingo biloba«, dessen doppelteilige Blätter zu einem anmutigen und tiefsinnigen Gedicht des Westöstlichen Diwans den Anlaß gaben. In der Schenke zum Faulpelz unterhalb des Schlosses haben Arnim, Brentano, Eichendorff miteinander gesessen, in Heidelberg erwuchsen »Des Knaben Wunderhorn«, die »Trösteinsamkeit«, Görres' »Teutsche Volksbücher«. Drei Jahrzehnte nach dieser Heidelberger Studentenzeit schrieb Eichendorff den Roman »Dichter und ihre Gesellen«. Er zieht den Vorhang der Jahre zur Seite, sein Buch beginnt mit einem Blick der Liebe auf die Stadt der romantischen Jugendtage: »In den letzten Strahlen der Abendsonne wurde auf der grünen Höhe ein junger Reiter sichtbar, der zwischen dem Jauchzen der Hirten und heimkehrenden Spaziergänger fröhlich nach dem freundlichen Städtchen hinabritt, das wie in einem Blütenmeere im Grunde lag. Er sann lange nach, was ihn hier mit so altbekannten Augen ansah, und sang immerfort ein längstverklungenes Lied leise in sich hinein, ohne zu wissen, woher der Nachhall kam. Da fiel es ihm plötzlich aufs Herz: Wie in Heidelberg lagen die Häuser da unten zwischen den Gärten und Felsen und Abendlichtern, wie in Heidelberg rauschte der Strom aus dem Grunde und der Wald von allen Höhen! So war er als Student manchen lauen Abend sommermüde von den Bergen heimgekehrt und hatte über die Feuersäule, die das Abendrot über den Neckar warf, in die duftige Talferne gleichwie in sein künftiges, noch ungewisses Leben hinausgeschaut.«

Nun, Heidelberg ist längst kein romantisches Waldstädtchen mehr, es hat Fremdenverkehr und Industrie, in der Neckarebene auf Mannheim zu starren die Schlote zum Himmel. Und dennoch besteht Eichendorffs wundersame, vom geheimen Schmerz um die verlorene Jugend durchzitterte Schilderung noch heute zu Recht, denn sie meint ja nicht Leib und Gewand, sondern die Seele dieser Stadt. Und alles Reisen hat ja nie einen anderen Sinn gehabt, als den einen: daß wir hinter dem, das sich unseren Augen zur Schau stellt, das verborgene Herz eines Erdfleckens hervorspüren.

Heidelberg, Neckar und Schloß

Dichter, Goldmacher, Mönche

Nicht weit von Heidelberg zieht sich oberhalb der Stiftsmühle am Neckar vor der eigentlichen Bergkette eine wiesengrüne, niedrigere Vorhöhe hin. Sie trägt ein reizvolles, ummauertes Anwesen, das kleine Kirchlein mit dem rührenden, schüchternen und doch so helltönigen Turm und das Wohngebäude im guten und gastlichen Herrenhausstil des vorvorigen Jahrhunderts. Hohe alte Bäume neigen sich über die Gebäude, die gelblichen Mauern mit Türmen und Bastionen leuchten in der Mittagssonne. Das ist Stift Neuburg. Ich lasse mein Fahrrad im Garten der Stiftsmühle stehen und steige hinauf.

Die Benediktiner von Lorsch haben weithin gebaut; die feste Starkenburg oberhalb von Heppenheim an der Bergstraße ist ihr Werk, das wehrkräftige Schloß Auerbach über dem gleichnamigen bergsträßischen Städtchen will man ihnen zuschreiben. Neuburg am Neckar haben sie errichtet nicht als Trutzburg zur Sicherung ihres Landbesitzes, sondern als Tochterkloster. Späterhin haben eine Weile Nonnen hier gesessen, dann war es ein Damenstift, und von daher schreibt sich die noch heute gebräuchliche Bezeichnung »Stift«, an deren Stelle jetzt eigentlich von »Abtei« zu sprechen wäre. Im Anfang des vorigen Jahrhunderts wurde Neuburg ein weltlicher Besitz; als ein solcher ist es durch fünf Vierteljahrhunderte ein Strahlen anziehender, Strahlen sammelnder, Strahlen aussendender Geistesort gewesen.

Im Jahre 1826 erwarb das Anwesen Goethes Rechtsbeistand, der Gelehrte, Dichter, Sammler und Übersetzer Friedrich Heinrich Schlosser, ein Neffe jenes Schlosser, der Goethes Schwester Cornelia geheiratet hatte. Die Räume füllten sich mit Kunstschätzen, Maler und Dichter gingen aus und ein, alle die großen Namen der nazarenischen, der romantischen Generation sind Gäste dieses immer offenen Hauses gewesen: Karl Maria von Weber, die Maler

Overbeck, Veit, Cornelius und Steinle; Brentano, Tieck, Justinus Kerner, Wilhelm von Humboldt, Görres, Kreuzer, Friedrich und Dorothea Schlegel. Goethes Enkel waren hier zu Gaste, und alljährlich erschien bis in ihr hohes Alter Marianne von Willemer, die in Frankfurt und Heidelberg den fast siebzigjährigen Goethe noch einmal Frühlingshauch und Sonnenbrand hatte erfahren lassen; auf Stift Neuburg hat sie sich zum ersten Male dazu bekannt, Urbild der Suleika und Verfasserin einiger der herrlichsten Diwangedichte zu sein.

Heppenheim, Rathaus

Schlosser starb 1852, seine Frau ein reichliches Jahrdutzend später. Das Stift ging auf die verwandte Familie der Freiherren von Bernus über. Der letzte Stiftsherr, ein dichterischer Nachfahre und zugleich geisterhafter Zeitgenosse jenes längst abgeschiedenen Romantikergeschlechts, dessen Zeugnisse und Dokumente er mit inniger Treue sammelte und bewahrte, hat noch einmal den irrlichterisch zuckenden Glorienschein eines phantastischen Dichter-, Schatzgräber- und Goldmacherquartiers über das alte Stift geworfen, die Überlieferungen des Ortes hütend, mehrend, lebend. Der Kreis der Dichter und Maler, der sich hier einfand, umschloß unter vielen anderen Stefan George, Rilke, Gundolf, Mombert, Trübner, Lechter, Rolf von Hoerschelmann, Kubin, Preetorius, den 1916 gefallenen Karl Thylmann. Es war die letzte Zeit vor dem großen Kriege. »Wer sie miterlebte«, so berichtet einer der Getreuen von Stift Neuburg, »wird die Jahre nie vergessen, da Dichter und ihre Gesellen gemeinsam an einer Stätte feierten, die wie keine andere dafür geschaffen war. Welch ein Glück, unter den Bildern der geistigen Ahnherren dieselbe Luft zu atmen, die sie umweht hatte. Zu schwärmen, sei es in begeisterter Rede und Vorlesung im Haus und dunkel verwachsenen Park, sei es in der strahlenden Sonne des Schwimmbades oder im Schatten gotischer Zellen, schattenspielend oder schatzgrabend! Die von wildem Wein und Efeu überfluteten Ecktürme, die alten, tief ins Tal abfallenden Mauern, sie wurden zum fortwährenden Schauplatz erlebter Poesie. Hier wurden Bücher gedichtet, aufgeführt und illustriert, unendliche Pläne geschmiedet und manche ausgeführt.«

Die Jahre der großen Verarmung rissen Lücken in die Kostbarkeiten der Sammlungen und der Bibliothek; zuletzt aber mußte auch das Unbewegliche des herrlichen Besitzes mit der ganzen Ökonomie aus jenen Händen gegeben werden, die es so herzlich gehütet hatten. Da tröstet es, zu wissen, daß dies Erbe nicht von einem gefräßigen Textilwerk oder Steinbruch angetreten wurde, sondern von jenen, die vor achthundert Jahren diese Stätte erschufen. So hat der Ring sich geschlossen, das Bewegte kehrt heim in die Ruhe seines Ursprungs. Hundert Jahre nachdem Rat Schlosser Neuburg erwarb, zogen wiederum Benediktiner ein. Diese Wiederanknüpfung ging von Beuron aus, das Stift wurde zur Abtei erhoben, und um die kleine Niederlassung des geist- und kunstliebenden Ordens schart sich heute abermals eine Gemeinschaft, die weit hinaus über das Neckartal ausstrahlt. Ihr Führer ist Adalbert von Neipperg, der Neuburger Abt, und das »Wort in der Zeit«, das von hier ausgeht, findet willige Hinnehmer.

Stift Neuburg

Der freundliche, kenntnisreiche Pater Placidus führt mich durch die Räume. Von den reichen Kunstschätzen aus Neuburgs großer Zeit gelangte vieles nach Mainz, nach Heidelberg, anderes nahm der letzte Stiftsherr mit sich. Immerhin blieb noch genug zurück, um einen Begriff vom Umfang des ehedem Vorhandenen zu geben. Pietätvoll und in manchem der Geistesrichtung eines Ortes nahestehend, in welchem Schlosser sich um kirchliche Kunst, kirchliche Dichtung aller Jahrhunderte gemüht hat, haben die neuen Bewohner des Hauses die Eigentümlichkeiten der Stätte erhalten, soweit sie nicht zu ihren Bedürfnissen und Zwecken in unmittelbarem Gegensatz standen. Die Bibliothek ersteht neu. Die kleine Kirche, ehemals durch eine Zwischenwand geteilt und als Laboratorium benutzt, ist mit Bescheidenheit hergestellt worden, voll jenes reinen Sinnes für Kunst- und Raumwirkungen, der für die Benediktiner von Beuron so kennzeichnend ist. Eine vielerzählte, aber unverbürgte Anekdote besagt, der letzte Erbe des Stifts habe in den Vertrag eine Klausel gesetzt: daß nämlich der Orden verpflichtet sei, ihm ein Jahr lang ein Rückkaufsrecht aufzubehalten für den Fall, daß ihm innerhalb dieser Frist das Geheimnis des Goldmachens sich entschleiern sollte. Ich fragte den Pater, er erklärte lächelnd, von einer solchen Klausel keine Kenntnis zu haben. Wir gehen durch die Baulichkeiten und Anlagen. Die heiße, gelbe Sonne der Südseite liegt auf den Blumen- und Gemüsegärten. Hier mag früher der antike Fruchtbarkeitsgott gestanden haben, den der Dichter, gleichwie seinen ganzen Garten und Park, in glücklichen Versen besungen hat. Das von ihm angelegte Schwimmbad dient den Mönchen zur Erquickung, auf dem Rasen tummeln sich Kinder, die allmorgendlich in großen Autobussen aus Heidelberg in das von den Benediktinern geschaffene Tageserholungsheim gebracht werden. Wir kommen in den verwunschenen, verwilderten Park mit Weiher, Wasserfall, Bach und Mauern, durch den grüngoldigen Schatten riesiger, in eine alte Waldherrlichkeit zurückgefallener Bäume. Die romantische Suggestion der Örtlichkeit ist noch heute stark. Es will gesetzlich und notwendig scheinen, daß dies nachblühend bis in unsere Tage die letzte Burg der Romantik wurde. Und der Weg scheint nicht weit von dem Konvertiten Schlosser, von dem Ehepaar Schlegel, von Brentano, Steinle, Veit, Lind, Overbeck bis zu den Männern vom Orden des heiligen Benedikt.

Die beiden Wimpfen

Von dem württembergischen Städtchen Jagstfeld fahre ich durch eine abendlich vergoldete Landschaft über den Neckar. Wie hätte ich denken dürfen, daß der graue Asphalt der Straße solchen Glanz geben könnte? Glattgeschliffen von zahllosen Reifen, spiegelt er die Goldflut des Himmels. Wie goldene Dunstschleier wogen die Schwärme der Neckarschnaken vor mir her. Schwarz vor dem lichten Himmel steht unabänderlich, unvergeßbar in der Höhe der Schattenriß einer türmigen Stadt. Das ist Wimpfen am Berg. Der Neckar strömt hier nicht mehr im engen Tal, sondern in der Ebene, richtiger: an der Ebene, denn auch hier liegt dem steilbergigen Westufer ein flaches Ostufer gegenüber. Wimpfen, ganz von württembergischem und badischem Gebiet umschlossen, gehört zu Hessen. Von Norden kommend, bin ich trotzdem versucht, es als schwäbisch zu empfinden und zu bezeichnen. Denn dies Wort meint ja nicht nur die Zugehörigkeit zu einem Stamm und Gebiet, es drückt zugleich eine bestimmte seelische Anschauung aus. So erneuerten Tieck und seine Zeitgenossen die »Minnelieder aus dem schwäbischen Zeitalter«, unter welchem die Epoche der Hohenstaufenkaiser und der dichtenden Ritter verstanden wurde; schwäbisch in diesem Sinne heißt altdeutsch, heißt romantisch gesehenes Mittelalter.

Ich führe mein Rad bergan; gleich hinter dem Stadttor, in der Traube, kehre ich ein. Die krummen, abenteuerlich verzogenen Gassen, die steinernen Treppen füllen sich mit Dämmerung. Adler- und Löwenbrunnen rauschen; in den mächtigen Wasserbecken stehen riesige, badewannengroße Holzbütten zum Wässern: Die Mostzeit ist nahe. Ich streife durch die abendliche Stadt, um Kirchen und Wehrbauten und bröcklige Wappen und treuherzige Urväterhäuser; es ist, als gebe die näherkommende Nacht geheimnisvolle Schauer frei, die hinter der Traulichkeit der spitzgiebeligen Bürgerbauten sich aufzurecken beginnen. Unbeschreiblich deutsch ist der Ort, ist die Stunde. Ich komme an die romanischen Arkaden der Kaiserpfalz, das düstere und wilde Hohenstaufentor. Hier ist es uralt, Traulichkeit, Einsamkeit und Drohung wohnen nahe beieinander in diesem Abend. Leere, einsame Plätze umgeben die Pfalz, hart nebenan aber ist nachbarliches Geplauder, Pfeifengebrutzel und Kindergeschrei in den dunkelnden Stadtgassen. Ich sitze auf einer Mauerbrüstung des Kaiserschlosses, unten schimmert geruhig der Neckar. Kirchenglocken läuten den schon herbstlichen Abend ein, Jagstfeld und Wimpfen im Tal stimmen mit ihren Glocken zu. In der Ferne rumpelt eine Eisenbahn. Jenseits des Flusses, in der dämmerigen Ebene, viel zu weit, als daß ein Laut hörbar werden könnte, huschen Lichter wie stumme Irrwische, sind es Kraftwagen, sind es Fahrradlaternen? Kupferrot glühend steigt der Mond flußaufwärts in die Höhe, er nimmt eine sanftgoldene Honigfarbe an, wird ferner und kleiner, die Gassen und Plätze strömen von Silber über. Da will sich in mir die Vorstellung festsetzen, diese Stadt mit dem weiten Flußlande zu ihren Füßen berge ein Geheimnis, wolle etwas ganz anderes bedeuten, als sie vorgebe. Sie ist die Verhüllung eines Dämons, das Inkognito von etwas Ungeheuerem und Unaussprechbarem.

Wimpfen, Kaiserpfalz

Die Nacht ist böse, von Schnakenstichen durchlöchert. Im milden Sonnenlicht des Vormittags spricht das Anheimelnde der Stadt sich noch inniger aus, ohne daß sie an Großartigkeit einbüßte. Auf dem holperigen Marktplatz spielen Kinder unter breitschattigen Platanen um den Sandsteinbrunnen mit dem leeren Wasserbecken. Dahinter steht erhöht die spätgotische Stadtkirche mit den gertenschlanken Türmen. Fünfmal kehrt an ihr die Fensterrose wieder, in der Gestaltung des Maßwerkes manchmal an ein brennendes oder blühendes Rad erinnernd. Man pflegt die Fensterrose als das Sinnbild der Verschwiegenheit zu deuten, insbesondere des Beichtgeheimnisses, und die Redewendung »sub rosa« hat hier ihren Zusammenhang. Nun gibt es aber noch eine andere Deutung, welcher ein Zug von religiöser Großartigkeit eignet, voll eines Hineinwirkens uralter Seelenvorstellungen. Solche Fenster nämlich werden auch als »oculi mortuorum«, als Totenaugen bezeichnet, und es ist die Meinung gewesen, die hinter der Kirche Bestatteten vermöchten auf eine geheimnisvolle Weise durch diese Fenster des Anblicks der heiligen Messe teilhaftig zu werden.

Gegenüber der Kirche, unter einem säulengetragenen Holzdach in der Höhe eines zwei-, ja dreistöckigen Hauses steht die mächtige steinerne Kreuzigungsgruppe des Kalvarienberges, als Grabdenkmal einer Wimpfener Familie geschaffen von Hans Backoffen, einem Meister der großen Blütezeit deutscher Plastik, Zeitgenossen des Stoß, Kraft, Vischer und Riemenschneider. Die Jahrhunderte haben das kraftvolle Werk arg beschädigt, aber durch allen Verfall strahlt eine reiche und leidenschaftliche Schöpferkraft. Die Formen sind rund und voll, nicht ohne Weichheit; der gute Schächer zu Christi rechter Seite ist nackt und riesenbärtig, der andere hoffärtig geputzt mit all dem geschlitzten junkerlichen Kleiderprunk seiner Zeit. Rührend liegt eine verlorene Taubenfeder, im Winde zitternd, in der rechten Hand der trauernden Maria, wie eine verflogene Seele, die hier ihre Zuflucht nimmt.

Wimpfen im Tal, Kreuzgarten der Stiftskirche

Wimpfen mit seiner hohenstaufischen Kaiserpfalz hat Barbarossa, Friedrich II. und seinem unglücklichen Sohne Heinrich zur Hofhaltung gedient. In diesem Heinrich, blutjungem König und Regenten, scheint ein Aufbegehren der deutschen Erde gegen des Vaters mittelmeerische Weltmachtpolitik Gestalt gewonnen zu haben. Unerfahren und schlecht beraten, in vielen Wesenszügen an den jungen Heinrich IV. erinnernd, warf er empörerisch gegen den Vater Panier auf. Der Vater erschien in Deutschland, der Aufruhr zerstob. Von allen Anhängern verlassen, wollte Heinrich sich in Wimpfen dem Kaiser und Vater zu Füßen werfen, der Kaiser, der Vater, ließ ihn nicht vor. Erst in Worms, wo er mit der schönen Isabella von England seine funkelnde Hochzeit hielt, es war die dritte, duldete er den Kniefall seines Erstgeborenen. Doch verzieh er ihm nicht, Heinrich blieb sechs Jahre ein Gefangener süditalischer Kastelle, bis er freiwillig aus dem Leben ging, ohne Klage und Reue. Es wäre unziemlich, hier auf gemeiner Waage Schuld gegen Schuld rechnerisch halten zu wollen. Der Wimpfener Vorgang, tief erschütternd bei all seiner weltgeschichtlichen Folgenlosigkeit, berührt wie die einzige erhaltene Szene eines großen verlorengegangenen Trauerspiels.

Die Kaiserpfalz, die in ihrer ursprünglichen Anlage wohl zu den größten mittelalterlichen Stadtburgen rechnen darf, stellt sich heute nicht mehr als geschlossene, von der Bürgerstadt mit Deutlichkeit abgesetzte Baugruppe dar; allerlei Wohn- und Wehrbauten haben sich hineingeschoben. Unversehrt stehen der östliche und der westliche Bergfried, als Roter und Blauer Turm bezeichnet, jener schlankspitzig und mit Ecktürmchen gekrönt, dieser von ungefüger Stämmigkeit, wie ein Faß von vier ungeheuerlichen, rundum laufenden Eisenklammern zusammengehalten. Ich denke mir, er mag den Namen haben von der Verkleidung des Helmes, zu ihr hat der hierzulande seltene Schiefer gedient. Die romanische Pfalzkapelle ist wiederhergestellt. Einen reinen Begriff von der einstigen Pracht aber gibt die heute in die Stadtmauer eingeschmolzene Pallaswand mit ihren schönen Säulenarkaden über dem bewaldeten, steil zum Neckar abfallenden Hang.

Jetzt, im Tageslicht, geht der Blick von hier oben über den gewundenen Fluß auf die Berggruppen der Ferne, auf Städtchen und Burgen des Götz-von-Berlichingen-Landes und die fruchtbare Fläche, die den schönen Namen der Deutschherrischen Ebene trägt; er schreibt sich gleich dem des Deutschen Ecks zu Koblenz von den Besitzungen der Deutschen Herren her, das ist des Deutschen Ordens. Wo ich seinen Niederlassungen begegne, in Koblenz, Wetzlar, Marburg, Mergentheim, Neckarsulm, da fühle ich mich in einem merkwürdigen Sinne heimatlich angeredet, denn das Ostland, in welchem ich zu Hause bin, ist ja das alte Land der Deutschen Herren.

Die Stadtkirche, die Heiliggeistkirche, das Dominikanerkloster mit seinem Kreuzgang sind für Wimpfen am Berg ein bedeutungsvoller Schmuck. Wimpfen im Tal aber hat an seiner Kirche ein Gebäude vom Rang eines großen Denkmals. Wimpfen im Tal ist nicht, wie man meinen sollte, ein unten am Fluß gelegener Stadtteil. Es ist ein Ort für sich, durch eine Strecke freien Landes von Wimpfen am Berg geschieden. Das ganze Rechteck des Marktfleckens wird ebenmäßig von Mauern umzogen, es gibt keine Ausbuchtungen und Vorsprünge, der ebene Boden hat nirgends ein Abweichen von diesem merkwürdigen Regelmaß bedingt. Ein oberes, ein unteres Tor, beide im Zuge der Landstraße, führen herein und hinaus, und in diesem kleinen, dorfartigen, von einem halben Tausend Menschen bewohnten Ort steht herrlich und einsam die Kirche des Ritterstifts zu St. Peter und Paul. Noch sind die Fundamente des uralten Zentralbaus kenntlich, noch hat die Westfassade die wunderbare Reinheit ihrer romanischen Formen bewahrt. Und dazu gesellt sich der noch zögernd hingenommene Reichtum der ersten gotischen Zeit, eine frühe Vorblüte des großen Sommers mittelalterlicher Baukunst. Die Zeitgenossen mögen herbeigeströmt sein, um noch zurückhaltend oder schon bezwungen das Neue, das Umstürzende dieser Bauweise auf sich wirken zu lassen. Die Aufzeichnungen der Bauzeit heben hervor, daß der Meister, in welchem man heute einen Vorläu-

Wimpfen, Adlerbrunnen

fer des großen Straßburgers Erwin erblicken möchte, damals frisch aus Frankreich gekommen sei; seinen Namen weiß niemand; als einer der ersten hat er dem neuen Geist das Heimatrecht in Deutschland erworben.

Vor der Kirche liegt ein großer Platz, unter Linden und Kastanien stehen grünumwuchert die barocken Häuser der Stiftsherren. Wimpfen im Tal hat noch eine zweite Kirche außerhalb des Ortes inmitten der Sträucher und Bäume des Friedhofs. In diesem Gotteshaus, dessen Name »Cornelienkirche« auf die Römerzeit zurückgeführt wird, hat Tilly seinen Kriegsrat gehalten, ehe er die blutige Schlacht bei Wimpfen wagte; an diesem Maitage schlug er den kriegskundigen Markgrafen Georg Friedrich von Baden. Die fromme Legende aber weiß es anders. Tilly, so heißt es, sei vor Beginn des Kampfes bei den Wimpfener Dominikanern vor dem Muttergottesaltar niedergekniet und so innig in sein Gebet entrückt worden, daß alles Irdische hinter ihm blieb, alle Zeit ihm hinschwand. Da trat ein Engel an seine Stelle; in Tillys Gestalt gewann er für ihn den Sieg.

Der heilige Brunnen

Links des Neckars fahre ich auf Heilbronn zu. Der Tag ist sonnig, die Straße geht zwischen Wiesen, Äckern und Obstbäumen hin. Das Auge kehrt häufig zu einem langgestreckten, weithin sichtbaren Berge jenseits des Flusses zurück; es ist der Wartberg, ein Merkzeichen der Heilbronner Gegend, bei aller Höhe sanft, ja zärtlich ansteigend, über und über mit Weingärten bedeckt.

In den Aufzeichnungen von seiner Schweizerreise sagt Goethe über Heilbronn: »Die Stadt ist ihrer glücklichen Lage, ihrer schönen und fruchtbaren Gegend nach, auf Garten-, Frucht- und Weinbau gegründet.« Der gefühlsmäßige Unterton dieser Worte muß sich auch heute noch jedem Näherkommenden mitteilen, und so steht Goethes Kennzeichnung immer noch in Geltung, obwohl das Leben Heilbronns längst von Industrie, Handel, Verkehr stärker bestimmt wird als von allem Wachstum des Bodens. Ich komme an einen breiten, sauber gefaßten Kanal, es ist ein Teil des Schiffahrtsweges, der einmal Rhein und Neckar, vielleicht auch Donau miteinander verbinden soll. Hier am Hafenrevier hat das neue, das industrielle Heilbronn seine Niederlassung gefunden. Über Flußarme und -ärmchen geht es in das alte.

Ich habe Heilbronn erst im Mannesalter kennengelernt; in meiner Jugendzeit konnte ich es mir nicht anders denken denn als Rahmen für Götz von Berlichingen und das Käthchen. Früh gewonnene Vorstellungen solcher Art graben sich oft fürs Leben ein; auch heute schimmert mir die Götz- und die Käthchenstadt allenthalben verwirrend durch, so sehr auch ein Jahrhundert industrieller Entwicklung das Bild des altreichsstädtischen Gemeinwesens gewandelt hat. Heilbronn muß noch zur Goethezeit als Ganzes entzückt haben; heute entzückt es in Einzelheiten.

Der von manchem Reisenden mitgebrachte Argwohn, es möchte sich mit dem Käthchenhause ähnlich verhalten wie mit dem Vaterhause der Julia

Capuletti und mit der »tomba di Giulietta« zu Verona, ist nicht ganz unbegründet. Am Marktplatz zeigt man ein altertümliches Erkerhaus als Wohnung des Heilbronner Reichsschultheißen. Der letzte Träger dieses Amtes, das 1802 mit dem Untergang der heilbronnischen Selbständigkeit und dem Anfall der Stadt an Württemberg erlosch, hieß Kornacher; an seiner Tochter haftete die unheimliche Auszeichnung jener nachtwandlerischen Gabe, an der Kleist sich entzünden sollte.

Heilbronn, Kilianskirche

Eine schöne Note von Lebendigkeit trägt in das Heilbronner Stadtbild das Miteinandersein gotischer und renaissancehafter Bauformen. Das gilt von dem stattlichen Rathause mit der gernbewunderten Kunstuhr, und das gilt in einem höheren und reicheren Sinne von St. Kilian, der Hauptkirche Heilbronns, auf deren gotischem Leibe der edle, kräftige und schmuckreiche Turm der jungen deutschen Renaissance steht. Auf der Spitze trägt er das »Mändle«, einen Kriegsknecht mit dem Reichsadlerbanner. Den höchsten Punkt ihrer Stadt hatten die Heilbronner der Reformationszeit gewählt, um dies stolze Sinnbild der Reichsunmittelbarkeit und aller von ihr geforderten Bürgertugend aufzurichten. Und doch gipfelt Heilbronns künstlerischer Ruhm nicht in diesem Turm, sondern in dem holzgeschnitzten Hochaltar von St. Kilian. Gestalten wie den vier Doktoren der Kirche, Gregorius, Hieronymus, Ambrosius und Augustinus, hat die deutsche Plastik mancher Jahrhunderte nicht viel an die Seite zu setzen.

An dem Ort dieser Kirche haftet der Ursprung der Stadt. Hier floß die Quelle, der heilige Brunnen, von dem sie den Namen trägt. In heidnischen und christlichen Zeiten wurde dies Wasser verehrt, im sechzehnten Jahrhundert erhielt es eine schöne und zweckmäßige Neufassung; heute ist es verschüttet, aus Rücksicht auf die Anforderungen des Verkehrs. Kein Vergang kann deutlicher als dieser die gänzliche Herzensverödung, die Aushöhlung allen Lebens darstellen, die vom Jahrhundert der Wirtschaft, der Naturwissenschaft, der Zweckmäßigkeit heraufgeführt wurde. Kein Negerstamm wäre imstande, das Heiltum und Symbolbild seines Gemeinwesens zu zerstören, damit etwa eine Karawane für die Länge eines Steinwurfes einen bequemeren Weg habe. Wende man nicht ein, ein altes Wahrzeichen, das romantischen Gemütern mit Recht wert sei, habe, was gewiß ein Bedauern verdiene, realen Notwendigkeiten weichen müssen. Romantische Requisiten mögen fallen, wir trauern ihnen nicht unnötig nach. Aber eben daß die Ursprungsquelle eines Gemeinwesens – die Heiden hätten gesagt: seine Gottheit – zu einem romantischen Requisit absinken konnte, statt eine grundsetzende, wirkende und unverrückbare Tatsache zu bleiben, das ist das Ärgernis, in welchem der Urteilsspruch über ein götterlos gewordenes Zeitalter beschlossen liegt.

Weinsberg

Bald durch kühlende Waldung, bald zwischen Weinbergen auf schattenloser, sonnenheißer Straße habe ich das jeder Zuneigung werte Weinsberg erreicht. Die schön geformte, einzeln stehende Kuppe über der Stadt trägt die Burgruine Weibertreu; an ihren Abhängen wächst der freudenreiche Weinsberger Wein. Die brennende, rebenkochende Sonne macht mir den steilen Aufstieg sauer. Hier haben die getreuen Weiber ihre Männer zu Tal getragen. Ich wünschte, eine gute Frau übte das Umgekehrte an mir; aber eine bescheidentlich vorgebrachte Bitte an die anmutigen Schwabenmädchen einer wandernden Stuttgarter Oberklasse trägt mir außer einigen verstohlenen Winken nur einen strengen Blick der Lehrerin ein.

Herrlich und befreiend ist der Ausblick: von den Burgtrümmern auf die wein- und waldbedeckten Kuppen, auf die Höhenzüge des Mainhardter Waldes und die Löwensteiner Berge in allen Abschattungen der grünen Farbe. Die Burg Weibertreu hat jene denkwürdige Belagerung, bei der zum ersten Male das Feldgeschrei »Hie Welf! Hie Waibling!« erschollen sein soll, um fast vier Jahrhunderte überlebt; erst im Bauernkriege wurde sie zerstört. Daß die Ruine nicht gänzlich abgetragen wurde, verhinderte die unermüdliche Tatkraft Justinus Kerners, der heute noch als eigentlicher Patron der Burg und der Stadt erscheint. Auf ihn geht die Wiederherstellung und Zugänglichmachung des offenen runden Turmes über dem Burgverließ zurück; er hat die drei Äeolsharfen gesetzt und noch in seinem Testament für ihre Erhaltung gesorgt. Woher auch der Wind komme, immer regt er ein leises elegisches Getön auf, wehmütige und geisterhafte Klänge, die den Hörer begleiten bis in den Traum der Nacht.

Es hat sich hier die Sitte gebildet, Mauersteine mit den Namen berühmter Besucher der Ruine zu bezeichnen; unmöglich, all die Könige, Fürsten und

Dichter aufzuzählen, es sind die klingendsten Namen eines Jahrhunderts. Auch zahlreiche Verse von Kerner und seinen Freunden finden sich auf dem Äeolsharfenturm. Manche von ihnen knüpfen an Schwermut und Ahnungsfülle der Harfentöne an, so Lenaus Worte:

»Winde hauchen hier so leise
Rätselstimmen tiefer Trauer«

und sein wie ein Naturgebilde vollkommenes Gedicht:

»Leise werd ich hier umweht
von geheimen frohen Schauern,
gleich als hätt ein fromm Gebet
sich verspätet in den Mauern.

Hier ist all mein Erdenleid
wie ein trüber Duft zerflossen.
Süße Todesmüdigkeit
hält die Seele hier umschlossen.«

Weinsberg und die Weibertreu

In der beginnenden Dämmerung steige ich hinab in das liebe, behagliche Städtchen, zu den schweren, breitfrontigen Spitzgiebelhäusern und der schönen Stauferkirche, von der es heißt, Konrad III., erster Kaiser des hohenstaufischen Hauses, habe sie aus Dankbarkeit für den Weinsberger Sieg über die Parteigänger Heinrichs des Löwen errichtet.

Am nächsten Vormittag gehe ich zu dem Hause, das Justinus Kerner sich erbaut und mit seinem Rickele, seinen Kindern und unzähligen Gästen vier Jahrzehnte lang bewohnt hat. Unweit davon steht sein Denkmal, errichtet in den würdigen klassizistischen Tempelformen jener Zeit. Es trägt eine bronzene Reliefplakette mit Kerners Kopf. Die Inschrift nennt ihn »aegrotorum solatium, daemonum flagellum, musarum deliciae, dulce patriae decus« – »Trost der Kranken, Geißel der Dämonen, Wonne der Musen, anmutige Zierde des Vaterlandes«.

Das Haus wird gehütet von einer alten getreuen Seele. Sie führt mich von Raum zu Raum, sie ist ganz eins geworden mit allem Kernerischen; von Justinus' Sohn Theobald, der die Überlieferungen des Hauses bewahrte und fortsetzte, sagt sie: »Der Herr Hofrat isch in meine Arme gestorbe.« Das Haus spiegelt warm den Erbauer, den Dichter und Arzt, Geisterbeschwörer, Schattenspieler und Klecksographen, den liebenswerten, hilfsfreudigen Mann mit dem behaglichen Schwabenhumor und der mystischen Versinkung in alle Schauer des Grabes und der Mitternacht. Allein wie es bei musealen Einrichtungen leicht geschieht, das Detail drängt sich vor, und es wird einem bisweilen erschwert, unter der Fülle bloßer Gegenstände den Geist zu spüren, der sie einstmals belebte und ihnen allein den Sinn gibt. Unwillkürlich fällt die grandiose Leere von Beethovens Bonner Geburtsstübchen in mein Gedächtnis.

Da sind Erinnerungen an die Gäste und Freunde des Hauses, darunter das einzige Originalporträt, das es von Lenau gibt, da sind die Gerätschaften und der Hausrat von einst, Kerners geliebte Maultrommeln, zahllose Gemälde, allerhand Kuriositäten, wie sie dem Sammeleifer und der Spielfreudigkeit des Dichters willkommen waren: eine kleine, mit einer Sonnenuhr verbundene Kanone, die auf den Glockenschlag zwölf durch ein Brennglas zu selbsttätiger Entladung gebracht wird, Mesmers gravitätisches Doktordiplom, ein Blumen- und Ornamentenbild aus einem russischen Nonnenkloster, zusammengenäht aus einer Unzahl von Samenkörnern der verschiedensten Pflanzen. Tief berühren mich die Erinnerungen an Friederike Hauffe, die Seherin von Prevorst, die Kerner jahrelang beherbergt, behandelt, beobachtet hat; das Buch, das er über sie schrieb, gehört zu den stärksten Einwirkungen meiner Gymnasiastenzeit. Das posthume Porträt von Gabriel Max ist freilich grob auf den Effekt gearbeitet gleich seinem Bilde der Anna Katharina Emmerick, mag auch eine äußere Ähnlichkeit erreicht sein. Erschütternd wirkt dagegen mit dem scharfen Profil, der hippokratisch gespitzten Nase die kleine zeitgenössische Zeichnung, die ihm als Vorlage diente und in Kerners ehemaliger Studierstube hängt. Diesen Raum hatte er der Somnambulen auf Jahre abgetreten; hier steht der große Magnetisierapparat – wir Heutigen sagen Elektrisiermaschine, den Kerner nach ihren im Hochschlaf gemachten Angaben bauen ließ und der günstige Heilwirkungen auf sie übte. Noch zu Kerners Lebzeiten wurde ein Erweiterungsbau nach der Gartenseite hin angefügt. Er trägt ein großes, schon von der Straße her sichtbares Kruzifix mit einem Spruche, dessen Wahl für Kerner bezeichnend ist: »In der Welt habt ihr Angst, aber seid getrost, ich habe die Welt überwunden.« Der Garten stößt an die Stadtbefestigung. Einen halbverfallenen, ihr zugehörigen Turm kaufte Kerner an und ließ ihn im gotischen Geschmack der romantischen Zeit herrichten. Es ist derselbe, in welchem die Bauern den Grafen von Helfenstein bis an seinen martervollen Tod gefangen hielten. Lenau hat in diesem Turmgemach Teile seines »Faust« geschrieben, sein nächtliches Geigenspiel klang oft von hier über Garten und Mauer hin, und der abgebrauchte Name »Geisterturm«, den die Nachwelt dem Bauwerk: gab, scheint hier in seinem natürlichen Recht.

Außerhalb Weissbergs, dem Walde benachbart und verwandt, liegt der einsame Friedhof mit seinen hochstämmigen Bäumen. Zum Grabe führt mich freundlich eine uralte Frau, winzig und verhutzelt, die ich mit Rechen und Gießkanne beschäftigt fand. Zu Füßen einer mächtigen, von Efeu umsponnenen Tanne, in enger Nachbarschaft mit den Gräbern Kernerscher Familienglieder, liegt unter dichtem Farnkraut ein länglicher Stein mit der rührenden, von dem einsamen, erblindeten Witwer selbst angeordneten Aufschrift: »Friederike Kerner, gest. 1854 und ihr Justinus, gestorben 1862«. Diese

Grabschrift fügt sich zusammen mit einem Verse, den der gütige, bescheidene, die notwendige Schuld des Lebens immer bei sich und nie beim andern suchende Mensch an die Weibertreu knüpfte; mancher könnte ihm diese Worte nachsprechen:

»Getragen hat mein Weib mich nicht,
aber ertragen!
Das war ein schwereres Gewicht,
als ich mag sagen.«

Zwei Merkwürdigkeiten finden sich in der Nähe des Friedhofes, die zu Anfang dieses Jahrhunderts freigelegten Reste eines römischen Badehauses und die »Alte Linde«, bei welcher am Osterfest 1525 der Graf von Helfenstein, der die Weibertreu tapfer, aber vergeblich verteidigt hatte, trotz alles Flehens seiner Frau mitsamt seinen Kampfgefährten von den Bauern durch die Spießgasse gejagt wurde. Der Baum steht nicht mehr, an seiner Statt ist ein schmächtiges junges Bäumchen gesetzt worden. Wie unvorstellbar gewaltig die einstige Linde gewesen ist, das läßt sich an den weit auseinanderstehenden alten Steinsäulen abnehmen, die den Ort kreisförmig umgeben und mit ihrem Verbindungsgebälk den Ästen zur Stütze dienten.

Ich kehre in die Stadt zurück, um mich zur Weiterfahrt anzuschicken. Ehe ich aber auf mein Rad steige, lasse ich mir zum Frühstück ein Viertel Weinsberger geben. Vielleicht ist es Neugier, vielleicht eine halbbewußte Erinnerung an die Töne der Äeolsharfe, was mich veranlaßt, mir nach einem flüchtigen Blick auf die Speisekarte ein paar Saiten zu bestellen. Ich bin auf etwas zart violinisch Schwirrendes vorbereitet und erhalte zwei Würstchen, wie sie sonst unter der Benennung »Halberstädter« der alten Bischofs-, Gleim- und Kürassierstadt Ehre machen.

Den Neckar hinauf

Der Neckar ist ein Fluß der Städte, gleichwie Schwaben ein Land der Städte ist, der mittleren, kleinen und kleinsten; im nördlichen Deutschland entfällt auf etwa vierhundert Quadratkilometer je eine Stadt, im westlichen Industrielande auf zweihundert, in Württemberg auf einhundertdreißig. Kein deutsches Wasser hat so vielen Orten den Namen gegeben wie der Neckar: Neckargerach, Neckarsteinach, Neckargemünd, Neckarbischofsheim, Neckarmühlbach, Neckarzimmern, Neckarelz, Neckarsulm, Neckargartach. Das von ihm und seinen Zuflüssen durchströmte Gebiet ist zugleich das Land der zahllosen kleinstaatlichen Gebilde alter Zeit, deren Ohnmacht und Enge, deren Hader und Kleingier, deren Stolz und Kraft, lebensvolle Vielgestaltigkeit und mittelpunktgebende Kulturschöpfung sie zu einem eigentlichen Abbild aller deutschen Vergangenheit machen. Einem hohen Torfmoos entstammend, bald mühsam sich durch widerständigen Muschelkalk zwängend, bald im Gelände des nachgiebigen Keupergesteins weite beckenartige Auen bildend, endlich in heiterem Gleichmaß zur Ruhe kommend im Rhein, so offenbart er einen unaufzählbaren Reichtum deutscher Landschaftsgesichter. Schon in der ersten Hälfte seines Laufes, in einem Alter, da andere Flüsse nur kleine Bergorte spiegeln, hat er Städte ruhmvollen Namens: das gebieterische Rottweil, den Bischofssitz Rottenburg, das geistige Tübingen, Nürtingen, wo Friedrich Hölderlin im Arme der Götter großwuchs, das obstumwaldete Eßlingen, dessen altkriegerische Energien sich in friedliche Gewerbsamkeit wandelten, endlich die Hauptstadt Stuttgart, diese Stadt der Fülle, Anmut, Regsamkeit und fröhlicher Güte.

Von Heilbronn aus der Flußrichtung entgegenfahrend, finde ich an meinem Wege die inselhafte, felsige Neckarstadt Lauffen mit der karolingischen Pfalz und der Grabkirche der holdseligen Regiswind, die den Tod im Neckar trinken mußte und nun verehrt wird als ein Inbild der herzensreinen, der schuldlos leidensollenden Kindeseinfalt. Unter den Klosterruinen kam Hölderlin zur Welt; das Haus seiner Geburt hat das unselige Jahr 1918 niedergerissen. Er hat dieses ersten Heimatortes mannigfach gedacht, so mit Deutlichkeit in den Versen:

»Heilig ist mir der Ort, an beiden Ufern der Fels auch,
der mit Garten und Haus grün aus den Wellen sich hebt.«

Alle diese altbefestigten schwäbischen Orte, zwischen Weinbergen am Fluß, sind ihre Tage wert; aber in dem unendlichen Reichtum süddeutschen Landes werden ihnen nur Stunden oder gar nur Blicke zugewandt. Es begegnet mir am Einfluß der Enz das weinreiche mittelalterliche Besigheim, eng zwischen zwei Flüsse gedrängt, und nicht lange danach Bietigheim mit dem gewaltigen einundzwanzigbogigen Viadukt. Auf dem Torturm halten zwei gemalte Landsknechte das städtische Wappen, um die Uhr leuchtet in goldenen Ziffern die Zahl des Jahres 1364, in welchem Bietigheim die kaiserliche Bestätigung seiner Stadtrechte erhielt. Witzig und spitzig sitzt auf dem wuchtigen Rathause ein winziges Türmchen wie ein Gekicher. Bietigheim ist der Geburtsort eines Mannes, der zur Zeit Luthers den Ausbruch der Französischen Revolution von 1789 auf das Jahr genau voraussagte. Läßt Gott mir das Leben, so denke ich zu seiner Zeit und an seinem Orte von dem ungewöhnlichen Manne einen näheren Bericht zu tun.

Lauffen am Neckar

Über der rechtsufrigen Neckarböschung liegt das kleine spitzgiebelige Fachwerkstädtchen Marbach, von dem der große Feuerbrand des schwäbischen, des deutschen Landes ausgegangen ist. Als ein schönes Sinnbild dafür, wie sehr das Deutschtum aller Länder in seiner gemeinsamen Ergriffenheit vor dieser Flamme sich als eine neue Einheit erkannte, hängt im Turm der gotischen Alexanderkirche die Glocke, die zu Schillers hundertstem Geburtstag von den Deutschen Moskaus geschenkt wurde. Südwestlich, links des gekrümmten Flusses, wächst düsteren Andenkens der einsiedlerische Hohenasperg empor, Festung, Zwingburg, Kerker der Schuldigen und der Unschuldigen. Das Rebengrün seiner Hänge gibt Zeugnis von der unverstörbaren, freilich auch unmitleidenden Geduld, mit welcher die Erde ihre Liebesgaben hervortreibt, unangefochten von Irrsal, Unglück, Tränen und Schuld der Menschen. Von hier läuft eine Straße nach Ludwigsburg, dem Versailles und Potsdam der württembergischen Herzöge, der Schulstadt Schillers, der Geburtsstadt Mörikes und Kerners. Ludwigsburg ist ein Denkmal gewaltigen und gewaltsamen fürstlichen Willens. Einheitlicher noch als Potsdam, an dem die Preußenkönige auch des neunzehnten Jahrhunderts bereichernd weiterbauten, spiegelt es ganz den Geist der absolutistischen Zeit mit seinen Schlössern und Gärten, seinen riesigen Plätzen und in gehorsame Regelmäßigkeit gezwungenen Straßen. Alle diese Baulichkeiten lasse ich zur Seite. Ich gehe über den Platz auf die Garnisonkirche zu, um auf dem Totengedenkstein der gelben Ulanen die Namen meiner beiden Brüder zu suchen.

Besigheim am Neckar, Rathaus

Garten der Edelsteine

Mein Vorhaben, die Reise von Pforzheim aus in den Schwarzwald fortzusetzen, erfährt eine Durchkreuzung, mit der ich nicht gerechnet hatte. Pforzheim mit seinen weit ausgreifenden Vororten liegt glücklich am Zusammenfluß von Enz, Nagold und Würm und gewinnt, ohne selbst schön zu sein, seine Schönheit aus dieser Lage. Man nennt es wohl die nördliche Pforte des Schwarzwaldes. Mir wird es nicht Pforte, sondern Gitter.

Zu meinen Gewohnheiten oder sagen wir getrost: Marotten, – denn ich gelange ja nun in die Jahre, in welchen man sich ungescheut (wahrlich: ungescheut!) Marotten gestatten, ja, sich zu ihnen bekennen darf, – zu meinen Marotten also gehört es, daß ich wie an keiner Buchhandlung und keinem Antiquitätengeschäft, so auch an keinem Juwelierladen vorübergehen kann, ohne stehenzubleiben. Mich also muß man nach Pforzheim schicken. O Goldschmied Cardillac, alter Freuden- und Leidensgenosse! Indessen sind die Schaufenster das Geringste: Pforzheim als europäischer, ja, als Weltmittelpunkt des Schmuckwarengewerbes hat seine ständigen Ausstellungen, die nicht nur von einheimischen Unternehmungen veranstaltet, sondern auch von auswärts, etwa aus der Nahegegend, von Oberstein und Idar beschickt werden.

Pforzheim ist früher eine Holzflößerstadt gewesen, und kein Gewerbszweig hat ihm so sehr den Charakter gegeben wie dieser. Die Folgen französischer Kriegsverwüstungen, Rückgänge des Handels und der Flößerei waren dem badischen Markgrafen Karl Friedrich Anlaß, andere Erwerbszweige in der ehemaligen Markgrafenresidenz heimisch zu machen. Er verfiel auf Goldschmiederei und Uhrenfabrikation und ließ Genfer Meister kommen, nachdem schon seit Jahrzehnten reformierte Emigranten romanischer Zunge sich in Pforzheim niedergelassen hatten. Der Versuch, künstlich und durch einen

Willensakt unternommen, ungetragen von den natürlichen Bedingnissen des Bodens, schlug überraschend ein – wie sehr, das weiß heute die Welt bis nach Indien und Chile, denn so weit geht der Pforzheimer Tand. Gottlob ist es nicht Tand allein, neben ihm hat ein verantwortungsbewußtes künstlerisches Handwerk hier seine Stätte.

Ich will abfahren, allein ich kann mich nicht lösen von den kühlen Berauschungen der Edelsteine, von den vielen, vielen Ausstellungsräumen mit den raffiniert ersonnenen Beleuchtungsmöglichkeiten. Hier ist mir, als hätten sich die natürlichen Schatzkammern der Berge und die von handwerklicher Kunst geadelten der Menschen aufgetan. Es sprüht und leuchtet. Hier wollen phantastische Träume sich erfüllen, es ist ein Lustgarten von bunten Zauberblüten. Märchenhafte Mondsteine, Achat und Rosenquarz, Topas und Beryll, Feueropal und Hyazinth – schon die Namen wirken auf mich, wie es die Namen von Blumen, Weinen, Frauen oder zauberhaften und nie zu erreichenden Orten tun. Da ist Platin im Urzustande, rohe Turmalin- und Amethystbrocken; da sind ungefaßte Steine, Bijouterien, Ringe und Kolliers, Armbänder, Nadeln, Anhänger, Ohrringe und Ketten. Mit Freuden sehe ich an den Schmuckformen das Verschwinden der eine Weile so gepriesenen Sachlichkeit aus einem Reich, das seiner Natur nach das Allerunsachlichste, Allerzweckloseste, Allerherzerfreuendste ist. In Mengen sind Galalithwaren aufgestapelt, wie ein verdorbener Dutzendgeschmack sie für eine Saison ersteht, um sie nach deren Ablauf beschämt zur Seite zu legen und nach der nächsten Beschämungsquelle zu greifen. Ich sehe glitzerbunte Dinge, wie man sie wohl der Häuptlingsfrau Njamnjampurinkwi schenkt, damit ihr Mann den Missionar aus der Mastkammer entlasse. Ich sehe billigen, stumpfen Markasitschmuck, Simili, Bernstein, Odenwälder Elfenbeinschnitzerei und das sogenannte Edelbein, das nichts ist als gereinigte Knochenstücke und niemals die feine Maserung, den matten, warmen Gelbton des Elfenbeins erreicht. Synthetische Steine darf ich in allen Stadien ihres Trugprozesses beobachten, und ich gewahre mit Beglückung, daß es eine Art strenger Wachstumsgesetze auch hier gibt. Immer wieder indessen kehre ich zurück zum geschliffenen, aber noch nicht in ein Schmuckgerät gefügten natürlichen Stein, zum Alexandrit, der je nach der Tageszeit wundersam seine Farbe zu wechseln vermag, zum Aventurin mit den gelblich schillernden Pünktchen auf dunkelrotem Grunde, zum durchsichtigen Zirkon, zum schillernden Sternsaphir, zum hellen blaugrünen oder wasserfarbenen Aquamarin, zum warmen menschlichen Karneol. Und da ist auch der sonderbare Hämatit, der Blutstein des Altertums. Im rohen Zustande sieht er aus wie ein rostiges Eisenstück. Beim Schleifen spritzt und rinnt die rote Substanz davon wie auslaufendes Blut aus einer angeschlagenen Ader; geschliffen, wirkt er eher metallisch als steinhaft, ein schwarzes Geblitze. Die Alten hielten ihn für blutstillend; heute, da die Heilwissenschaft ihre Fortschritte gemacht hat, weiß man, daß er sich nicht auf solche medizinische Partikularwirkungen beschränkt, sondern ein schlechthin gegen alles Leibesübel gewachsenes Steinkraut ist. In kleinen, altmodischen Apotheken wird er noch geführt, ich trage seit Jahren ein Blutsteinstückchen als Krankheitsabwehr in der Westentasche, denn ich bin, daß ich es nur gestehe, abergläubisch wie ein alter Neger.

Schillers Geburtshaus in Marbach

Ich trenne mich nicht gänzlich von meiner Schatzkammer, aber ich streife von Pforzheim weit hinauf in den württembergischen Schwarzwald, aufwärts in den Tälern der Nagold und der Enz, der Eyach und Teinach. Ich komme nach Zavelstein, der winzigsten Stadt Württembergs mit den schönberankten Bauernhäusern und dem Turmblick der Burgruine auf die Tannen, die wie erstarrte Wogen eines Gigantenmeeres in Ruhe stehen. Ich komme nach Calw, der guten Stadt im Dunkel der Tannenberge, die als ewiger Kindheitsort durch Hermann Hesses Bücher geht. Wie man von manchen Städten behaupten möchte, sie lägen auf dem Lande, so läßt sich von Calw, Liebenzell und anderen der schwarzwäldischen Landschaft sagen: Sie liegen im Walde oder doch in einer völligen Umschlossenheit von Wäldern. Den Reiz der zahllosen Kur- und Heilorte bildet das gegensätzliche Nebeneinander von düsterer Großartigkeit und wohlhegender, freundlicher Naturabrichtung. Wunderbar sänftigend stehen milde, schroffenlose Rundungen dem stummen Ernst der Wälder gegenüber. Smaragdfarben leuchten im Sonnenschein die schmalen Wiesentäler mit den hölzernen Heuschobern. Es sind die Täler, nicht die Berge, die den Schwarzwald bestimmen. Unbeschreiblich ist die Spiegelkraft ihrer Wässer. Die Täler sind einsam, hier und da begegnen ein paar Fischzuchtteiche, ein Steinwerk, eine Sägemühle. Auf steinernem Sockel stehen die Holzbauten zerstreut gelegener Bauernhöfe. Laubbäume wachsen über dem Talboden, Mischwald steigt die Hänge hinan, endlich herrscht die dunkle Tanne, pyramidisch und riesenhaft zur Höhe gerichtet.

Bis in die tiefe Waldverborgenheit ist die Soldateska des Generals Melac gedrungen, dieses furchtbarsten Verwüsters des südwestdeutschen Landes. Was Pappenheim und die Schweden trieben, das wirkt wie mutwillige Knabenstreiche neben der kalten Methodik der Franzosen von damals. Hirsau an der Nagold ist einmal das mächtigste Kloster des deutschen Sprachgebiets gewesen, von hier ist eine neue Baukunst, von hier ist die große Erneuerung des mittelalterlichen Mönchtums ausgegangen; beide wirkten bis in das ferne Kolonialland des Ostens. Mit ehrfürchtiger Bewunderung durchwandert man die gewaltigen rotsandsteinernen Ruinen. Ein leichter Wind regt die Obstbäume des verlassenen Kreuzgartens und rauscht durch die Krone der berühmten, von Uhland besungenen Ulme, die aus den Trümmern des herzoglichen Renaissancejagdschlosses gewachsen ist, weit über die Giebelhöhe hinaus.

Der Schwarzwald bricht die Bezauberung, die der edelsteinerne Garten um mich gezogen hatte. Ich mache mich los von Pforzheim, ich fahre nach Südwesten, ich steige ab und führe das Rad bergan. Noch ist mir die Straße vertraut; dann biege ich zur Seite, und nun schlagen die Wälder über mir zusammen.

Von Freudenstadt nach Favorite

In Freudenstadt wohnte ich abseits der Fremdenunterkünfte. Nachts trieb es mich immer wieder ans offene Fenster. Die Stille war groß, nur ein Brunnen rauschte einförmig hinter dem Hause, und das Übermaß der Sterne glühte mir, goethisch gesprochen, prächtig zu Häupten. Nein, dies Wort ist fehl in dem herrlichen Gedicht, es ist kein Glühen, sondern ein kaltes, klares und über alles Begreifen gewaltiges Funkeln.

Es besteht bei den Kur- und Fremdenorten ein Unterschied zwischen solchen, die nichts sind als eben dies, und solchen, die daneben noch ein altes Eigenleben führen, unabhängig und abgesehen von den Fremden. Die erste Gattung erinnert bei allen Annehmlichkeiten immer ein wenig an die Dörfer des Grigori Alexandrowitsch Potemkin: Freudenstadt gehört zur zweiten.

Zu Ende des sechzehnten Jahrhunderts befahl der württembergische Herzog, zweieinhalbtausend Morgen Tannenwald zu roden. Der Wald wurde gerodet. Er befahl, auf dem gewonnenen Gelände eine Stadt zu bauen. Die Stadt wurde gebaut. Die ersten Bürger waren ausgewanderte Protestanten aus den habsburgischen Ländern. Die Stadt sollte befestigt werden und Beherrscherin des Kniebispasses sein. Man sieht es ihr an, daß sie nicht entstanden, sondern befehlsgemäß errichtet ist. Sie kennt keine Unregelmäßigkeiten, keine Willkür außer jener einen: daß sie überhaupt da ist. Ungeheuerlich ist der Marktplatz, er umfaßt gegen fünfzehn Morgen. Man hat ihn aufgeteilt, indem man allerlei Gebäude hineinsetzte, Anlagen, Brunnen, Pavillons, Gärten. Aber das alles verliert sich, und der bloße Raum überwältigt das Auge. Die Häuser haben Lauben, und die Lauben kehren auch an der sonderbaren Zwillingskirche wieder. Man denke sich eine spätgotische Kirche mit etwas gedrungenem, untersetztem Turm. Dergleichen gibt es manche. Diese aber ist verdoppelt; rechtwinklig schließt sich die gleiche Kirche mit dem gleichen

Turm ein zweites Mal an, dergestalt daß die beiden Türme einander abgekehrt nach außen stehen. Ich fühle mich erinnert an ein Spiegelbild oder an die beiden auseinanderstrebenden Hengste, die den zwischen sie gebundenen Verurteilten zerreißen sollen. Von den zwei Langhäusern ist das eine den Männern, das andere den Frauen zugewiesen. Im Schnittpunkt der beiden Flügel steht der Prediger auf der Kanzel. Ihn sehen beide Geschlechter, die einander unsichtbar bleiben. Nur ein einzelner Mensch, nicht eine Körperschaft konnte einen solchen Einfall fassen und ausführen; das ist Ende des Mittelalters, Beginn der unumschränkten Fürstenzeit.

Der Marktplatz entspricht unterstreichend der Lage des Ortes auf einer sonnigen Hochfläche. Freudenstadt wird als die sonnenreichste aller deutschen Städte geführt, die milde Kraft des Gestirns gleicht die Rauhheit der Höhenlage aus und läßt gutes Obst reifen. Der reiche Waldbesitz der Stadt hat es zuwege gebracht, daß sie bis in unser Jahrhundert hinein keine Steuern zu erheben brauchte, vielmehr jedem Ortsansässigen ein österliches Geldgeschenk von fünfundzwanzig Mark machen konnte. Solche Gepflogenheit mag den schönen Stadtnamen rechtfertigen. Ja, Freudenstadt, Seligenstadt, Liebenzell, das sind gute Namen, denen noch das Dorf »Gute Herberge« bei Danzig zugesellt sei und Liebeseele bei Misdroy, recht das, was man altertümlich einen Lustort nennen mag. Ich habe auch anderes erfahren: im südlichen Schwarzwald, unweit von Todtnau, gibt es den Ort Notschrei, und im südlichen Oberhessen liegen die Dörfer Lieblos und Sterbfritz nahe beieinander; doch heißt es, Sterbfritz sei kein ermunternder Zuruf, sondern aus »Sanct Aubofridi Cella« entstanden.

Würmtal im Schwarzwald

Ich breche frühmorgens von Freudenstadt auf. Die Luft ist nebelfrei, doch der Himmel bedeckt. Mein Rad schießt abwärts, daß mir, mit Eichendorff geredet, »der Wind am Hute pfeift«, – aber ich habe ja keinen Hut, und die Lüneburger Baskenmütze habe ich längst in einer schwäbischen Dorfkneipe hängen lassen, möge sie ein fröhliches Hirn bedecken! Da mich das Gefäll der Straße fast jedes treterischen Kraftaufwandes überhebt, komme ich mit blaugefrorenen Händen in Klosterreichenbach an. Ich kehre am sonnenlosen Morgen gegenüber der alten Klosterkirche im Gasthof zur Sonne ein, ich wärme mich an Kirschwasser und Heidelbeergeist, und kaum habe ich damit die kleine Wärmequelle angerufen, da läßt auch die große nicht mehr lange auf sich warten; im Sonnenschein setze ich den Weg fort, die Wiesen haben edelsteinernes Leuchten. Von den Heuschobern, die auf steinernen Füßen stehen, tragen manche oben einen freundlichen kleinen Anbau, der als Taubenschlag dient. Auf Raumünzach, auf Forbach zu drängen hüben und drüben die Bergwände näher zueinander, kaum ist den Wiesen noch ein Räumchen erlaubt, die Murg brodelt schaumig, im steinigen Flußbett schimmern die Felstrümmer bleich wie Totenknochen, schlanke Viadukte schwingen sich kühn wie Gedanken über die Schlucht. Hellbraune und gescheckte Kühe ziehen die riesigen Tannenbalken zu Tal, ich begegne hausierenden Bürstenbindern und Bürstenbinderinnen, klotzschädeligen bäuerlichen Charaktergestalten, hier und da jenem dunklen, kleinwüchsigen Schlage, in welchem man eine fortlebende Urrasse aus der vorkeltischen Zeit hat erkennen wollen. Steilauf strebt bei Forbach die imposante Druckrohrleitung des Murgtalwerks. Schwarzborstig starren immer noch Tannen, Fichten und Kiefern auf den Höhen, im Tal aber macht sich die Nähe der Rheinebene bereits fühlbar. Es drängen sich die Bäume, die zu ihrer Zeit versprechungsvoll die Vorstufen des redlichen Schwarzwälder Kirsch- und Zwetschgenwassers zu tragen haben, Tomaten röten sich im Licht, Laub verdrängt die Nadel, schma-

Freudenstadt, Kirche

le Ackerstreifen mengen sich unter die Wiesen, dann stellt der Rebstock sich ein, und die süße Fruchtbarkeit hat begonnen. Bei Gernsbach etwa, zu Füßen des Schlosses Eberstein, dem Uhlands entzückend pointierte Ballade gilt, ist dieser Widerstreit zugunsten der Lindigkeit entschieden.

Bald hinter Gernsbach, gegenüber der roten Sandsteinwand, steht ein kleines Monument vom Jahre 1746 mit der Inschrift:

»Ex rupe fracta
haec via facta.
Diesen Felsen sprengte man
und legte einen Fahrweg an.«

Darunter steht der Name Frid. Abel. In etwas auftrumpferischer Manier ist diese Inschrift im Jahre 1869 ergänzt worden, des Sinnes, daß nun sogar eine Eisenbahn an dieser Stelle vorbeifahren könne. Ach ja, aber sie wird überholt von allen Kraftwagen auf der Straße des guten ehrlichen Frid. Abel, dessen Schöpfung damit eine überraschende Neurechtfertigung erfahren hat. Im nächsten Ort will ich auf das Andenken des Frid. Abel trinken.

Schon oberhalb Gernsbachs finden sich im Murgtal industrielle Niederlassungen, meist zur Verarbeitung des Holzes als des eigentlichen Schwarzwälder Rohstoffs. Gernsbach nutzt die Wasserkräfte der Murg zur Papiererzeugung, ohne daß in das schöne und ruhige Bild des altertümlich bergansteigenden Flußstädtchens dadurch eine Störung getragen würde. Stärker, eindeutiger wird Gaggenau von den ausgedehnten Benz- und den Gaggenauer Eisenwerken bestimmt. Ich weiche linker Hand vom Laufe der Murg ab, die in die offene Ebene tritt.

Die Rheinebene ist das Land der großen badischen Barock- und Rokokoschlösser, die eines weiten gleichmäßigen Raumes zur Entfaltung bedürfen. Fürstliche Schöpfungen wie Mannheim, Schwetzingen, Karlsruhe, Rastatt liegen inmitten der Ebene, Bruchsal und Durlach an ihrem Rande. Wie erbötig ich auch in Rastatt am Schloß wie an manchen anderen Bauten der markgräflichen Residenz die geistvolle Feinheit des Geschmackes bewundere, so erkältet mich doch das einförmig Schematisierende, das der absolutistischen Fürstenzeit und der Alleinherrschaft eines einzigen zentralen Willens innewohnt. Alles ist gerade, übersichtlich, reglementiert, nichts von ungefähr, wildgewachsen oder nach mittelalterlicher Weise dem Wett- und Widerstreit zahlloser lebendiger Kräfte entsprungen. Liebreizend und mit verführerischer Grazie aber tritt mir die fürstliche Architektur jener Zeit entgegen, wo sie nicht monumentale Städtebilder erschuf, sondern ländliche Lustschlösser mittleren oder geringen Umfangs. Ein solches ist Favorite, und hier erst, unter den Bäumen des Schloßparks, entschließe ich mich, auf das Andenken Frid. Abels zu trinken, dessen gute Straße ich in soviel Freudigkeit befuhr. Favorite mit seiner Einsiedelei ist die Schöpfung der Markgräfin Augusta Sibylla, und man möchte meinen, hier habe ein Witwenschmerz sich nach der Weise des achtzehnten Jahrhunderts schäferlich in elegante Gefühle umgesetzt. Allein das wäre vorschnell geurteilt. Denn nach dem Tode ihres Mannes, des schlachtenberühmten »Türkenlouis«, hat sie ein Vierteljahrhundert inmitten allen Prunkes gelebt wie eine Büßerin, betend, fastend und wohltuend. Und am Eingang der Rastatter Kirche wurden auf ihr Geheiß in den Boden diese Worte eingelassen: »Betet für die große Sünderin Augusta«.

Schloß Favorite

Die zweite Bergstraße

Die schwervergleichliche Anmut Baden-Badens wird nicht nur bedingt durch die natürliche Beschaffenheit des Orts und durch die Huld klimatischer Verhältnisse, sondern ebenso stark durch den Umstand, daß die Mondänität des Weltbades hier in einer alten und noblen Tradition steht. Baden-Baden hat, und das ist in Orten seiner Gattung wider die Regel, nichts Protziges, nichts Parvenühaftes. Wo es in früherer Zeit dergleichen gehabt haben mag, da ist es von der Patina der Vergangenheit überzogen und damit seiner Widrigkeit ledig geworden. Seine altmodische Eleganz entfaltet ihren ganzen Charme in den blaßgewordenen Photographien aus der Mitte des vorigen Jahrhunderts, die etwa die Iffezheimer Rennen, die Spielsäle, die Für-

Rastatt, Schloß

stenzusammenkunft von 1860, die Promenade auf der Lichtentaler Allee zeigen. Diese Allee war der Korso der europäischen Welt, damals, als das »Second Empire« von Frankreich strahlte und die neue Großbourgeoisie triumphierend an die Seite der alten Geschichtsmächte trat.

Die Strecke von Baden-Baden oder schon von Karlsruhe nach Süden erscheint mir als eine geradwegige Fortsetzung der Bergstraße. Zur Linken habe ich das hohe dunkle Gebirge, zur Rechten die fruchtbare Rheinebene. Aber alle Verhältnisse sind größer und ernster, auch mangelt die eng aneinandergedrängte Vielfalt bergansteigender Städtchen und Burgen. Wie der Blick über die Ebene von der eigentlichen Bergstraße aus durch die pfälzischen Berge begrenzt wird, so hier durch die Vogesen. Diese zweite Bergstraße reicht bis an das inselhaft in die Ebene vorgeschobene Vulkanmassiv des Kaiserstuhls und nach Überwindung des Engpasses von Riegel bis nach Freiburg oder, wenn man weitherziger sein will, bis nach Basel. In der Zwetschgengegend von Bühl hat sie ihre Entsprechung zum Obstreichtum der Bergstraße. Der Vergleich läßt sich bei gutem Willen bis zur Komik ausspinnen, indem man etwa für beide Strecken als Nordpunkt je eine ehemalige Großherzogsresidenz mit Technischer Hochschule und als Südpunkt je eine badische Universitätsstadt bezeichnet. Die Freude der Fahrt ist auf beiden Straßen gleich, sie hat die schöne Verheißung des Südens; die großen Fernzüge jagen vorüber, an ihr liegen weiterhin tausend Orte der Sehnsucht, bis hinunter nach Neapel.

Baden-Baden, Blick auf Stadt und Stiftskirche

Freiburg hat einen südlichen, nicht nur süddeutschen Charakter; die Schweiz ist nahe. Freiburg ist festlich, in Freiburg muß es beflaggte Straßen geben und blauen Himmel zum grünen Schloßberg und zum roten Münster. Glocken müssen läuten, Mädchenköpfe hinter allen Fensterblumen schimmern. Das schwarzwäldische Quellwasser fließt offen durch die Gassen, geschwind und vergnüglich in steingefaßten Bächen zwischen Fahrdamm und Bürgersteig; hat es geregnet, so lassen die Kinder ihre Papierschiffchen schwimmen, die Strömung reißt sie hurtig davon, es zuckt einem durch alle Glieder, sich zu den Kindern zu hocken und mitzutun. Wie mögen es nachts die heimkehrenden Studenten anstellen, daß sie mit diesen Gräben einig werden? Nun, le Dieu des enfants et des ivrognes wird sie gewiß gnädig behüten, er hat ja auch über uns gewacht in zahlreichen Fährnissen des Leibes und der Seele. Ich habe Freiburg nur kennenlernen dürfen in der Zeit der Universitätsferien; wie muß erst die heitere Lebendigkeit dieser Stadt sich verstärken, wenn einige Tausende junger Menschen sie überfluten! Freiburg ist lange die Hauptstadt der vorderösterreichischen Besitzungen gewesen. Auch die Universität ist eine habsburgische Gründung. In der Stiftungsurkunde von 1457 heißt es, sie habe den Sinn, »graben zu helfen den Brunnen des Lebens, daraus von allen Enden der Welt unversieglich geschöpft werde erleuchtendes Wasser tröstlicher und heilsamer Weisheit, zur Löschung des verderblichen Feuers menschlicher Unvernunft und Blindheit«.

Baden-Baden, Lichtentaler Allee

Ich werde nicht müde, mich durch die Freiburger Straßen und Gassen treiben zu lassen, durch die allabendlich, auch nach dem heißesten Tage, der kühle Höllentalwind streicht. Kühlung steigt auch von den zahllosen Brunnen; ich höre sie durch die Nacht fließen, unveränderlich, nachdem die Straßen leer geworden und die Menschen schlafen gegangen sind.

Der Stadtkern liegt gerundet um den Münsterplatz. So weit man in dieser so prachtvoll ungeometrischen Stadt derlei Begriffe anwenden darf, möchte man sagen, Schwabentor und Martinstor seien die Ausgangspunkte der beiden Achsen, deren Schnittpunkt ungefähr am Münsterplatz liegt. Vom schlanken Giebelhelm des Martinstores stößt als eine hübsche Pointe noch einmal eine unbeschreiblich schlanke Spitze lichtgrün in den blauen Himmel. Schaut man von diesem Tor aus die Kaiserstraße entlang, zumal abends, wenn das Zifferblatt des Martinsturmes erleuchtet ist, dann meint man sich nach Bern versetzt und beginnt unwillkürlich nach den Lauben der Markt- und Kramgasse auszuspähen. Bern ist ja von Freiburg nicht weiter entfernt als Karlsruhe.

Das Freiburger Münster

Mit dem Mainzer Dom teilt das Freiburger Münster die Eigentümlichkeit, daß das städtische Leben mit Handel und Marktgewühl zutraulich heranspielt bis an die drei hohen Bildsäulen vor dem Hauptportal, bis an die machtvoll aufwachsenden Bögen der Vorhalle. Es hat einen freien Platz um sich, allein in diese Freiheit ist der herrliche Bau von Anfang an hineinbestimmt worden. So sind glückliche Verhältnisse entstanden in den Maßen des Platzes, der umgebenden Häuser und des Münsters statt jener kahlen Unverbundenheit, die uns überall da widrig zustößt, wo ein Irrtum neuzeitlicher Städtebildner alte Dome damit zur Wirkung zu bringen dachte, daß er die ihnen natürlich zugeordnete Umgebung niederriß. Das Münster hat die ebenmäßige, reine, in der Schöpfung selber beschlossene Lieblichkeit einer Blume, die nicht nur selbst zur Vollkommenheit gewachsen ist, sondern auch auf jenem Erdenfleck und in jener Umgebung steht, mit denen ihre Natur sich in Harmonie befindet. Ein Platz umzieht das Münster, ein Kranz schöner Häuser den Platz, ein Kranz von

Bergen das Ganze, so hebt die Kirche sich schlank und ruhevoll aus dem Kelch. Und daß niemand den Namen des Meisters kennt, der den durchbrochenen Turm so kühn zur Höhe richtete, auch darin scheint ein Hinweis zu liegen auf das von keinem Namen noch Einzelwillen wissende Schöpfungsprinzip der Natur. Die gleiche blumenhafte Harmonie offenbart das Innere mit seiner wunderbaren Mischung hellen Lichtes und buntfarbiger Düsternis. Sein kostbarster Schmuck sind die Glasfenster. Hans Baldung Grien und dem jüngeren Holbein dankt die kapellenreiche Kirche viel von ihrer Herrlichkeit. Patronin des Münsters ist unsere liebe Frau. Seine Madonnen sind kaum zu zählen; die schönste und holdseligste steht draußen auf dem Renaissancevorbau gegenüber dem Kaufhause. Selbst ihr Kindchen hat sie daheim gelassen, um desto gänzlicher den Menschen ihre Hände entgegenbreiten zu können. Und wie die alte Zeit ahnungsvoll das Gegensätzliche liebte, so grinsen unweit die bizarren Wasserspeier vom Dach, einer gar entlädt sich des Wassers auf eine besondere Art.

Zahlreich sind in Freiburg die behaglichen Weinstuben, in denen die milden und gütigen Markgräfler und Kaiserstuhler Weine gereicht werden. Außer diesen mache ich eine begeisternde Entdeckung, den Hefenbranntwein, der so vortrefflich zu den Freiburger Brezeln paßt. Dieser Hefenbranntwein verzichtet auf den öbstlichen Nebengeschmack des Kirsch- oder Zwetschgenwassers, er rückt bereits nahe heran an den gewaltigeren Bruder, das große Getränk der östlichen Ebene: das von keinem Menschenzusatz berührte »reine Wort Gottes«, den klaren weißen Spiritus, der nichts sein will als der Geist aller ackerlichen Trächtigkeit und Kraft. Diese Dinge sind nicht unwichtig; ich wenigstens bin des Glaubens, daß sich die Art eines Landstriches lebendiger in seinen Getränken ausdrückt als in seinen Handelsgesellschaften und Zeitungen.

Der Schwarzwald von oben

Hauptader Freiburgs ist die sonnige, lebendige Kaiserstraße, die gleich der Heidelberger Hauptstraße der Lage der Stadt in einem Längstale entspricht. Sie kommt aus dem Grünen, läuft durch die Altstadt, schlüpft unter dem Martinstor durch und führt, die Benennung mehrfach wechselnd, durch den anmutigen Villenvorort Günterstal. Zugleich als Höhenrennstrecke für Motorräder und Automobile dienend, windet sie sich in Serpentinen bis auf den fast dreizehnhundert Meter hohen Schauinsland. Bis an den Fuß des Berges, bis zum Beginn der Seilschwebebahn bin ich der guten Straße gefolgt; nun schnurren wir in einer winzigen Kabine langsam durch die Luft über Tannenwälder und Berge hin. Alles wird klein, alles legt sich zu Füßen. Es wird versichert, das sei die erste Seilschwebebahn nach dem Umlaufsystem. Ich weiß nicht, wodurch dieses Umlaufsystem sich von ähnlichen seiner Art unterscheidet, aber ich bin ihm von Herzen gut.

An klaren Tagen sieht man vom Schauinsland das Straßburger Münster, den Rigi, gar den Montblanc; ja, es gibt Leute, die von hier aus die Zugspitze erblickt haben wollen. Nun, solches Glück habe ich nicht, allein es fällt nicht schwer, sich zu bescheiden. Ich sehe die kahle, betürmte Kuppe des Feldberges über dem Tal von St. Wilhelm, ich sehe nackte weite Hochflächen und schwarzen Tannenwald, Wiesen, von tausendzähligen winzigen Rinnsalen zerteilt, vereinzelte Bauernhöfe, ich höre ein fernes Herdenglockengeläut wie das Gluckern einer verborgenen Gebirgsquelle. Ich sehe die Rheinebene in einem warmen Dunst, sehe Vogesen, Belchen, Alpen. Aber was sind die Namen? Berg reiht sich an Berg. Und doch ist hier ein menschlicher Urtrieb am Werke, wenn ich die einzelnen festzustellen bemüht bin. Damit, daß Adam den Tieren und Pflanzen Namen gab, damit erst war die Herrschaft des Menschen über die Erde eingeleitet.

Das Gefühl einer Atem- und Herzensbefreiung, das den eigentlichen Sinn jedes großen Landschaftsausblickes bildet, bleibt auch bei der Talfahrt mächtig. Nach Freiburg zurückgekehrt, übergebe ich mein Fahrrad der Eisenbahn, mich selber dem Flugzeug.

Man wird lächeln, verwundert oder geringschätzig, wenn ich bekenne, daß dies mein erster Flug sein soll. Dazu also mußte ich nach Freiburg kommen, gleichwie ich, um den ersten Tonfilm meines Lebens zu sehen, zu Rad von Berlin nach dem fichtelgebirgischen Wunsiedel habe kommen müssen.

Die Wahrheit zu sagen, habe ich mich ein klein bißchen gefürchtet, denn schon im Lift verursacht mir der Anruck beim Aufstieg und Halt eine höchst unbehagliche Empfindung. Allein das Flugzeug macht es freundlich, und der in Erstaunen gesetzte Bauch hat sich bald gewöhnt. Ja, wir sind oben, durch nichts mit der Erde verbunden, fast unmerklich bin ich in diesen außerordentlichen Augenblick hineingeraten.

Ein Plakat fordert die Fluggäste auf, sich mit Hilfe zweier an jedem Platz befestigter Gurte an ihren Sitz anzuschnallen. Ich habe das gehorsam vollzogen, empfinde nun aber eine Beschämung, als ich gewahr werde, daß meine zwei Fahrtgenossen, offenbar alterprobte und daher nonchalante Luftbezwinger, nichts dergleichen unternommen haben. Es bleibt mir nichts übrig, als mich loszuschnallen. Auf der anderen Seite aber wünsche ich gegen unliebsame Luftvorkommnisse gerüstet zu sein. Ich lege mir daher die beiden Gurtenden gleichgültig, ja spielerisch um die Leibesmitte und versenke die Hände lässig in den Hosentaschen, bereit, sie nötigenfalls im Augenblick hervorzureißen und mit zwei blitzschnellen Griffen mich an meinen Sitz zu fesseln. Unnötig zu sagen, daß eine solche Notwendigkeit sich nicht eingestellt hat. Alles liegt flach unter mir. Ganz allmählich gewöhnt sich das Auge, beginnt Höhen und Täler zu unterscheiden; anfangs waren ihm die Berge nur kenntlich an der Länge der Schatten, die sie warfen. Die Wälder liegen wie Moos, wie gleichmäßige Flächen des schönen Schwarzwälder Farnkrauts. Ein winziger, friedlicher Einschnitt mündet auf einen dunklen, blaugrünen Flecken, das sind Höllental und Titisee. Müde und schneckenhaft kriecht etwas am Boden, das ist der Freiburger D-Zug. Die Festung des Säntis hebt sich wie eine Gralsburg.

Es ist merkwürdig, daß der tatsächlichen Geschwindigkeit des Fluges das Gefühl des Menschen nicht antwortet. Ich habe die Empfindung eines trägen, kaum merklichen Gleitens und erinnere mich plötzlich des göttlichen Geschwindigkeitsrausches, den man als Reiter, Schlittenfahrer oder Schneeschuhläufer verkosten darf. Nach anfänglicher Überraschung klärt der Zusammenhang sich auf; es ist ja kein feststehender Gegenstand in der Nähe, an welchem das Vorrücken des Flugzeugs sich messen ließe.

Die verschiedenfarbigen Feldstreifen mit ihrem Grün, Grau, Bräunlich und Gelb sind musivisch aneinandergereiht. Es ist, als habe einen Zimmerer beim Parkettlegen eine Verwirrung überkommen. Als Maulwurfshügel erscheinen der Hohentwiel und die Hegauschen Basaltkegel, der Rhein blitzt, die zipfligen Ausläufer des Bodensees schimmern im Nachmittagslicht, die grüne Reichenau mit Kirchen und Dörfern, die Halbinseln liegen da wie eine zauberisch aufblühende Landkarte. Ein schmaler grüner Strich bezeichnet den Pappeldamm, der die stille Klosterinsel mit dem festen Lande verbindet.

Über dem Konstanzer Flugplatz senkt sich das Fahrzeug. Und nun endlich darf ich den vollen Rausch der Geschwindigkeit genießen, da wir auf Rädern, ein bizarr gebautes Auto, über den kurzen Rasen jagen. Ich schreie laut »Hurra!« – denn das darf ich ungescheut, die beiden Mitreisenden haben sich gleich beim Start Watte in die Ohren gesteckt. Hätte ich Unerfahrener nur auch desgleichen getan! Beim Aussteigen gewahre ich, daß ich stocktaub geworden bin. Nun, das hält nicht an, gottlob, und da mir ein wenig später die Kellnerin, eine muntere »Seehäsin«, ihre Herrlichkeiten aufzählt, da unterbreche ich sie stürmisch mit meiner Bestellung, als sie beim Meersburger Weißherbst angelangt ist.

Einkehr in Konstanz

Konstanz ist bestellt, den ganzen Lebensreichtum der Bodenseelandschaft zusammenzufassen und zu hüten. Die anderen Bodenseestädte, Lindau ausgenommen, haben ihren Ort am Ufer; Konstanz liegt in einer innigen Umschlingung des Wassers. Zwei Seeteile und der Rhein streben zur Stadt. Die Marktstätte ist ein Mittelding zwischen rechteckigem Platz und breiter Straße, sie setzt den Hafen mit seiner Landungsbrücke ins Stadtinnere fort. Alpenhaft grün rinnt das Rheinwasser durch Konstanz, den älteren vom neuen Teil sondernd. Vom Fluß und vom See steigt ein frischer Algen- und Wassergeruch. Gleich am Hafen, unter den grünen, bereits herbstlich sich umfärbenden Bäumen des Seegartens, auch heute noch ein Mittelpunkt des Konstanzer Lebens, das Konzilgebäude mit der sonderbaren Holzverschalung des Oberteils, die auch am Rheintorturm wiederkehrt und an gedeckte Holzbrücken schweizerischer Städte erinnert. Ein wenig weiter der Austrittsstelle des Rheines zu liegt voll schöner, zum Wasser niederfließender Trauerweiden die längliche Insel, auf der das Pfahlbauerdorf der Urzeit gestanden hat und später römische Legionssoldaten ihren Wachtdienst verrichteten. Bischöfe haben auf dieser Insel residiert, im Dominikanerkloster hat Heinrich Seuse sein Büchlein von der ewigen Weisheit geschrieben, der zarte, innige, den die Frauen so sehr geliebt haben. Will man die drei großen

Rekonstruierte Pfahlbauten am Bodensee

deutschen Mystiker des vierzehnten Jahrhunderts zueinanderstellen, so möchte man wohl Eckehart den Philosophen, Tauler den Moralisten, Seuse den Dichter nennen, und es ist, als deute sich hierin eine Beziehung an zu der hellen, zartfarbigen, lieblichen Art der Seelandschaft. Heute ist die Insel zu einer schönen, gartenumgebenen Gaststätte umgestaltet worden. Aber die alten Gebäude stehen noch. Hier im Kapitelhaus hat manche Versammlung der Konzilszeit stattgefunden, im Turmverlies lag Hus gefangen. Vor hundert Jahren ist auf dieser Insel der kleine Graf Zeppelin zur Welt gekommen.

Es ist nicht leicht, sich vorzustellen, welche Bedeutung für die Stadt Konstanz das Konzil, das dreieinhalb Jahre hindurch hier tagte, gehabt hat. Die Anzahl der Fremden ist auf zweiundsiebzigtausend berechnet worden, unter ihnen waren fünfundachtzig Kardinäle und Erzbischöfe, zweihundertachtunddreißig Bischöfe, neununddreißig Herzöge, gegen siebenhundert sonstige geistliche und weltliche Fürsten. Solche Zahlen geben eine Ahnung jenes Lebens, das sich am Bodensee entfalten mußte. Vielleicht ist nie wieder auf deutschem Boden ein solcher Zusammenfluß auch der in geistigen Dingen führenden Männer Europas geschehen. Die Kunst erhielt einen

Insel Reichenau

kräftigen Antrieb, ein Meister wie Konrad Witz fand Aufträge und Ehre, und Konstanz bewahrt in den vom Kaiser Sigismund gestifteten Fresken der Augustinerkirche ein wertvolles Denkmal der Konzilsjahre. Glanz, Fülle, Leidenschaft und Bewegtheit des Lebens haben sich in Licht und Schatten über Konstanz und alle Nachbarstädte ausgeschüttet. Das Geld strömte, Künstler, Handwerker, Händler, Dirnen und Possenreißer drängten sich zusammen, ein halbes Tausend von Selbstmördern nahm der Bodensee auf. Zwei Ereignisse der Konzilszeit, die von den Zeitgenossen vielleicht nicht so sehr als mittelpunktliche Vorgänge empfunden worden sind, haben sich der Nachwelt als die geschichtlich folgenreichsten vor allen anderen eingedrückt: die Belehnung der Hohenzollern mit der Mark Brandenburg und die Verbrennung des Johannes Hus. Konstanz hat manche Erinnerung aufbewahrt an ihn und seinen Gefährten Hieronymus, von denen ein Teilnehmer des Konzils, der große Humanist Aeneas Sylvias aus dem Hause Piccolomini, nachmals Papst Pius II., bezeugte, es habe kein Philosoph auf seinem Sterbelager einen solchen Mut an den Tag gelegt, wie diese beiden auf dem Scheiterhaufen.

Hus ist in Deutschland lange Zeit recht einseitig als Luthervorläufer gesehen worden; geblendet vom Glorienschein seines Märtyrerfeuers hat man ihm die Rolle zugewiesen, die der viel tieferen und ursprünglicheren religiösen Persönlichkeit Wiclifs zukommt. Hus aber war doch an erstem Platze der Vorkämpfer eines nationaltschechischen Aufbegehrens gegen das deutsche Wesen. Das Religiöse war das Gebiet, auf dem alle geistigen Kämpfe jener Zeit sich austrugen, auch wenn ihre Antriebe anderen Bereichen entstammten. Dies haben seine Landsleute gefühlt von jeher; auch die der römischen Kirche ergebenen Tschechen haben in ihm den Kampfesführer ihrer Nation verehrt. Viel später erst trat im Bewußtsein des böhmischen Volkes an seine Stelle der große Flußheilige der Barockzeit, der Märtyrer beichtväterlicher Verschwiegenheit, Johann von Nepomuk. In den Stromgebieten der Moldau nicht weniger als des Rheines, der Donau, Oder und Weichsel steht er auf den Brücken im priesterlichen Ornat, oft bärtig, das Haupt vom Sternenkranz umgeben, manchmal den Finger bedeutungsvoll auf die Lippen gelegt, in der anderen Hand das Kruzifix haltend oder den Palmenzweig des Überwinders.

Im Konstanzer Münster, dessen Boden von den Grabplatten beigesetzter Bischöfe und Domherren bedeckt ist, zeigt man die große Platte vor der Orgelbühne, auf der Hus bei seiner Verurteilung gestanden haben soll. Die frühere St.-Paulus-Straße heißt heute Husenstraße. Das Haus hart vor dem Schnetztor, das der Böhme bis zu seiner Gefangennahme bewohnte, trägt eine Gedenktafel in deutscher und tschechischer Sprache. Eine tschechische Aufschrift weist die Pilger zu einem mit Hus-Andenken reichlich ausgestatteten Laden in der Nähe. Auch das Haus, da Husens Gefährte, Hieronymus von Prag, gefangengehalten wurde, ist neben der deutschen durch eine tschechische Inschrift kenntlich gemacht. Die Fassade des Hus-Hauses am Schnetztor schmückt ein Reliefbildnis; darunter steht die alte Inschrift:

»O we mir armen tropf
hier nam man mich beim schopf
hierher ich entrunnen war
bin doch nit kommen auß der gfar.«

Inmitten vorstädtischer Gärten bezeichnet ein Denkstein vor dem Paradiestor den Ort, da Hus den Feuertod erlitt. Nicht gut verschweigen kann ich an dieser Stelle, was mir ein maliziöser Freund aus Frankreich berichtete: Er habe in Rouen auf dem Platze, da die Jungfrau von Orléans von den Engländern verbrannt wurde, ein Restaurant mit der vielsagenden Aufschrift »English Grill« entdeckt.

In der Morgenfrühe donnert es an die Tür meines Konstanzer Zimmers. »Fremdenpolizei!« Kaum fähig, die Augen aufzureißen, torkle ich aus dem Bett und öffne. Zwei Männer, durch auffällige, altmodische Strohhüte als Geheimpolizisten ausgewiesen, treten ein und verlangen meine Papiere. Ich werde streng getadelt, weil als mein Geburtstag einmal der sechzehnte, einmal der siebzehnte eines herbstlichen Monats angegeben ist. Ich bin viel zu schlaftrunken, als daß ich erklären könnte, meine Geburt habe sich noch nach dem Julianischen Kalender und unter der Regierung des Kaisers Alexander III. ereignet, nämlich am Vierten besagten Monats, und es sei bei der Umrechnung in die Gregorianische Zeitwährung ein Irrtum unterlaufen, dessen Folgen sich nun, immer wieder behördlichen Ingrimm wachrufend, durch die Gesamtausdehnung meiner dokumentarisch belegbaren Existenz fortschleppen. Ich muß zugeben, daß einer solchen Unstimmigkeit, zumal in der Nähe der Landesgrenze, ein Element der Verdächtigkeit, ja, der Verwerflichkeit innewohnt.

Charakteristisch für Konstanz ist die Unzahl kleiner behaglicher Kaffeehäuser. Die Nähe der schweizerischen, die Nähe der österreichischen bewirkt eine Qualität des Kaffees, deren man, wieder in nördlichere Gegenden verschlagen, sich mit einiger Wehmut erinnert. Ein gutes Glas Wein bekommt man am Obermarkt in jenem Hause, in welchem Friedrich Barbarossa nach einem blutigen dreißigjährigen Zwist mit den lombardischen Städten Frieden schloß. Dieser Platz ist der alte Gerichtsort, die Malstätte, von der das Malhaus seinen Namen hat; hier, unter freiem Himmel, ist Brandenburg feierlich in die Hände der Hohenzollern gegeben worden.

Wie in Freiburg hielten auch in Konstanz pietätvolle Inschriften an den Häusern allenthalben Entstehung und Schicksale der Gebäude lebendig. Viele Häuser führen Namen, oft von drolliger oder drastischer Art. Hier geht man wohl achtlos an Dingen vorüber, um die man, lägen sie in unbegünstigteren Gegenden, stundenweit fahren würde. Um die Kirchen der Altstadt drängen sich die bunten, krummen Häuser, rötlich, weiß, grau, grün, safrangelb mit grünen oder weißen Fensterläden; über sie alle hebt sich, von alten Domherrenhöfen und grünem Wuchs umgeben, das graue Münster mit dem fröhlichen Rot seiner Dächer.

Die letzte Heimat der Dichterin

An den Landseiten gänzlich von schweizerischem Gebiet umschlossen, ist Konstanz der deutsche Brückenkopf über dem Bodensee, der deutsche Brückenkopf über dem Rhein. Als seine natürlichste Straße erscheint die Fläche des Sees. Der Bodensee kann sein wie ein Rausch. Er ist schön in den stillen Flammen der Sonne wie in den Dunkelheiten des Sturmes; am schönsten vielleicht in den Augenblicken des Überganges vom Regen zur Aufhellung: da liegt ein unendlich zartes perlmutterfarbenes Licht am Himmel und auf dem Wasser. Ich winke hinüber zur Insel Mainau, an deren südliche Wuchsüppigkeit mich eine dankbare Erinnerung bindet; ich winke hinüber nach Überlingen, mit lieben Freunden habe ich dort vor Jahren glückliche und fruchtbare Wochen genossen.

Die meisten Bodenseestädte erstrecken sich flach am Ufer. Überlingen liegt hügelig, Meersburg hebt sich mir felsig entgegen. Dies steile Aufstreben zur Höhe hat eine heroische Art, die sich wundersam mit der lieblichen Üppigkeit des Reben- und Obstgeländes vereinigt. Hellrot leuchtet das hohe Barockschloß, das Platen eine Wohnung der Götter genannt hat, gegen den lichten Himmel; bräunlich, grau, rötlich, drängt sich die kleine Stadt mit den abgetreppten Giebeltürmen und berankten Häusern bergauf, dem Neuen Schloß und der alten Burg entgegen, und das grüne Weinland faßt allenthalben das Bild.

Meersburg hat weder geistliche noch profane Baukunstwerke des höchsten Ranges; wenn es dennoch unter Deutschlands schönste Städte rechnet, so hat das seine Ursache in der wunderbaren, von keinem neuzeitlichen Aufschwung oder Ungeschmack zerrissenen Übereinstimmung aller Teile; eins steht zum andern, eins wächst aus dem andern, und das Ganze ruht glücklich und sicher im reichen Boden seines Ursprungs, Augen mit Glanz und Herzen mit Berauschung füllend. Ein großer Künstler hat Meersburg zur Heimat, wie denn das eigentliche Ingenium des Ortes ein malerisches zu sein scheint: Stephan Lochner, der höchste deutsche Maler der reingotischen Zeit, der Meister der Kölner Madonna im Rosenhag und jenes Dreikönigsaltares, auf dessen Flügeln St. Gereon mit seinen Kriegsgefährten und St. Ursula mit ihrem Jungfrauengefolge der Mitte zustreben, um mit den Königen an der Anbetung des Christkindes teilzunehmen. Lochner kennt noch nicht die Landschaft, noch setzt er, selbst im Rosenhagbild, das jenseitig leuchtende Gold als Hintergrund, aber es ist schon so viel unbefangene Freiheit in seinen Schöpfungen, so viel herzliche Wärme, so viel blühende Träumerei, daß man sich gerade in der Meersburger Landschaft und Luft ihrer mit einer besonderen Freude erinnert.

Noch heute hat die Stadt den alten Mauerring nicht wesentlich überschritten; in vielen Stücken lebt sie noch mit natürlicher Unbefangenheit in ihrer Überlieferung, welche die Überlieferung eines weinbauenden und fischefangenden Ortes ist. Alljährlich am Tage des Evangelisten Johannes, zwischen Weihnachten und Silvester, versammelt sich wie vor Jahrhunderten noch heute unter dem Vorsitz des Bürgermeisters die Gesellschaft der hundertundein Bürger im Rathaussaale, um bei brennenden Kerzen unter genauer Beobachtung des barocken Zeremoniells »nach des Stifters Meinung« ihren Gesellschaftstrunk zu halten, der das Hauptereignis des Meersburger Winters ausmacht. Und wie vor Jahrhunderten nimmt ihre schwere wappengeschmückte Kerze bei der Fronleichnamsprozession, ihre Fahne bei Leichenzügen eine wichtige Stelle ein.

Die Unterstadt ist die feste Stadt der Bürger; die obere, ohne daß eine schroffe Scheidung stattfände, ist die der bischöflichen Herren gewesen. Hier haben die Konstanzer Fürstbischöfe residiert, die Hirten und Fürsten einer der angesehensten und ältesten deutschen Diözesen, aus der vor einem Jahrhundert das heutige Erzbistum Freiburg entstand. Treppen und Steilwege verbinden die beiden Teile. Von der Höhe stürzt Wasser und treibt mitten in der Stadt ein uraltes Mühlrad, das größte in Deutschland. Am Wasserfall steigt, reich von südlichen Pflanzen umgeben, die Treppe hinan. Frei, luftig, heiter in jener majestätischen Verspieltheit, wie der Fürstenbau der vornapoleonischen

Zeit sie kannte, liegen hier oben mit Höfen und Plätzen und schöngeschwungenen Balustraden die weiträumigen, ausblickreichen Anlagen der fürstbischöflichen Residenz. Ein krasserer Gegensatz ist nicht zu denken, als der zwischen dieser Schöpfung eines italienischen Baumeisters und der alten Felsenburg.

Diese Burg reicht auf merowingische Königszeiten zurück, auch der Name Meersburg scheint diesen Ursprung festzuhalten; die allzu naheliegende Ableitung von Meer kann, so dünkt mich, nicht gut die ursprüngliche sein. Ich begehe die Unangemessenheit, die redselige Kastellanin nach diesen Zusammenhängen zu fragen, und erhalte die schneidende Erklärung: »Meersburg bedeutet: eine Burg am Meer.« Einige der Mitbesichtiger schmunzeln über diese verdiente Zurechtweisung: Kann es denn in der Tat ein solches Übermaß der Begriffsstutzigkeit geben, daß jemand nicht einmal ein Wort wie Meersburg in seine beiden natürlichen Teile zu zerlegen vermag?

Die Meersburg muß zu den festesten Plätzen des Landes zwischen Donau und Bodensee gehört haben. Ludwig der Bayer hat sie ein Vierteljahr lang ohne Erfolg bestürmt, später ist sie von den Schweden dreimal belagert worden. Nie konnte sie von Wassermangel bedroht werden: in ihrem tiefsten Gewölbe springt zu Füßen des Gekreuzigten der Christusbrunnen, aus dem man in friedlichen Zeiten an hohen Festtagen hat Wein fließen lassen. In das dickste Mauerwerk ist die Notkapelle eingebaut; hier hielten die Belagerten ihren Gottesdienst, wenn die eigentliche Kapelle durch einen andringenden, beschießenden Feind gefährdet war. Die Burg ist nach der Merowingerzeit karolingisch, welfisch und staufisch gewesen, ehe sie auf ein halbes Jahrtausend fürstbischöflich wurde. Kräftige Rundtürme umgeben sie und steigen so weit zur Höhe, daß sie schlank wirken über ihr eigentliches Maß hinaus. Inmitten des Vierecks steht der wuchtige Dagobertsturm, ältestes Stück des Baues, das nach einem der merowingischen Könige den Namen trägt. Die tiefe, mauersteile Felsenschlucht, die Burg und Oberstadt scheidet, wird von einer kühnen Zugbrücke überspannt. Über diese Brücke ist der fünfzehnjährige Konradin ausgeritten, um das Erbe seines Geschlechtes zu erfechten; ein Jahr danach fiel in Neapel sein Kopf an der Porphyrsäule zwischen den beiden Brunnen der Piazza del Mercato.

Meersburg

Die badische Regierung, der vor fünfviertel Jahrhunderten das Fürstbistum zugefallen war, plante den Abbruch des Schlosses. Da erwarb es der Freiherr von Laßberg, ein ehrfürchtiger Liebhaber und Sammler aller Zeugnisse deutscher Vorzeit. Wie Stift Neuburg und das Weinsberger Kernerhaus die Sammelburgen der Romantik wurden, so wurde die Meersburg das feste Haus der Germanistik; mit dem Kernerhause stand sie in freundschaftlicher Verbindung, Kerner, Uhland, Schwab, Simrock, die Brüder Grimm waren ihre Gäste.

Unter den Gästen des Freiherrn von Laßberg war auch seine unverheiratete Schwägerin, von deren Reimereien er keine sehr hohe Meinung hatte; doch ließ er sie gewähren, wenn sie im roten Turmzimmer an ihrem Schreibtisch saß. Es kam dahin, daß sie für die Dauer zur Hausgenossin wurde und ihre norddeutsche Heimat nur noch gastweise aufsuchte. Meersburg ist der sonderbare Gegenpol zum westfälischen Leben der Droste; hier erst hat sie vieles von dem geschrieben, das ihre Verwachsenheit mit der stillen, roten Erde am stärksten offenbart. In ihrer westfälischen Zeit galt ihr Dichten ihrer Umgebung als Marotte, in Meersburg holte der Ruhm sie ein. In Meersburg wuchs aus der anfänglich tantenhaften fürsorgenden Zuneigung für den jungen Schücking die verspätete, große und einsame Leidenschaft; in die Meersburger Zeit fällt die Entfremdung, fällt der Bruch. Und in Meersburg ist die Droste gestorben.

Ich gehe am Rathause vorüber durchs Obertor in das Gebiet der sonnigen, traubenreichen Rebgärten. Auf einem der Weinhügel hebt sich ein altertümliches zweistöckiges Häuschen rosafarben aus dem Grün; ein Wetterfähnchen zeigt in den hellen Himmel. Das ist das Fürstenhäusle, ein Bau des siebzehnten Jahrhunderts, von einem Domherrn des Geschlechts Fugger errichtet und später dem ihm verwandten Fürstbischof hinterlassen; diese Umstände haben die halb stolze, halb zutrauliche Benennung hervorgerufen. Vom Honorar der ersten Buchausgabe ihrer Gedichte hat die Droste das Fürstenhäusle samt einem Morgen Rebland ersteigert. Fast täglich ist sie zu ihm hinaufgestiegen, mancher Vers ist hier niedergeschrieben worden; das Häuschen, noch jetzt im Besitz ihrer Verwandtschaft, hat manche Erinnerungen an seine Herrin bewahrt.

Nicht weit vom Fürstenhäusle liegt der Meersburger Friedhof; hier oben ruht unter einem absonderlich pyramidisch geformten Steinmal der absonderliche Friedrich Anton Mesmer, ein Arzt und Naturphilosoph, Entdecker des tierischen Magnetismus, ehedem eine europäische Sensation, ein Kind des Bodenseelandes. Der Friedhof hat die Stille eines langsam der Reifezeit zuwachsenden Obstgartens. Über die efeubewachsene Mauer sieht von draußen her die Kapelle. Unter Efeu und Immergrün, neben dem Erbbegräbnis der Laßbergs, liegt Annette. Den gotischen Stein bezeichnen ihr Wappen, ihr Name, Ein- und Ausgangsdatum ihres Lebens und das Wort: »Ehre dem Herrn«. So scheint sie gänzlich eingekehrt in die Natur.

Allen den Orten ihres Meersburger Lebens bis zu diesem letzten, dem Turmzimmer, dem Burggarten, dem Schloßplatz und dem Traubenrevier auf dem Hügel ist eins gemeinsam: der große, still und stark den Menschen ergreifende Blick über die Fläche des Sees, auf das grüne Hügelland des Südstrandes und auf den ewigen Schnee der vorarlbergischen und thurgauischen Alpen. Im späten Licht hebt sich der schwere Säntis in schwebender Leichtigkeit, rosig wie ein zauberisches Gewölke.

Wieder zu Berge

Es dämmert, es dunkelt schon. Die Wein- und Fruchtufer zerrinnen. Gerade noch lassen sich im Grau die Türme von Friedrichshafen erkennen, allen voran die zwei kuppelgekrönten des alten Benediktinerklosters, das hernach dem Hause Württemberg als Sommerresidenz diente. Auf der Seefläche lösen die schwarzen Umrisse der Fischerboote sich auf. Unruhige, hungrige Möwenscharen flattern um das Schiff. Lichterketten bezeichnen die Ufer. Der Lindauer Leuchtturm glimmt. Aus der Finsternis kommt ein langsames, hallendes Glockengeläut.

Die natürlichste Reiserichtung ist die, daß man mit den Wassern vom Gebirge zu Tal gelangt; mit Freuden denke ich um einige Jahre zurück, da ich vom Allgäu zu Rad nach Lindau hinabfuhr. Aber die Ankunft von der Seeseite hat einen besonderen Reiz in den beiden herzlich ausgebreiteten Armen, die Lindau einem willkommenheißend entgegenstreckt; es sind die beiden hafenumkreisenden Molen, der Leuchtturm und der bayerische Löwe flankieren die schmale Einfahrt. Bayerischer Löwe, ich kehre gern unter deine – fast hätte ich gesagt »Fittiche«, um dies Gefühl guten Geborgenseins zu bezeichnen, das mich immer wieder auf bayerischem Boden empfängt.

Mich schauert in der abendlichen Seekühle, ich suche mir bald ein Dach, und beim Abendessen erinnere ich mich mit Behagen zweier guter Worte des sechzehnten Jahrhunderts. Das eine steht in den Reiseaufzeichnungen des gescheiten Franzosen Michel de Montaigne und lautet: »Es tut mir nur leid, keinen Koch mitgebracht zu haben, um ihn in Lindau unterweisen zu lassen.« Das andere aber findet sich in Dr. Luthers Tischreden: »Wenn ich viel reisen sollte, wollte ich nirgendwo lieber denn durch Schwaben und Bayerland ziehen, denn sie sind freundlich und gutwillig, beherbergen gern und gehen den Wanderleuten entgegen und tun gute Ausrichtung für ihr Geld.«

Die Region des Seeweins hat aufgehört, und ich habe es gern, jedes Gewächs an seinem Ort zu trinken. Ich bestelle mir Bier und höre gezwungenermaßen eine besorgte Unterhaltung zweier Herren am Nebentisch; ich entnehme ihr, daß der Bodensee in fünfzehn- oder zwanzigtausend Jahren infolge der unentwegten Anfuhr von Schuttgeröll aus dem Rhein und anderen Zuflüssen verschüttet sein wird. Dies kann ich unmöglich sehr schwer nehmen.

Im blauen Morgenschein spaziere ich durch Lindau. Diese ehemalige Reichsstadt liegt auf einer Insel und ist mit dem festen Lande nur durch eine Holzbrücke und einen schmalen Eisenbahndamm verbunden. Sie kann wohl Vororte bilden, nicht aber eigentlich wachsen; das gibt ihr einen Charakter von geschlossener, zugleich aber gastfreier Familienhaftigkeit. Man hört häufig betonen, Lindau sei die südlichste deutsche Stadt; für mich, der ich ein Deutscher bin aus einem Lande jenseits der Reichsgrenzen, sind solche am Schlagbaum gewachsene Feststellungen ohne Sinn. Auf Lindauer Spaziergängen hat man Freude an den bogigen, der Inselform folgenden Straßen und an den hübschnamigen kleinen »Gässele«: Kickengässele, Zitronengässele, Färbergässele, Mautgässele, Pfaffengässele. Man begegnet Resten des alten Römerkastells, erkerreichen Zunft- und Patrizierhäusern, darunter am Marktplatz, gegenüber den zwei städtischen Kirchen, dem stattlichsten von allen, dem heute zum Museum umgewandelten »Kawatzen« mit seiner lustigen Freskomalerei. Alle diese Anblicke fesseln; aber ich weiß, daß ich das Bodenseeland bald werde hinter mir lassen müssen, und so fühle ich mich immer wieder getrieben, den Blick über den See zu suchen, vom Alten Leuchtturm aus, vom menschenreichen Hafen. Es macht den sanften Zauber dieses Bildes aus, daß nirgends schroffe Gebirgsbildungen ans Gestade treten. Ein lichter grüner Streifen, farbig von Ortschaften durchsetzt, säumt die Ufer. Hinter ihm wachsen Berge zu mittlerer Höhe; dann erst schließen die Drei Schwestern und die rhätische Scesaplana den Horizont, schneeweiß gegen den blauen Himmel.

Mit der hellen Seefläche lasse ich auch den hellen Himmel hinter mir. Je mehr ich zu den Höhen des Allgäu gelange, um so drohender und düsterer stehen die schwärzlichen Wolkengebirge. Hin und wieder noch fällt ein ängstlicher Sonnenstrahl zu Boden.

Das Land wird gebirgiger und zugleich bayerischer. Das letzte Berggelände, durch das ich kam, war das schwarzwäldische. Dies hier ist sehr von ihm verschieden, es ist freier und offener, die hellgrünen Wiesenflächen, von dunklem Walde gerahmt, dehnen sich zur Breite. Fast eindringlicher noch als die Wälder berühren das Auge die pyramidischen Tannen, die als Einzelwesen auf den Wiesen stehen wie im Odenwald die Obst- und Nußbäume. Ich weiß wohl, daß es im Sinne der Botanik richtiger wäre, von Fichten zu sprechen. Aber weil wir ja alle von Kinderzeiten her den Weihnachtsbaum, der doch meist eine Fichte zu sein pflegt, Tanne genannt und als Tanne geliebt haben, so erlaube man mir freundlich, in meinem Irrtum zu verharren.

Es geht vorüber an Seen und Mooren, Birken setzen einen hellen Ton hinein. Die Wiesen haben nicht mehr die Tausendblütigkeit des Frühsommers, sie haben angefangen, sich mit blassen, zartlila Herbstzeitlosen zu decken, dennoch hat ihr Grün noch einen saftigen Glanz. Die Dorfkirchen bekommen Zwiebeltürme, langsam, fast unvermerkt wandelt sich die Art der Bauernhäuser bis ins Alpenhafte. Mehr und mehr schwindet der Ackerbau. Ich bekomme eine Milch zu trinken, die anderwärts unter der Bezeichnung »Kaffeesahne« verkauft wird.

Es ist September geworden, die »Viehscheide« hebt an, festlich krachen die Böller, die schwarzbraunen, die milchkaffeefarbenen Kühe werden von den Almen abgetrieben, den Verladebahnhöfen zu, um aus der Betreuung des Sennen wieder in die des Eigentümers überzugehen. Die Leitkühe haben grünumwundene Hörner, weißblaue Fähnchen, bunte Bänder.

Der Frühnebel dampft von den Höhen, später bricht für Augenblicke noch einmal die Sonne durch, groß und nah stehen die Berge, dann beginnen die strichweisen Schauer, und die Einheimischen wollen nichts Gutes voraussehen. Die Strichschauer ziehen sich zusammen zu anhaltendem Guß, in den Gasthäusern reden mürrische Sommerfrischler von der Abreise, alles ist zäh, grau, naß und verschwommen.

Felsen und Schlösser

Ich sah die grauen Regensträhnen einförmig auf Iller und Wertach schlagen. Was hat mir denn den törichten Glauben eingegeben, der Lech werde in der Sonne funkeln?

Lechtal unweit Füssen

Von Norden her geht es auf Füssen zu durch hügelige Wiesenebene, hier und da von Ackerbändern durchwunden, von Fichtenwaldungen unterbrochen. Vor diesem Lande steht plötzlich schroff eine Mauer, zur Höhe wachsend ohne Vorbereitung, ohne den Übergang, der sonst im Alpengebiet die Regel ist. Das ist das Füssener Hochgebirge.

Füssen bildet den Eingang in die Lechtaler Alpen. Dies hält auch sein Name fest; er entstand aus dem lateinischen »ad fauces«: bei den Schlünden, bei den Felsengen. Die Lechstraße war schon den Römern vertraut, später nahm diesen Weg ein stattlicher Teil des Handels von Venedig nach Augsburg und Nürnberg, und ihm hat Füssen seinen alten Wohlstand zu danken.

Die Stadt mit dem sonderbarsten aller Wappen, den drei schwarzen Beinen, die an den Oberschenkeln zusammengewachsen sind und dann stumpfwinklig ins goldene Feld auseinanderstreben, ist bunt und lustig anzusehen. Kuhglocken scheppern durch die Gassen, Gebirgshäuser sind ins Tal gestiegen und haben sich zwischen die städtischen Gebäude in die Straßen gestellt. Wie zahllose andere süddeutsche Kleinstädte kennt Füssen keine Ein- oder auch nur Gleichförmigkeit. Jeder Schritt, jede Straßenbiegung gibt ihre Überraschungen, große oder geringe. Das ist nicht abzutun mit dem gerngebrauchten Worte »malerisch«, so wenig die Hundertfarbigkeit eines unterholzreichen Mischwaldes mit dem Worte »grün« getroffen werden kann. Diese Städte haben etwas voll der Unerschöpflichkeit des organisch Gewachsenen, dessen scheinbare Regellosigkeit nichts ist als der selbstverständliche Gehorsam gegenüber natürlichen Gesetzen. In Norddeutschland kann man der Vorstellung begegnen, das bauliche Bild Bayerns sei ausschließlich von der Gegenreformationszeit geprägt worden. Füssen zählt zu den vielen Orten, die mit gotischen Mittelalterformen diese unzulängliche Meinung widerlegen. Die Augsburger Bischöfe des vierzehnten Jahrhunderts haben über die Stadt ihr Hohes Schloß gesetzt, das in seiner Kraft auf die Felsennatur der Alpenwelt antwortet und ihnen und dem jagdlustigen Kaiser Max als Absteigequartier gedient hat. Ihm zu Füßen liegt wie ein Sonderstadtteil das uralte Benediktinerstift St. Mang, benannt nach Magnus, dem Apostel des Lechgebiets. Jenseits der städtischen Lechstraße steht bescheidener, aber voll Sicherheit eine kleinere klösterliche Niederlassung mit schlankem weißen Zwiebeltürmchen; unter ihr donnert das grüne Lechwasser schäumend über das Wehr. Der Lech ist der wildeste, der am meisten gebirglerische aller bayerischen Alpenflüsse, bis weit in das Flachland hinein bewahrt er sich eine raublustige, jähe, zerstörerische Natur; erst Augsburg sieht ihn gezähmt. Wie die Kinzig im Schwarzwald die Grenze bezeichnet zwischen den beweglichen, temperamentvollen Franken und den zäheren, schwerblütigen Alemannen, so trennt der Lech den schwäbisch-alemannischen vom bajuwarischen Stamm. Immer bleibt es merkwürdig, wie das heutige Bayern aus den verschiedensten deutschen Stämmen, aus den verschiedensten Staatswesen zu

Füssen und Hohes Schloß

einem Gemeingefühl, zu einer generell bayerischen Eigenart hat zusammenwachsen können, und zwar in der kurzen Zeit von einigen Menschenaltern; denn weit mehr als ein Drittel des Landes ist erst Anfang des vorigen Jahrhunderts bayerisch geworden, und so sehr sich Pfälzer, Franken, Schwaben und Altbayern unterscheiden, so deutlich ist ihnen ein gemeinbayerisches Bewußtsein.

Heiligengeistkirche in Füssen

Am rechten Lechufer, der Stadt gegenüber, ragen steil die Berge auf. Der kräftig geformte Säuling mit seiner Zweitausendmeterhöhe bestimmt so gebieterisch das Füssener Bild, daß man unmittelbar an seinem Fuße zu stehen meint wie am Fuße eines Kirchturms. Jenseits der Bergmauern liegt das Gebiet der wild abstürzenden Pöllat, das Gebiet des Alp- und des Schwansees, das Gebiet der Königsschlösser. Hohenschwangau ist die romantisch pietätvolle Wiederherstellung einer zerfallenen Burg des Mittelalters, ganz aus dem Geiste des Kronprinzen und späteren Königs Max II., der mit nobler Bescheidenheit hinter seiner Schöpfung zurücktrat. Ihm gegenüber steht der tollkühne Felsenbau Neuschwanstein, der aufs engste mit Linderhof und Herrenchiemsee zusammengehört. Bergschloß, Waldschloß, Seeschloß sind der leidenschaftliche Aufschrei einer stolzen, einsamen, scheuen und erkrankten Seele gegen ihre als tragisch empfundene Verklammerung in der Alltäglichkeit eines bürgerlichen Zeitalters. Aber die Tragik wird zur Parodie. Mit diesen Bauten unternahm König Ludwig II. verzweifelt jenen

Sprung aus der Gefangenschaft der Tatsächlichkeiten, der immer nur scheinbar glücken kann; es sei denn, er wäre der Schöpfersprung des Genies.

Meine Füssener Gänge, meine Füssener Fahrten geschehen in den geringen Unterbrechungen, welche der Regen sich gönnt. Endlich aber mag er sich keine mehr gönnen. Ich habe nicht die städtische Vorstellung, Regen sei eine erbitternde, jedes einsehbaren Grundes ermangelnde Unannehmlichkeit. Ich wollte wohl, auf Reisen wäre es mir erlaubt, jede Landschaft in jeder Witterung kennenzulernen, wie ich sie ja auch durch alle Wechsel des täglichen Lichtes sehen möchte. Indessen gibt es ein Maß des Regens, das einem jedes Reisen, jedes Umherstreifen unmöglich macht, insonderheit wenn man auf eine Art reist, die das Mitführen eines Schrankkoffers mit reichem Kleidungsvorrat nicht duldet. Längst habe ich mir abermals eine Baskenmütze beschafft, aber die Erinnerung daran, daß auch die Lüneburger Regentage ihr Ende fanden, will nicht mehr verfangen, so beflissen ich sie auch hervorhole. Endlich gebe ich Widerstand und Hoffnung auf. Ich steige in die Eisenbahn und fliehe nach München, zu alten Trinkstätten und alten Freunden.

Schloß Neuschwanstein

Liebe zu München und seinem See

Da es scheint, als wolle die Witterung mir ein weiteres Durchstreifen des Berglandes versagen, so neige ich dazu, Landkarten und Kursbücher herzunehmen und allerlei jugendliche Bergwanderungen in meine Erinnerung zurückzuholen: sommergrünes Land im Isartal, kühlende Einkehr im Kloster Andechs, Bootfahrten über den Königssee, den Anstieg zur schroffen Spitze des Wendelsteins, der Deutschlands höchstgelegene Kirche trägt, strahlende Wintersonnentage mit bläulichen Schatten auf dem Schnee und morgendliche Abfahrten auf dem Rodelschlitten vom Brünnstein, die einem den letzten Weindampf des Schutzhüttenabends aus dem Schädel jagten.

Es ist nicht gut, mich nach München zu fragen, denn ich bin in München verliebt, und Verliebte reden Torheit. Das ist eine alte Liebe, sie hat die Probe der Zeit bestanden, München und ich haben es nicht mehr allzu weit bis zur Silberhochzeit. Was wäre gewonnen, wenn ich die Geschichte dieser Liebe erzählen oder gar ihren Ursachen nachgehen wollte? Leute, die in München nichts als einen »gewiß sehenswerten« Reiseort erblicken mögen, haben mir diese Liebe wegzudisputieren oder sie doch von ihrer Blindheit auf ein vernünftiges Maß hinabzumindern gesucht. Es ist ohne Sinn, hier streiten zu wollen, wie sich ja auch nicht streiten läßt über die Zu- und Abneigungsgefühle, die sich an Menschen richten. Ich erinnere mich, so oft ich nach München komme, eines Verses von Stefan George, in welchem ausgesprochen ist, Heimat sei erst da, wo unsrer Frauen beide Türme ragen.

Ich werde in meinen Münchner Zeiten auch widriges Wetter erlebt haben; nur finde ich es nicht in meinem Gedächtnis. Dieses Mal empfängt mich der Bahnhofsplatz mit einem leichten, sprühenden Getröpfel; Asphalt und Pflaster spiegeln in blauer Dämmerung die aufglimmenden Bogenlampen, und ich habe Freude am Münchner Regen, wie ich Freude gehabt habe an der

Sonne des Bodensees. Der nächste Tag schon ist trocken, der übernächste voll aller septemberlichen Herrlichkeit. Ich fahre durch das Land zwischen Isar- und Würmtal zum Starnberger See.

Schöne glückliche Fläche, von Segeln durchblitzt, von Waldhügeln begleitet, vom Hochgebirge überragt, Wetterstein, Karwendel, Benediktenwand! Ein tiefblauer Bayernhimmel spannt sich aus mit schneeweißen Wolken gleich pausbäckigen Barockengeln. Nahe beieinander wie am Neckar oder Rhein liegen die Ortschaften. Nicht oft begegnet man einer so freundlichen Paarung von Ländlichkeit und Komfort wie hier, Stadt- und Landwesen verschlingen und verschwistern sich. Park geht in Wald, Villenorte gehen in Fischer- und Ackerdörfer über, Schlösser und Kirchen stehen auf den Höhen, viele von ihnen sind merkwürdig um einer Erinnerung willen.

Die Parkbäume des Ostufers halten Schloß Berg verborgen, Kreuz und Kapelle bezeichnen den Mündungsort eines verdunkelten Königslebens. Das oberbayerische Volk singt noch heute ein wunderliches Lied:

»Auf den Bergen, da wohnt die Freiheit,
auf den Bergen, da ist es schön.
Unserm König Ludwig zweiter
warn die Berge sein Aufenthalt.«

Das Lied hat mehrere Dutzend Strophen, überall wird es in anderen Fassungen gesungen; etwas sonderbar Ergreifendes liegt in der kinderhaften Bilderbogenmanier, mit der in diesen Versen das Volk den Ausgang seines Märchenkönigs einem medizinisch-bismarckischen Mordkomplott zuschreibt.

Am Westufer, in Possenhofen und Feldafing hat Kaiserin Elisabeth von Österreich ihre hellen Jugendjahre und manche sommerliche Woche ihrer letzten Lebenszeit verbracht; das kleine, grünverwachsene Schloß Garatshausen bewahrt die Erinnerung an eine andere wittelsbachische Prinzessin: Elisabeths Schwester Maria von Neapel, letzte Königin beider Sizilien, die mit ihrem Mann die Festung Gaeta mutig, aber vergebens gegen die Truppen des geeinten Italien verteidigt hat. Schräg gegenüber liegt das Schlößchen Ammerland, hier hat Pocci gesessen, der liebe Zeichner, Kinderdichter und Marionettengraf, dessen Kunst in München heute noch lustig in Blüte steht.

Vielleicht der anmutigste Uferort des Sees ist Feldafing. Max II. hat hier ein Schloß bauen wollen, er ist darüber gestorben, und der Sinnesart Ludwigs II. mochte es nicht angemessen scheinen, einen Plan seines Vorgängers auszuführen. Die Anlage des weiträumigen Parks aber war schon zu König Max' Lebzeiten zu Ende geführt. Die Anordnung der gewaltigen Baumgruppen, der ständige Blickwechsel offenbart das wärmste Landschaftsgefühl, die glücklichste Schöpferhand; und doch ist es, als sei dieses schöne, auf waldlosem Acker- und Wiesenland erschaffene Menschenwerk in eine ursprüngliche Waldesnatur zurückgekehrt. Dem Park gegenüber liegt die Roseninsel, früher einfach mit dem alten Eilandswort »Wörth« bezeichnet, lange Zeit von einer Familie Rosenbusch und nach deren Aussterben von den Grafen La Rosée besessen, – reichlicher Grund für die heutige Benennung einer zauberhaften grünen Gartenwildnis, selbst wenn unter deren Gewächsen die Rose keine Vorrangstellung behauptete. Ein kleines Schlößchen ist auf der Insel versteckt. Manchmal kommen Schwimmer und Ruderer an die schilfigen Ufer. Ehedem muß die Roseninsel in gänzlicher Einsamkeit gelegen haben, Ludwig II. suchte sie gern auf; und vielleicht ist der Wunsch, ihre Einsamkeit unzerstört zu bewahren, mitbestimmend gewesen, als er die Einstellung des Schloßbaues befahl. Ein phantastisches nächtliches Gartenfest hat er hier der Kaiserin von Rußland gegeben. Weithin hatte der See das Feuerwerk widerzuspiegeln, die ganze Hofoper wirkte mit, der Garten stand voll huldigender Statuen. Nachdem Kronprinz Friedrich von Preußen mit den siegreich heimgekehrten Truppen in München eingezogen war, 1871 zur Zeit der Rosenblüte, fuhr der König mit ihm auf die Roseninsel; allein hier kam es zu einer Verstimmung, die sich nie wieder hat ausgleichen lassen. Auf der Roseninsel ist Ludwig II. häufig mit Kaiserin Elisabeth von Österreich zusammengetroffen, dem einzigen Menschen, mit dem er eine nie gestörte Freundschaft hat bewahren können.

Die halbe Nacht versitze ich in Feldafing mit einem Freunde, dem an dieser Stelle für jeden guten Zuspruch und Zutrunk von Herzen gedankt sein soll. In der Vormittagssonne rudert er mich und mein Rad zum östlichen Ufer

Seeshaupt am Starnberger See

hinüber. Wir schwimmen in den See, er ist grün und von einer vollkommenen Durchsichtigkeit. Auf seiner Mitte treibt mit eingelegten Rudern ein einsames Boot. Ein schönes schlankes Mädchen im roten Badeanzug sitzt leuchtend darin und spielt Ziehharmonika.

Wir nehmen Abschied, ich fahre nach Osten über Loisach und Isar auf die große süd- und bergwärts führende Straße zu, von den ausgedehnten Uferhöhen des Sees steil hinab in die Flußtäler. Blau und golden sind die Farben dieses nachsommerlichen Septembertages. Rehe äsen auf stillen Waldblößen, Kuhglocken klingen durch die Forsten; der Klang schwillt an, dröhnt und hallt in der abendlich stillen und klaren Luft: alle Dörfer läuten für morgen den Sonntag ein. Die saftigen Weidetriften werden in der Ferne rundum von schwarzgrünen Bergen gerahmt. Ich fahre durch Dörfer und Weiler, vorüber an Einödhöfen, an Sattel- und Zwiebeltürmen, an den Feldkreuzen, die an stillen Wegen stehen. Immer bleibt die Bergkette vor mir, Haupt an Haupt, zart und lichtgefärbt. Das Gewaltigste und Wildeste unseres Landes, das Hochgebirge, das erscheint plötzlich in Zartheit, Innigkeit, Duft. Aber Gott war ja auch nicht im Sturm und nicht in den Feuerflammen, sondern in einem sanften und stillen Säuseln.

Hungerleider im Chiemgau

Es ist meine Gepflogenheit, nach der Ankunft in einer Stadt zunächst den Zug der ursprünglichen Ummauerung abzugehen; denn es dünkt mich der gewisseste Weg, einer Stadt näherzukommen, indem man sich anschickt, sie aus ihrer Entstehung zu begreifen. Das Auffinden des ehemaligen Mauerringes hat bei auch nur geringer Übung keine großen Schwierigkeiten, selbst wo recht verstandene oder vermeintliche Bedürfnisse der neueren Zeit das Stadtbild grundstürzend geändert haben. Die Krümmungen der Straßen und Gäßchen zunächst dem Mauerring, Anlagen, die etwa an die Stelle des Walles getreten sind, Eigentümlichkeiten des Geländes wie Wasserläufe und Höhenzüge, endlich Straßenbenennungen machen ein solches Auffinden leicht.

Rosenheim, das ich früher nur als Bahnknotenpunkt gekannt habe, überrascht mich so sehr, daß ich alle Gepflogenheit vergesse. Mit dieser Salzstadt habe ich das Inntal erreicht, die große Straße, auf der ein romanischer Formwille nordwärts geflossen ist, um seine jauchzende Barockhochzeit mit dem deutschen und altbayerischen Wesen zu halten. Ich gehe über große, freie Plätze und tauche aus dem gelben Sonnenlicht in den schwarzen Schatten mächtiger Bogenwölbungen, die nicht an schlesische, wohl aber an tirolische oder gar schon bolognesische Lauben gemahnen. Obgleich das Hochgebirge vor den Toren steht, Kaiser, Venediger, Wendelstein fast in die Straßen schauen, haben die Häuser keinerlei Anklang an die bäuerliche Alpenarchitektur, die in so vielen anderen südbayerischen Flußtälern auch den Städten ihre Note gibt. Die Häuser dieser Innstädte aber haben selber etwas von der Wucht, Schwere und unerschütterlichen, ja drohenden Ruhe der Felsmassive. Das sind riesige, düstere Kastelle, oft von schwer vorstellbarer Größe, rissig und grau vor Alter. Manche sind eine Vordeutung italienischer Palazzi, die

Horizontale der flachen Dächer steht schroff gegen den stahlblauen Himmel. Jenseits eines weiten grünen Platzes vor der Altstadt finde ich an einer Kapellenwand eine Sonnenuhr mit barockem al fresco gemalten Muttergottesbild. Darunter steht:

»Stell deine Lebenstag in Dienst Mariä ein,
so wird die letzte Stund im Tod die beste sein.«
Und an anderer Stelle lese ich:
»Mein guter Christ, geh nicht vorbei,
ohn daß Maria gegrüßet sey.«

Der Inn ist der stattlichste und wasserreichste Fluß des rechtsufrigen Donaustromgebiets. Von den südbayerischen Flüssen trägt er mit seiner breiten Fläche am entschiedensten einen stromartigen Charakter; vielen anderen Alpenflüssen haftet ihr wildbachmäßiger Ursprung noch lange an. Zeitweilig ist der Inn von Rosenheim bis zu seiner Mündung sogar von Dampfschiffen befahren worden. Ich folge ihm stromauf, den Bergen entgegen. Auf den Wiesen steht das Heu in sonderbaren Aufschichtungen, wirr und krumm. Manchmal stehen phantastische Heugebilde wie verzerrte Gnomen soldatisch in Reih und Glied, angetreten zum Empfang des heimlichen Wiesengeistes. Andernorts sehe ich sie zu zweien wie kämpfende Geißböcke gegeneinander gelehnt. Über den Fluß, durch das stille, schilfreiche Sumpfland eines Seitenarmes gelange ich in den uralten städtchengleich befestigten Markt Neubeuern, unterhalb des weitläufigen Schlosses. Neubeuern ist ein lustiger Ort mit buntbemalten Häusern von Tiroler Bauart. Ein marmorner Brunnen rauscht verschlafen auf dem Marktplatz, von den Linden lösen sich Blätter und fallen, langsam schwebend, in septemberlicher Ruhe zu Boden. Hier haust ein liebenswerter, skurriler Sonderling, mit dem ich dereinst anderswo eine Weile lang gute Nachbarschaft gehalten habe. Ich brauche nicht lange zu fragen, jedes Kind kennt ihn. Beim schwarzen Kaffee, den niemand so herzustellen weiß wie er, bewerfen wir uns nach bewährter Gewohnheit mit bunten Paradoxen. Danach stelle ich mein Rad in seine Obstkammer und steige bergwärts, in Einsamkeit und Schweigen hinein.

Vier Tage später trinken wir abschiednehmend noch einen schwarzen Kaffee, dann hole ich mein Rad aus der Obstkammer.

Eine singende Prozession zieht gleißend ihren gewundenen Höhenweg. Die weißen Kleidchen der Erstkommunikantinnen, das Rot und Weiß der Ministrantenbuben leuchten im Sonnenglanz. Ich freue mich an der sprachkräftigen und eindrücklichen Formulierung auf einer Tafel: »Privatweg, auf Ruf und Widerruf der Benutzung freigegeben.« Weiße und gelbe Dorfkirchen flimmern. In den Dörfern stehen hochstöckige, breite, wohlhabende Bauernhäuser mit gebirglerischen Dächern; vor den Fenstern, von den hölzernen Galerien flammen die Blumen. Stallung und Scheune sind oft mit dem Wohnhause verbunden, wiewohl nicht in der eng symbiotischen Gemeinschaft des niedersächsischen Baues. Denn hier liegen die Wirtschaftsräume nach rückwärts, muten an wie ein Anbau und sind auch äußerlich von der menschlichen Behausung unterschieden, sei es durch eine Andersartigkeit der Bauweise oder des Baustoffes.

Bei Umrathshausen steht eine Horde Buben auf der Anhöhe oberhalb der Landstraße. »Grüß Gott«, rufen sie mir freundlich und manierlich zu. Kaum aber bin ich vorüber, als sie rhythmisch im Sprechchor hinter mir herbrüllen: »Hungerleider, Hungerleider, rumbumbum! Hungerleider, Hungerleider, rumbumbum!« Die Buben denken: wenn ein Fremder nach Umrathshausen kommt und er sitzt nicht im Auto, dann ist er eben ein Hungerleider, und völlig unrecht ist diese Meinung wohl keineswegs. Sie schreien und schreien noch lange fort, wohl wissend, daß sie mir unerreichbar sind, und nicht ahnend, daß ihnen nichts geschähe, selbst wenn ich nur den Arm auszustrecken brauchte, um sie beim Wickel zu nehmen.

Im heißen Sonnenbrand schiebe ich mein Rad bergan. Die Höhe ist, mühselig genug, erreicht; im Aufsteigen, im Abfahren tut sich mir sekundenlang ein wundersamer Blick auf: zwischen grünen Baumzweigen ein winziges Stück glühenden Wassers, mitten darinnen ein möwenschlankes schneeweißes Segel. Schon ist der Anblick verhüllt, das Gefäll der Straße reißt mich zu Tal, unversehens bin ich am Ufer des Chiemsees.

Die drei Inseln

Der Chiemsee ist nicht ein Alpensee wie etwa der Königssee; Moorufer und Bergufer mit dem gegensätzlichen Hintergrund der Gebirgskette machen ihn mit Deutlichkeit zu einem Wasser des Alpenvorlandes. Daß wir wieder die Unendlichkeit des Himmels erfahren, des taghellen wie des gestirnten, dazu sollen wir in Zeiten immer wieder aus unseren Städten in solche Landschaft geraten. Drei Inseln hat der Chiemsee; die eine von ihnen, die unauffälligste, ist winzig und verschilft, nach homerischem Sprachgebrauche ein baumreiches Eiland, in dessen Abgeschiedenheit ein einziges Haus steht. Sie heißt Krautinsel und hat ehedem den benachbarten Benediktinerinnen zum Anbau ihrer Küchengewächse gedient. Die beiden anderen Inseln des Chiemsees haben eine reiche, mehr als tausendjährige Vergangenheit.

Von vereinzelten keltischen und römischen Niederlassungen abgesehen, gibt es in Altbayern kein Städtewesen, das bis über das eigentliche Mittelalter zurückreichte. Nicht von Städten und auch nicht von Adelsburgen hat das höhere Leben seine Ausstrahlung versandt, sondern von Klöstern. Die Geschichte keines deutschen Landes ist so eng mit der seiner Klöster verbunden wie die Bayerns südlich der Donau. Zu solchen geistlichen Gründungen der agilolfischen und der karolingischen Zeit gehören die stattliche Mönchsinsel Herrenchiemsee oder Herrenwörth und die bescheidenere, aber anmutreichere Nonneninsel Frauenchiemsee oder Frauenwörth.

Sanft, gütig, selbstverständlich liegt die Fraueninsel da mit hohen Bäumen, weißen Häusern, roten Dächern und der dunklen Haube des Kirchturms. Außer den Klosterbauten trägt sie ein Fischerdorf, viele freundlich berankte Häuser inmitten blütenbunter Gärten. Schöne, träumerische Weiden lassen die Zweige silbergrün zum Wasser niederrinnen, zwischen dem Ufer und den hohen grauen Klostermauern. Die schwermütige Sage von Hero und Leander, von den beiden Königskindern, die einander so lieb hatten und nicht zusammenkommen konnten, weil das Wasser viel zu tief war, hat sich auch hier niedergelassen. Sie berichtet von einem Herrenwörther Mönch, den die Leidenschaft trieb, nächtlich zur Fraueninsel hinüberzuschwimmen. Die Leiche des Ertrunkenen wurde vor den Augen der liebenden Nonne an das grüne Ufer des Fraueneilandes gespült.

Frauenwörth

Die uralte Niederlassung der Benediktinerinnen stand lange verwaist, bis König Ludwig I. sie ihrem Ursprungszweck wiedergab. Heute haben die Nonnen eine Mädchenerziehungsanstalt eingerichtet. Außerdem aber bereiten sie in fraulicher Obsorge einen gewürzhaften, jedem Magen wohlgesinnten Klosterlikör. Für sich allein steht der Glockenturm, der wohl einen schönen Abendklang über den Seespiegel aussenden mag. Die Kirche trägt noch aus alten Zeiten den stolzen Namen Münster; sie empfängt den Eintretenden mit archaischem, romanischem Portalschmuck. In den gotischen Schiffen reihen sich die Grabmale der Äbtissinnen, hinter dem Hochaltar birgt eine Kapelle die Reliquien der seligen Irmengard, der vielverehrten Patronin der Insel und des ganzen Chiemgaues, die eine Tochter Kaiser Ludwigs des Deutschen und des Klosters erste Äbtissin gewesen ist. Vielleicht schreibt sich von ihrer Abkunft der Gebrauch her, daß den Äbtissinnen bei ihrer Einführung vom Salzburger Erzbischof eine Krone aufgesetzt wurde. Unweit der

Kirche steht ein anziehendes Ehrenmal für die Gefallenen des großen Krieges. Eine schlichte ländliche Kapelle enthält ein Bild, rechts und links im Vordergrunde sind betend ein Bauer und eine Bäuerin dargestellt, dahinter der Chiemsee und die Insel, aus den Wolken hebt sich die Muttergottes mit dem Kinde. So ist diese Totenehrung in vollkommener Natürlichkeit erwachsen aus allen Lebensbestandteilen ihres Bodens; Landschaft, Bauernwesen, Gläubigkeit stellen sich zusammen wie die Glieder eines Leibes.

Chiemsee, Fraueninsel

Frauenwörth steht in einer vieljährigen malerischen Tradition, wenn es auch nie jenen schulebildenden Geist entwickelt hat wie etwa Worpswede oder Barbizon; Ableger Münchens mußten Wurzeln schlagen auf dieser glücklichen und Maler verlockenden Insel, doch haben künstlerische Traditionskolonien solcher Art ja immer auch ihr Bedenkliches.

Gemessen an diesem rührenden kleinen Eiland wirkt die Herreninsel weiträumig und selbstbewußt. Nähert man sich ihr zu Wasser, so erscheinen ihre Grenzen ungewiß, denn ihr dichtes Schilf verlängert das Ufergrün weit in den See hinein. Herrenwörths klösterliche Vergangenheit ist reich an Ruhm. Jahrhundertelang hatte seine Gelehrtenschule hohen Ruf. Jahrhundertelang hat das Kloster den Rang eines selbständigen Bistums innegehabt. Die Säkularisation hat die stolzen Bauten zerstört, verfallen lassen, verändert; die Kirche verlor ihre

Türme und wurde zum Bräuhaus, der Fürstensaal mit den Marmorsäulen zum Kuhstall.

Heute treten die Erinnerungen der Klosterzeit fast völlig zurück hinter dem unvollendeten, Versailles nachahmenden Schloßbau Ludwigs II. In den Sälen, Gärten und Parkwegen drängen sich die Bestauner dieser seltsamen Anlage, und dennoch herrscht ein Geist schauervoller Verödung und Herrenlosigkeit. War das Zeitalter dieses Baues so sehr von einem eilfertigen Parvenütum bestimmt, daß auch König Ludwigs kranker Geist sich keine andere Form finden konnte als die eines barbarisch überladenen Protzenprunks? Eher meint man in diesem Bourbonenwahn, der ihn antrieb, sein Schloß mit Lilienwappen zu schmücken und nachts die Geisterbesuche des Roi Soleil und seiner Hofgesellschaft zu erwarten, das folgerechte äußerste Stadium seiner Erkrankung zu sehen. Diese Traumwelt unbeschränktester Königsherrlichkeit sollte ihm die letzte Zuflucht sein; in ihr dachte er sich unangreiflich und unerreichbar.

Ausflugsdampfer, Segler und Motorboote machen den See lebhaft und menschennah. Und dennoch wünscht man sich, ihn einmal in der Einsamkeit früherer Jahrzehnte zu erblicken mit den stillen Fischerbooten und jener phantastischen Gondel, in der neapolitanisch gekleidete Matrosen den geduldlosen, drängenden Bauherrn nachts zu seiner Schloß- und Trauminsel rudern mußten.

Die Boote mit den verblassenden Segeln kehren heim. Der Himmel bewölkt sich, die schon tief stehende Sonne wird bleich und verschwindet. Eine zarte graue Färbung faßt Berge, Wasser und Himmel in einen elegischen Frieden zusammen, bis die Sonne ein letztes Mal schräg vorbricht und ein rotes Blutfanal über See, Inseln, Uferorte und Wolkenburgen hinflammt.

Italien im Innwinkel

Mondlos und schwarz ist die Nacht, in der ich, vom Chiemsee kommend, endlich in Wasserburg anlange. Ich habe Mühe gehabt, den Weg zu finden. Ein paar Lichter brennen noch, eine Gasthaustür steht freundlich offen. Ich kann nicht ahnen, welch eine Farbenherrlichkeit ich mit dieser Stadt betreten habe.

Die alte Straße von Salzburg nach München und Augsburg führte über Wasserburg. Das war die Straße, auf der das Salz nach Nordwesten gelangte; gleichzeitig aber wurde Wasserburg auch von dem Handelswege Innsbruck-Landshut-Regensburg berührt, und auch dieser diente der Ausfuhr des Alpensalzes.

In Salzorten strömten Menschen und Güter zusammen von den frühesten Zeiten an, diese Orte wurden Schnittpunkte allen Waren- und Marktverkehrs, Mittelpunkte jeder Lebenssteigerung. Das gilt nicht nur für die Orte der Salzgewinnung und Salzsiederei, sondern in bescheidenerem Maße auch für viele von den Siedlungen, die an den großen Straßen des Salztransportes lagen. Eine starke Festung wäre Wasserburg auch ohne das Salz gewesen; durch das Salz wurde es zugleich eine reiche Stadt.

Seine Festungslage ist überraschend, sein malerischer Charakter desgleichen, denn beide gehen auf dieselben natürlichen Umstände zurück. Die Schleife des Inn hat eine hufeisenförmige Halbinsel aus dem Moränenland gesägt, auf dieser liegt die Stadt. Sie hat zu Lande einen einzigen Zugangsweg, er führt den bezeichnenden Namen »Am Hals«. Diesen Zugang sicherten die hochgelegenen Befestigungen der hallgräflichen, später herzoglichen Burg. Herrlich ist der Blick von ihrer Höhe, herrlich der steiltreppige Abstieg zur Stadt, herrlich der Rundgang am Inn. Gegenüber ragen die graufelsigen, grünbekrönten Ufer der rechten Flußseite, diesseits spült der Inn an das kiesige, flache Ufer bis hart an die friedlichen Gärten, die den Häusern vorgelagert sind.

Am anderen Rande der Halbinsel reicht die pompöse Wehrhaftigkeit der Altstadt bis an den Fluß. Über den Inn führt eine Brücke geradwegig in die Wölbung des Brucktors hinein. Das ist kein Tor wie andere, es ist ein vielstöckiger zinnenbekrönter Komplex, riesenhaft wie die Häuser von Rosenheim. Aber die südliche Architektur ist in Wasserburg eindringlicher und reiner als in Rosenheim, dessen Stadtbild vom Verkehrs- und Gewerbsaufschwung neuester Zeit nicht unberührt bleiben konnte. Zugleich ist sie farbenfroher und schmuckreicher. Man bezeichnet diese Bauweise gern als Innstadtstil; sie hat ihre Gipfelung in der geistlichen Residenzstadt Passau erfahren, sie beherrscht Städte und Klöster des Inntales und strahlt herrlich hinüber an die Ufer der Salzach; donauaufwärts wirkt sie bis Straubing fort. Zu ihren Kennzeichen gehören die ausladenden Untergeschosse mit den gewölbten Bogengängen und die flachen, oft nach innen gesenkten Dächer, die von zinnigen Blendmauern überragt werden. Das eigentliche Dach wird man nicht gewahr; die aufgesetzte Mauerreihe verhehlt es und bindet sich mit der des Nachbarhauses zu einer stolzen Horizontalen. Wo die Fläche von Erkern belebt wird, da beschränken diese sich vielfach nicht auf einzelne Stockwerke; oft steigen sie turmartig bis zur Dachhöhe. In Wasserburg verschlingt sich all dies südliche Bauwesen sinnverwirrend mit den Formen des gotischen Mittelalters.

Wasserburg, alte Innbrücke

Wasserburg zählt vier- bis fünftausend Einwohner. Sein Rathaus hat eine Größe und Mächtigkeit, als sei von ihm aus eine Stadt von Hunderttausenden zu regieren. Patrizierbauten, neben denen die von Danzig und Lübeck winzig erscheinen, lassen den Reichtum ahnen, den der Handel in diese Mauern brachte. An die Stelle des Salzes traten später Korn, Wein, Tuchwaren, Tabak. Zur Zeit der Türkenkriege war Wasserburg ein wichtiger Verladeplatz für Truppen und Kriegsbedarf, die den Inn und die Donau hinabgeführt wurden. Wasserburg gehört zu den wenigen deutschen Städten, die während des Dreißigjährigen Krieges nicht gezwungen werden konnten, einem Feinde die Tore zu öffnen. Es lag hier ein kaiserliches Regiment. Der Regimentsschreiber hieß Grimmelshausen, und wir wissen, daß er noch andere Dinge geschrieben hat als Urlaubsscheine, Stammrollen und Quartierbilletts.

Wasserburg am Inn, Patrizierhaus am Marktplatz

Wasserburg ist still. Zwischen den Riesenquadern seiner Bauten geht man verloren einher. Hier und da sprießt Gras zwischen den Pflastersteinen. Es gibt eine Gasse mit dem wunderlichen und schwermütigen Namen »Vergessene Zeil«. Stromab von Wasserburg schaffen die zahllosen Krümmungen des Inn mit Burgen, Städtchen und Klöstern einen glücklichmachenden Bilderreichtum. Stellenweise hat der Fluß sich tief in steile Waldberge eingefressen, an anderen Orten gleitet die ansehnliche Wasserfläche ruhevoll durch ein breitgewordenes Tal. Überraschend erscheinen Kiefern auf den Höhen.

Etwas von der ehemaligen Verkehrs- und Handelsbedeutung der Inntalstraße ahnt man, wenn man auf den gewaltigen Marktplatz von Mühldorf kommt. Zwischen dem Ein- und dem Ausgangstor der Stadt hat sich die

Straße zu diesem Platz geweitet, der an die seenhaften Beckenbildungen mancher Flüsse erinnert und zugleich das Saalartige der Plätze Italiens hat. Hier sind Fuhrwerke einander ausgewichen, hier haben Wagen in langen Reihen gestanden oder sind in die wölbigen Einfahrten der Gasthöfe gebogen. Heute ist der Platz still, von den bezaubernden Puttenbrunnen plätschert unter Blumen das Wasser. Die bunten Häuser funkeln in allen Farben, aber sie haben ihren Anstrich nicht aus einem experimentierenden Prinzip erhalten, wie es vor einer Reihe von Jahren plötzlich in Magdeburg und anderen deutschen Städten geschah, sondern die Vielfarbigkeit ist ihnen natürlich, sie korrespondiert mit Himmel und Sonne als eine Selbstverständlichkeit des Südens. Soll es denn wahr sein, daß erst noch die Alpenmauer zu überwinden wäre, müssen nicht Trient, Verona, Vicenza hinter der nächsten Straßenbiegung ihren Anfang nehmen, jenseits jener schmalen einmündenden Gasse, deren gelbe Häuser querüber durch den malerischen Stützbogen verbunden sind? Am Ausgange der Stadt überspannt eine lange, holzgedeckte Brücke den Inn, am Anfang flankiert von zwei barocken, nachträglich herversetzten Heiligen, Johann von Nepomuk und Florian. Ich überquere die Brücke und nehme den Weg durch die Schotterebene des Inn. Endlich erheben sich in der Ferne aus flachwelligem Lande die schlanken Kirchentürme von Altötting.

Die schwarze Maria und ihr Feldmarschall

Altötting hat nichts gemein mit den übrigen Städten des Innviertels, welche der Handelsstraße ihre Entstehung und ihren Glanz verdanken. Hier hat es keine reichen Kaufherren und Patrizier gegeben, die sich Häuser im Stil von Kastellen und Palazzi errichteten. In der Nähe des großen Handelsweges gelegen, ist Altötting dennoch ein ungewerblicher Ort. Es ist eine Pfalz der Karolinger gewesen, allein auch dieser Charakter wirkt kaum noch nach: Altötting ist ein geistlicher Ort, alle anderen Bedeutungen sind aufgesogen worden von dieser einen.

Ein uraltes rundes Türmchen ist Altöttings eigentliche Keimzelle. Es heißt, dieser Turmbau sei ein heidnischer Tempel gewesen und habe der Verehrung der sieben Planetengottheiten gedient; sieben Nischen scheinen noch heute darauf hinzudeuten. Der heilige Bischof Rupert, Bekehrer und Täufer des agilolfischen Herzogsgeschlechts, habe den Bau zur Kapelle umgeschaffen und dem hölzernen Standbild der Muttergottes darin seinen Platz gegeben.

Tatsächlich hatte Altötting schon eine lange Vergangenheit, als das gotische Gnadenbild entstand und gegen Ausgang des Mittelalters die Wallfahrt aufkam. Die Karolinger wandten ihm Gunst zu, Karlmann und Karl der Dicke sind hier gestorben und begraben, später haben Heinrich III. und Heinrich IV. in Altötting ihre Hofhaltungen gehabt. Der bescheidene Turmbau mag die Pfalzkapelle gewesen sein. Die frühmittelalterlichen Einfälle der als Hunnen bezeichneten Ungarn haben die älteren Baulichkeiten zerstört, nur die kleine Gnadenkapelle erhielt sich unversehrt. Sie ist auch jetzt noch das Herz Altöttings, ja, das Herz Bayerns.

Die Kapelle steht mittelpunktartig auf einem mächtigen, freien Platz, einen Kranz grüner Bäume um sich. Um diesen Platz herum lagert sich die

Stadt. Im Anfang des sechzehnten Jahrhunderts wurde die Kapelle durch Anfügung eines turmgekrönten Langhauses und durch Schaffung eines die ganze Anlage umziehenden Arkadenganges erweitert. Dieser Umbau ist der Vorhof des Heiligtums, Wände und Decken sind eng mit Votivbildern behängt, von Jahrhunderten her bis auf unseren Tag. Die Bilder, oft von einer rührenden bäuerlichen Primitivität, schildern allerlei ländliche und häusliche Unglücksfälle mit wunderbaren Heilungen, Errettungen, Gebetserhörungen und Bewahrungen. Man sieht den Holzfäller, neben dem, ihn gerade noch streifend, aber nicht verletzend, der Eichbaum niederstürzt, der Blitzschlag unschädlich in den Boden fährt. Eine schlichte und innige Volksfrömmigkeit dankt hier für glückliche Heimkehr aus dem Felde, für Rettung aus Krankheit, Feuersbrunst, Absturz, Trommelfeuer, unschuldig erlittener Untersuchungshaft. Wallfahrer rutschen auf den Knien den Bogengang entlang, ein schweres Holzkreuz auf der Schulter.

Von diesem Gange aus betritt man das vorraumartige Langhaus und endlich die ursprüngliche Gnadenkapelle selbst. Neben mir wird eine alte Bäue-

Das Goldene Rößl in Altötting

rin im Rollstuhl über die Schwelle geschoben, die gefalteten Hände zeichnen sich unter der Decke ab, die Augen sind halb geschlossen, über dem strengen, wie aus bräunlichem Stein gemeißelten Gesicht liegt die gesammelte Inbrunst jenes Glaubens, der Berge von ihrer Stelle rücken kann. Vorraum und Kapelle haben Wände von schwarzem Marmor, aber dies Schwarz verschwindet fast gänzlich unter dem silbernen Gefunkel der Weihgaben. Überwältigend ist die geheimnisvolle Wirkung dieses von Glanz durchbrochenen Halbdunkels, die Stille des von knienden Betern erfüllten Raumes. Man meint, die Ausstrahlungen der tiefen Gläubigkeit, die seit viereinhalb Jahrhunderten unablässig hier ihre Gebete sprach, wie etwas körperhaft Wahrnehmbares zu spüren. Viele beten stumm, andere murmelnd; aber das Murmeln der einen, das Seufzen der anderen macht das heilige Schweigen des Ortes nur noch vernehmlicher. Und in die beterische Stille tönt ohne Aufhören das Gezwitscher der Vögel vom Türmchen und Dachwerk wie ein Loblied. Und langsam näherkommend fluten von draußen die Klänge eines Wallfahrerliedes:

»Meerstern ich dich grüße, o Maria hilf!«

Oder:

»Schwarz bist, Maria, du, doch himmlisch schön.«

Das Gnadenbild steht über dem Tabernakel inmitten des silbernen Altarbaues. Rechts und links knien betend, in Lebensgröße aus massivem Silber gebildet, der selige Konrad von Parzham und der junge, von schwerer Krankheit genesene Erbprinz Maximilian Joseph, der spätere Kurfürst Maximilian III. Die Marienstatue ist eine Holzschnitzerei des vierzehnten Jahrhunderts; die alte Bemalung hat sich erhalten, der schwarze Bezug ist vom Ruß der ununterbrochen brennenden Kerzen entstanden. Von Mutter und Kind sind nur die Gesichter zu erblicken, die Gestalten sind verhüllt von den kostbaren, juwelenfunkelnden Schmuckgewändern, mit denen Liebe, Andacht und dankbare Hingebefreudigkeit sie bekleidet haben. Ebenso wie der Knabe erscheint auch die Mutter kindlich rührend unter ihrer schweren, großen Krone; man möchte an eine kleine Prinzessin denken, ein Kind, das von liebenden Dienern mit den uralten und riesigen Königsinsignien seines Stammes aufgeschmückt worden ist.

In Zeiten der Bedrohung und Bedrängnis ist Unsere Liebe Frau von Altötting mehrfach geflüchtet worden, so im Dreißigjährigen Kriege nach Burghausen und Salzburg; zum letzten Male geschah eine solche Flucht vor den anrückenden Spartakisten im Frühjahr 1919. Ein Geistlicher brachte das Gnadenbild, in ein Tuch gehüllt, nach Passau, von wo eine Prozession es endlich in feierlichem Triumph zurückführte.

Die schwarze Muttergottes ist von jeher verehrt worden als die Patronin Bayerns. In ihrer Verehrung hat sich sehr deutlich die natürliche Verbundenheit zwischen dem bayerischen Volk und dem Hause Wittelsbach dargetan. Fast alle Glieder dieses Hauses haben häufig die Wallfahrt nach Altötting gemacht; gleich ihnen taten es die Habsburger, unter ihnen auch Maria Theresia und Marie Luise, die als Napoleons Braut vor der Reise nach Frankreich den Schutz der Gottesmutter von Altötting erbat, ferner Papst Pius VI. und viele andere Kirchenfürsten, Tilly und Prinz Eugen und der Feldmarschall Khevenhüller, des edlen Ritters Kampfgefährte. Heute werden die Pilger auf dreimalhunderttausend im Jahr geschätzt.

Mit den wittelsbachischen Wallfahrten zur Gnadenkapelle ist es nicht getan. Altötting ist das Herz Bayerns, das Herz Wittelsbachs noch in einem anderen Verstande. Im siebzehnten Jahrhundert kam der Gebrauch auf, daß die Herzen der Wittelsbacher, unabhängig von der Bestattung der Leiber, zu Füßen der schwarzen Muttergottes in der Altöttinger Gnadenkapelle beigesetzt wurden. Unter dem Steinpflaster des Bodens, in die Wände gemauert, zumeist aber in kostbaren Silberurnen in die schwarzen Marmornischen gesetzt, ruhen hier die Herzen der Kurfürsten und Könige, darunter das des Karl Albert, der unter dem Namen Karl VII. der letzte Gegenkaiser des alternden Reiches gewesen ist. Auch das Herz des unglücklichen Ludwigs II. und das Herz des letzten, 1922 verstorbenen Bayernkönigs Ludwigs III. haben hier ihre Stätte gefunden.

Schon vor dem Aufkommen der Wallfahrt hat in Altötting eine ansehnliche Stiftskirche gestanden. Mit der Zeit gesellten sich Ordensniederlassungen dazu, allerlei geistliche Institutionen, neue Kirchen und Kapellen, und heute ist Altötting eine durchaus vom Kirchentum bestimmte Stadt, die in der alten Turmkapelle ihren Mittel- und Ursprungspunkt verehrt. An den Kapellenplatz stößt die schlanktürmige gotische Pfarrkirche, in welcher der Tod von Altötting, unfühlend, unablässig, unermüdlich die Sense regend, auf seinem Uhrengehäuse steht, Verkörperung nicht sowohl der jeden Augenblick uns streifenden Nähe des Todes, als vielmehr jener grauenhaften und seelenlosen Mechanik, mit der sich dem natürlichen Blick der äußere Ablauf des Sterbensgesetzes darstellt. Eine der Kapellen dieser Kirche erwarb Tilly als Grabstätte für sich und seine Verwandtschaft. Er starb an einer Schlachtenwunde zu Ingolstadt und wurde dort bei den Jesuiten beigesetzt, während sein Herz den Ehrenplatz unter den Herzen der Wittelsbacher in der Gnadenkapelle erhielt, in nächster Nähe des Kurfürsten Max, dessen Schlachten er gewonnen hat. Die lateinische Inschrift über der Vermauerungsstelle besagt: »Sein Leben war Kriegsdienst, sein Tod Triumph. Und nun ist sein Herz dort, wo sein Schatz war. Ein Demütiger, hat er die Demut der Gottesmagd, ein Keuscher, die Mutter der Keuschheit verehrt, ein Krieger, den Kampf Gottes gekämpft. Darum gab ihm der Herr als gerechter Richter die hinterlegte Krone der Gerechtigkeit am letzten Tage des April im Jahre Christi 1632.« Zwei Jahrzehnte nach Tillys Tod wurde auch sein Leib von Ingolstadt

Die Schwarze Muttergottes von Altötting

in die vorbestimmte Begräbnisstätte zu Altötting verbracht. Die schlanke gotische Kapelle enthält schönen Bilderschmuck aus älterer Zeit. Den Eindruck des Hohen und Schlanken verstärkt der steil aufstrebende Altar, dessen großes Kreuzigungsbild Plastik und Malerei gemeinsam haben erschaffen müssen. Den Blick zu Christus erhoben, umklammert der kniende Feldmarschall den Kreuzesstamm, neben dem sein Helm am Boden liegt. Mit der anderen Hand deutet er auf die Inschrift: »Christo confixus sum Cruci, vivo jam non ego, vivit vero in me Christus. Clamavi ad te, Domine, et dixi: Benedictus Dominus Deus meus, qui docuisti manus meas ad praelium et digitos meos ad bellum. Tu es fortitudo mea in terra viventium.« – »Mit Christus bin ich geheftet ans Kreuz, nicht ich lebe mehr, sondern Christus lebt in mir. Zu Dir habe ich gerufen, Herr, und gesprochen: Gelobt seiest Du, Herr, mein Gott, der Du meine Hände kriegführen und meine Finger kämpfen gelehrt hast. Du bist meine Stärke im Lande der Lebenden.« Nach dem Geschmack der Zeit findet sich dabei, in wunderliche Verschnörkelungen und Anagramme gehüllt, Name und Lebenszeit des Heerführers.

Das Aufsuchen und Entziffern merkwürdiger Grabschriften gehört seit langem zu meinen Liebhabereien. Heutigen Tages überwiegt auch hier das massenhaft Geprägte, die öde Schablone. Frühere Zeiten haben uns, zumal in lateinischer Sprache, lapidare und wahrhaft monumentale Denksprüche hinterlassen, deren mir in Altötting manche begegnet sind. Nicht zuletzt denke ich an den würdigen und zugleich wie Geläut erst machtvoll hallenden, dann hell auftönenden Spruch auf der großen Glocke der Pfarrkirche vom Ende des fünfzehnten Jahrhunderts:

»En ego campana
nunquam pronuncio vana: Ignem vel festum,
bellum auf funus honestum.«

Zu deutsch: »Siehe, ich, Glocke, verkünde niemals etwas Geringes, sondern entweder Feuer oder Festlichkeit oder Krieg oder ehrenreiches Begräbnis.« Unmittelbar vor den Altarstufen der Tillykapelle führt eine Treppe abwärts in die Gruft an den großen geschmückten Metallsarg. Hier verkündet eine lateinische Inschrift, Tilly ruhe hier nach seinen Kriegen in Frieden und erwarte nach dem Schalle so vieler Posaunen den der allerletzten. Sehr eindrücklich spricht des Feldherrn eigentümliche Wesensart hier noch heute zu dem, der die Kapelle aufsucht. Dieser asketische Kriegsmann, der von sich sagen durfte, er habe nie einen Rausch gehabt, nie eine Frau berührt, nie eine Schlacht verloren, dieser Soldat Gottes und des Kaisers ist in seinem Nachruf mannigfach verdunkelt worden. Mit aller Härte und Grausamkeit Pappenheims hat die spätere Volksüberlieferung den ernsten, aber nicht ungütigen Tilly beladen; dabei sind die zeitgenössischen Chroniken gerade der evangelischen Städte voll von Berichten, die ihn überall bestrebt zeigen, Greuel zu verhindern, Zuchtlosigkeiten der Soldateska niederzuschlagen. Die Ortschaften zittern vor Pappenheim und hoffen auf Tillys Kommen. Die Ursache des argen Ruhmes, in den Tilly geriet, liegt darin, daß er neben dem vieldeutigen Wallenstein die größte Feldherrnpersönlichkeit der katholischen Partei war; so mußte er den Protestanten als die Inkarnation des Feindes schlechthin erscheinen. Besonders hat die Zerstörung Magdeburgs sein Bild beschattet, und doch hat die Geschichtsschreibung ihn längst von diesem Vorwurf gereinigt. Eine Erklärung geht dahin, der schwedische Kommandant Falkenberg, der bei der Eroberung im Straßenkampfe fiel, habe unmittelbar vor seinem Ende den Befehl zur Brandlegung gegeben, um die kaiserliche Armee des wichtigen Stützpunktes verlustig gehen zu lassen. Wahrscheinlicher ist, daß das Feuer ohne jeden Befehl aufkam, einfach im wilden Plünderungstreiben der Soldaten, wie es damals Kriegsbrauch und -recht in allen Armeen war.

Gegenüber der Tillykapelle enthält ein Anbau der Pfarrkirche die Schatzkammer. Hier ist ein märchengleicher Reichtum an kostbaren Weihgeschenken aufbewahrt; es funkelt von Gold und Geschmeide, die Zahl der Brillanten allein geht in viele Hunderte. Hier steht auch das berühmte »Goldene Rößl«, ein Aufbau aus massivem Golde, in zierlicher Arbeit eine Marienverehrung darstellend; seinen Namen trägt es von dem Reitpferde des einen Beters, das unterhalb des Sockels von einem Bedienten am Zügel gehalten wird. Der erläuternde Mesner erzählt die Geschichte eines Raubversuchs, bei dem zwei Einbrecher in der bösesten Nachkriegszeit das Rößl bereits losgefeilt hatten. Er versäumt nicht, zu bemerken, daß die beiden keine Bayern, sondern Berliner waren. Sie ahnten nicht, daß eine heimliche elektrische Läutanlage schon die Gendarmerie alarmiert hatte. Plötzlich sahen sie sich umstellt, sie wollten schießen, die Gendarmen kamen ihnen zuvor; jeder von beiden empfing einen Schuß, der ihn kampfunfähig machte. Der eine starb an seiner Wunde, der andere erhielt eine achtjährige Zuchthausstrafe. Es ist unheimlich zu denken, daß er sich heute in aller Freiheit bewegen mag.

Im Lande zwischen Isar und Inn fließt die stille Rott durch den breiten Talgrund. Da ist gemächliches, wohlhabendes Bauernland, berühmt durch die Rottaler Pferdezucht und die Pferderennen von Pfarrkirchen. Aus einem der Dörfer dieses Bodens, aus Parzham, stammte Hansl Birndorfer, der Sohn des Venusbauern. Bis in sein einunddreißigstes Jahr führte er ein stilles, in sich gekehrtes Ackerleben, durchschimmert von jener leidenschaftlichen bäuerlichen Glaubensstärke, die im altbayerischen Lande zu Hause ist. Er wollte Priester werden, war aber nicht mehr jung genug zum Studieren. So wurde er Kapuzinerbruder in Altötting und hütete hier als Bruder Konrad dreiundvierzig Jahre lang das Pförtneramt, ein Freund und Vertrauter der Kinder und der Armen. Er starb 1894 im Rufe der Heiligkeit. Die Seligsprechung der Kirche besiegelte die zutrauliche Verehrung, die das Innviertler Volk ihm schon zu Lebzeiten entgegenbrachte. Von der Gnadenkapelle ziehen die Pilger zu seinem Grabe in der alten Kapuzinerkirche St. Anna. Er ist ein rechter Volksheiliger, ein Bauernheiliger. Die Dorfleute kommen zu ihm, er ist Blut von ihrem Blut; aufgewachsen mit Rossen und Rindern, mit Pflug, Egge und Sense; in ihm verklärt sich alle Erdenkraft dieses Ackerlandes.

Die Stadt unter der Erde

Nahe dem Wallfahrtsort liegt Neuötting, im Hügellande zwischen Flußtal und Hochebene. Es ist nicht, wie man meinen könnte, ein moderner Vorort von Altötting, sondern ein Städtchen für sich, dessen Neuheit inzwischen schon sieben Jahrhunderte alt geworden ist. Es ist dem Inn näher, und es gehört in die Familie der bunten Innstädte. Auch hier erscheint der Stadtplatz als rechteckige Straßenverbreiterung zwischen zwei Stadttoren. Ich freue mich an der lichten Anmut der schlanken Kirche, mein Blick fällt rechts und links in Schwibbogengäßchen; ein ahnungsvoller graubläulicher Dämmerungsschleier überzieht die spärlich beleuchteten Winkel und Laubengänge. Das Gelb und Rosa der bunten Häusermauern glimmt abschiednehmend durch die Dämmerung. Alles lockt, ein träumerisches Umherstreifen bis ans Aufglitzern der Silbersterne fortzusetzen. Aber der Abend fällt ein, ich will noch die Salzach erreichen, ich reiße mich los.

Die Wälder dunkeln stärker, Stille und Einsamkeit werden groß. Ist es ein Fuchs, ein wildernder Hund, ein Traumtier, was vor mir quer über den Weg schnürt? Einmal begegnet mir ein Kraftwagen, der weiße Straßenstaub wölkt geisterhaft vor den Scheinwerferlichtern in die Höhe, dann schließt die Schwärze sich wieder zusammen. Es geht bergauf, es geht bergab, der Fluß unter der Brücke muß die Alz sein. Ein hochgelegener Ort türmt nächtliches Bauwerk auf. Ist es ein Schloß, ein Kloster, eine Brauerei oder nur ein seltsam geformter Hügel? Kein Mensch ist mehr draußen, nur ein paar Hunde schlagen an. Bald bin ich wieder im Walde, und trotz der geschwinden Bewegung schaudert es mich in der Kühle. Noch immer habe ich dies eine nicht gelernt: wenn ich mich in frühsommerlichen Sonnentagen zur Reise anschicke, dann mein Herz zu dem Glauben zu zwingen, diese geliebte Welt könne je, im Absinken des spätwerdenden Jahres, sich in Kälte, Regen, Feindseligkeit verhüllen; gleichwie es mir bei einem morgenhellen Aufbruch nicht möglich ist, an eine künftige Verdüsterung des Himmels zu glauben und mich auf sie zu richten.

Die lautlosen schwarzen Wälder scheinen sich dichter zusammenzuschließen. Endlich gewahre ich in der Ferne ein gelbliches, wirr verstreutes

Burghausen an der Salzach

Lichtergefunkel; das ist Burghausen an der Salzach. Die Straße gabelt sich, eine bleibt auf der Höhe, die andere leitet abwärts. Ich kann es nicht lassen, der oberen zu folgen; ich komme durch Tore, über Brücken, unter Bäumen durch, ich ahne die weitläufigen Anlagen der Burg. Endlich heißt ein verschlossenes Tor mich umkehren und die steil zur Talsohle, steil zur Stadt führende tiefere Straße nehmen.

Man sagt, Napoleon, der ja einen scharfen Blick für jede Besonderheit des Geländes hatte, habe Burghausen die Stadt unter der Erde genannt. Dies ist treffend, aber nicht erschöpfend. Man müßte von Burghausen als von einer Doppelstadt sprechen, denn diese Burg, die größte Deutschlands, ist eine Stadt für sich. Burghausen scheint gleich Wasserburg halbinselig vom Flusse umzogen; indessen ist das eine Täuschung, denn was man auf den ersten Blick für die Flußkrümmung zu nehmen geneigt ist, das ist in Wirklichkeit der lange, flußartig gewundene Wöhrsee. Zwischen See und Salzach erstreckt sich jener längliche Bergrücken, der die Burg trägt. In den schmalen Talraum zwischen Burg und Fluß hat die Stadt sich einzwängen müssen. Zwei Städte also liegen in zwei verschiedenen Stockwerken neben- und untereinander, die Stadt und die Burg, die in ihrer über tausend Meter betragenden Längsausdehnung wie eine zweite Stadt auf dem Berge den Zug der eigentlichen, der Talstadt, schützerisch und mit gutmütiger Geringschätzung begleitet.

In der Morgenhelle steige ich in dieser Burgstadt umher. Hier oben haben bayerische Herzöge gesessen; als Prinzenerzieher wohnte hier der gelehrte Humanist Aventinus, der erste Geschichtsschreiber Bayerns. Immer neuen Toren und Gebäuden sehe ich mich gegenüber, dazwischen liegen Gärten und Wohnhäuser, ein kirchlicher Bau; langgedehnte Vorbefestigungsanlagen und Schenkelmauern ziehen sich talwärts. Auf den Gebäuden sehe ich einige jener schwalbenschwänzigen Skaliger-Zinnen, denen man in Oberitalien so häufig begegnet und von denen es heißt, sie hätten einstmals die ghibellinische Gesinnung des Burgherrn auszudrücken gehabt.

Im Schatten und Zwang dieser riesenhaften Burg liegt unten die Bürgerstadt. Es ist in seiner natürlichen Ordnung, daß sie von der Burg ihren Namen erhielt. Es leuchtet ein, daß am Fuße einer so deutlichen Bekundung landesfürstlicher Macht sich unmöglich etwas entwickeln konnte, das auch nur von ferne an reichsstädtische Selbstherrlichkeit hätte erinnern können. Daß sich trotzdem ein patrizischer Reichtum und Prunk hat entfalten dürfen, ist merkwürdig. Aber die Stadt befand sich ja nicht nur unter der Drohung, sondern auch unter dem sicheren Schutze der Herzogsburg. Auch in Burghausen klingen gotische Bauformen in höchstem malerischen Reiz mit denen des italischen Innstadtstils zusammen. Hart bis an die Salzach drängen sich Wohnhäuser und Klosterbauten. Jenseits der Flußbrücke liegt Österreich.

Ich entsinne mich eines schmächtigen, jungen Menschen von Klugheit und Entschlossenheit, mit dem ich in München studiert habe. Durch ihn habe ich zuerst von seiner Heimatstadt Burghausen erfahren. Ich finde seinen Namen auf dem Ehrenmal. Ein kleiner, viereckiger Platz trägt einen Obelisken zur Erinnerung an die Toten von 1870. Dahinter, würdig und schlicht und in vorbildlicher Zucht des Geschmackes, öffnet sich ein helles, spitzbogiges Tor auf die Salzach und das grün ansteigende österreichische Ufer. Es trägt die Aufschrift: »Der Tod war euch ein Tor zur Freiheit und zum Licht.« In den inneren Torwänden sind die Namen der Gefallenen verzeichnet.

Gegen Mittag breche ich auf. Im Waldgebiet, hoch oberhalb des Flusses, erscheint grau, weiß und gelb die Wallfahrtskirche Marienberg, unten am Wasser das Zisterzienserkloster Raitenhaslach. Ich erinnere mich dankbar des guten Raitenhaslacher Klosterbiers, das ich den Abend zuvor in Burghausen getrunken habe.

Burghausen, Innere Burg

Die schlanken Türme

Über Alz, Inn, Rott und Vils, durch Waldland und behäbige Bauernortschaften bin ich abermals zur Isar gekommen. Ihr Tal ist moorig und breit, der Fluß verzweigt sich in Arme; dennoch offenbart er ein wildes Ungestüm, als habe er eine schmale, gefällreiche Felsenschlucht hinabzulaufen. Hier liegt Landshut, zwischen den Alpen und dem Bayerischen Walde die Mitte bezeichnend. Die Stadt mit dem schönen, im schlesischen Landeshut wiederkehrenden Namen, begreiflicherweise hat ihn zuerst die hoch über der Stadt gelegene Herzogsburg getragen, die später Trausnitz genannt wurde, –streckt sich weit hinein in die grünen Wiesenflächen der Isarauen. Wie die größeren Städte Altbayerns, mit alleiniger Ausnahme von Regensburg, erst als wittelsbachische Residenzen hochwachsen konnten, so ist auch Landshut durchaus eine Fürstenstadt. Hier saß durch drei Jahrhunderte jene Linie des bayerischen Herzogshauses, die vornehmlich durch ihren Reichtum und ihre breitwürfige, aber geschmackvolle Prunkentfaltung berühmt wurde. Reichtum und Prunk strahlten in die Bürgerstadt hinüber, in der zeitweilig ein halbes Hundert selbständiger Goldschmiedemeister im Flor stand.

Landshuts große Zeit war das Mittelalter, seine stolzesten Tage waren die der vielberedeten Fürstenhochzeit von 1475, die Herzog Georg den Reichen mit einer polnischen Königstochter verband und von Mitwelt wie Nachwelt als unwiederholbarer Gipfel fürstlichen Glanzes empfunden worden ist. Fast alle Souveräne des mittleren und südlichen Deutschland waren neben zahllosen Ausländern gekommen, dazu Kaiser Friedrich III. mit seinem Sohne, der später Max I. hieß; selbst der Sultan ließ sich durch seine Brüder vertreten; im ganzen sollen über tausend Fürstlichkeiten gezählt worden sein. Noch jetzt hält ein alljährliches Festspiel diese großen Tage von Landshut lebendig. Fast will es notwendig erscheinen, daß diese Hochzeit keine glückliche Ehe heraufführte. Der Herzog, ein Jäger, Trinker und jovialer Müßiggänger, geldsüchtig und freigebig in einem, richtete seine Gunst bald genug nach anderen Seiten. Mit ihm beginnt Landshuts Renaissanceepoche, die unter seinen Nachfolgern mit der Ausgestaltung der mittelalterlichen Burg Trausnitz und mit der Errichtung des Residenzschlosses in der Stadt ihre Krönungen erfuhr. Die Burg, in welcher der Hohenstaufe Konradin erzogen worden ist, wurde zum Palast, ohne damit ihren wehrhaften Charakter einzubüßen; Anlagen, Lusthäuschen, Tiergärten zogen sich von den Bergen ins Isartal. Es entstanden die anmutigen Doppelarkaden des Innenhofes, die überreich ausgezierten Säle, es entstand die entzückende Narrentreppe, die in Callots Manier mit den drolligen, phantastischen Figuren der italienischen Stegreifkomödie ausgemalt ist. Hier treibt ein scharfsichtiger und ausgelassener Humor sein Wesen, unerschöpflich in Einfällen, Neckereien, prägnanter Charakterisierung. Und auf dieser Burg hat Ludwigs II. Bauphantasie ihre ersten Sprünge getan. Den Prunk zur hohlen Blendung, den Formenreichtum zur Überladung steigernd, schuf er sich Räumlichkeiten, die er nie benutzt hat.

Landshut, St. Martin

Zur Trausnitz gesellte sich der Residenzbau in der Altstadt, den gänzlich die Gedanken der italienischen Renaissance beherrschen. Er ist das erste

Zeugnis dieser neuen Bauweise auf deutschem Boden, und die niederbayerischen Herzöge traten mit dieser Schöpfung an die Spitze jener Entwicklung, die einem Jahrhundert das Gesicht gab. Wand- und Deckenmalereien, Intarsiaplafonds, der festliche Säulenhof, Diana-, Apollo-, Planetenzimmer übertragen befremdlich das neue Fürstenwesen des Südens in die weite, gemächliche niederbayerische Landschaft.

Burg Trausnitz in Landshut

Aber so stark ist in Landshut das gotische Mittelalter des reichen und stolzen Bürgertums, daß alle Renaissancepracht vor den Zeugnissen seines Geistes verschwindet. Das Bauideal der Renaissancezeit strebte den harmonischen Ausgleich zwischen Höhe und Breite an, der Stil der Innstädte verbindet Höhe und Breite zu felsenhafter Massivität; Landshut aber ist schlank, himmelaufwärts gerichtet im deutschen und gotischen Sinne. Die Altstadt hat Lauben, aber sie sind grundverschieden von denen des Inntales, sie sind unsüdlich gleich den schlesischen, wie auch die backsteinernen Bürgerhäuser mit ihren Treppengiebeln ein nördliches Aussehen haben; sie könnten in Lübeck stehen oder in Münster.

Die alten Landshuter waren nicht frei im Sinne anderer Städte, sie hingen von ihren Herzögen ab und sie hingen ihnen an. Sie schlugen deren Schlachten und ließen sich ihre Kampftüchtigkeit in der Verleihung des Wappens mit den drei eisernen Sturmhauben bestätigen; in einer Landshuter Fehde verlor

Götz von Berlichingen die fleischerne Faust. Welch ein Selbstbewußtsein aber die reiche Stadt trotz solcher Abhängigkeit erfüllte, das bekundet ihr stolzes Rathaus mit der schönen Dreigiebelfront, das bekunden noch deutlicher die Kirchen zu St. Martin und zum Heiligen Geist, die wie zwei Festungen den Aus- und Eingang der Altstadt behüten. Es sind Backsteinkirchen spätgotischen Stiles, aber sie haben wenig gemein mit ähnlichen Bauten Norddeutschlands, die durch sparsam gegliederte Flächen und eine oft grandiose Leere der Außenwände ihre Wirkung tun. Sie sind lebhaft und reich, Anbauten, Kapellen, Schmuckwerk geben ihnen eine Fülle der Bewegtheit, ohne sie in Unruhe zu bringen. Erbauer der beiden großen städtischen Gotteshäuser ist Hans Stetthaimer, den man den Vater der Spätgotik genannt hat. Seine Kunst und Art haben von Landshut aus weithin gewirkt. Hinter St. Martin zeigt man das kleine, bescheidene Häuschen, das der Meister bewohnte, gänzlich im Schatten seines Werkes. In Stetthaimers Bauten, aber auch schon in der älteren Kirche St. Jodok, feiert die Landshuter Schlankheit ihren Triumph. Der Turm von St. Martin ist mit seinen hundertunddreiunddreißig Metern der höchste ganz Bayerns, er gleicht stolz und kühn die Tiefenlage der Stadt im Verhältnis zur Burg Trausnitz aus, und die Landshuter sagten von ihm, er vermöge ihren Herzögen in die Suppenschüssel zu gucken. Diese Kirchen sind eintürmig, ein zweiter Turm könnte nur Abschwächung sein. Und ihre Schlankheit kehrt allenthalben wieder: in den altstädtischen Hausgiebeln und im Turm des Rathauses; fast minarettartig schießt das Türmchen des gelbweißen Klosters Seligental in den Himmel.

Dreimal ist Landshut im Dreißigjährigen Kriege von Schweden und Franzosen genommen worden; am furchtbarsten war die zweiwöchige Plünderung durch Bernhard von Weimar, die tausend Menschen das Leben kostete. Zwei Jahre vor ihm war Gustav Adolf eingeritten; erbittert durch die erlittenen Verluste, ordnete er die Niederbrennung der Stadt an. Während er von der Trausnitz zur Residenz hinunterritt, wichen die flehenden Vertreter der Stände nicht von seiner Seite. Endlich verzichtete er auf die Zerstörung gegen eine Kontribution von hunderttausend Talern, welche freilich den Ruin der Stadt bedeuten mußte. Bildhafter und eindrucksvoller schildert den Hergang die Sage. Nach ihr versammelte der König auf der Ländwiese vor Landshut seine Truppenführer zu einem Festessen. Als er den Becher zum Munde hob, geschah ein Donnerschlag bei heiterem Himmel, und der Diamantring an Gustav Adolfs Hand sprang in zwei Stücke. Der König erschrak, denn der Ausspruch eines lappländischen Zauberers hatte sein Kriegsglück und Leben von der Unversehrtheit des Ringes in Abhängigkeit gebracht. Er stand vom Tische auf und ritt zur Stadt, wo abermals eine Abordnung des Rates um Schonung flehte. Unter der Erschütterung des bösen Vorzeichens nahm er den Brandbefehl zurück. Ein halbes Jahr danach ist er bei Lützen gefallen.

Seinen letzten Glanz erfuhr Landshut im ersten Viertel des vorigen Jahrhunderts. Die altberühmte Universität von Ingolstadt wurde der Kriegsgefahr halber nach Landshut verlegt, das nun für eine Weile ein Sammelpunkt bayerischen Geisteslebens und eine Art Nebenburg der Romantik wurde. Der Jurist Savigny, der Mediziner Ringseis, der Theologe Sailer, der große Kriminalist Feuerbach lehrten damals in Landshut, Brentano mit Bettina und dem jüngeren Freunde Diepenbrock stellten sich ein; unter den Studenten war Kronprinz Ludwig, der als König die Landshuter Universität in seine aufblühende Residenzstadt München verlegte.

Heute ist die stolze und schlanke Stadt ein Ort der Behörden und ein Ort der Arbeit geworden. Der Landshuter Brasiltabak wird in ganz Bayern geschnupft. Auch ich leugne nicht, ihm zugetan zu sein. Aber meinem Herzen stehen die schlanken Türme doch näher.

Provinz

Dem Vorwurf der Unwahrheit weiß ich nicht anders zu begegnen, als indem ich meinen Eid zur Erhärtung des Folgenden anbiete. Lange bevor ein freundliches Wanderglück mich zum erstenmal in die nördlichste Donaustadt verschlug, begegnete ich einem soeben aus Regensburg gekommenen Berliner Kunstgelehrten. Meine Frage beantwortete er mit den unvergeßlichen Worten: »Dom, Kreuzgang, Schottenportal – natürlich hochinteressant. Sonst? Gott, eben Provinz.« Der gleiche Gesprächspartner liebte es, den Wannsee auf Kosten des Gardasees zu preisen. Dieser sonderbare Lokalpatriotismus mancher Berliner, darunter gerade solcher, die sich voll Entrüstung gegen den Vorwurf überhaupt irgendeines Patriotismus verwahren würden, hat für mein Gefühl etwas Rührendes, auch wo er sich anmaßlich oder angreiferisch gebärdet. Vielleicht indessen handelt es sich weniger um einen Lokalpatriotismus als vielmehr um eine zentralistische Großstadtvergottung. Höchst merkwürdig ist es übrigens, daß diese Leute, oft genug Berliner erst seit wenigen Jahren, es gleichgültig finden, ob jemand von Chemnitz nach Freiburg, von Köln nach Breslau oder Stuttgart übersiedelt, während sie einen freiwilligen Wegzug von Berlin als eine unbegreifliche und ehrenrührige Fahnenflucht betrachten.

Nun, der unglückliche Kaiser Marc Aurel, der ein Philosoph war und in Wien gestorben ist, hat weder von Berlin noch vom Wannsee etwas gewußt. Regensburg aber ist ihm sehr vertraut gewesen. Mir ist es ein freundlicher Gedanke, daß eine meiner Urmütter gerade von Regensburg nach Riga gekommen ist.

Ich habe, seit ich jene berlinische Auskunft erhielt, manchen Tag an die Unerschöpflichkeit dieser Stadt gesetzt; ich wollte, ich könnte ein Jahr an sie setzen, ein Jahrzehnt oder ein Leben.

Von Regensburg erzählen zu wollen, das dünkt mich ein Unterfangen, als wollte man versuchen, einen tausendjährigen Wald zu schildern; da man denn immer Gefahr läuft, entweder vor Bäumen den Wald oder vor Wald die Bäume nicht zu sehen. In Regensburg kann man sich verlieren wie in einer blühenden Felsenwildnis, daß einem das Auge über-, das Herz aufgehen muß; hier hat das Wachstum begonnen, ehe noch die ersten Legionen die Donau erreichten. Die römischen Festungsbauten ragen noch jetzt aus den Bürgerhäusern. Kaiser und Heilige sind hier begraben. Groß ist der Reichtum an kostbaren Bauten des Glaubens; immerhin sind sie heute zählbar. Wie viele aber diese Stadt in ihren zwei Jahrtausenden insgesamt besessen hat, weiß heute niemand mehr, denn von den turmartigen Stadtburgen der Geschlechter hat ehedem fast jede ihre eigene Kapelle gehabt. Wenige Städte Deutschlands haben so sehr teilgenommen an allen Geschicken des Reiches wie Regensburg. Immer war es Mittelpunkt. Als von Nürnberg und Augsburg noch nicht gesprochen wurde, lag in seinen Händen der Gütertausch mit Italien, von Regensburg gingen die Kaufmannszüge nach Krakau und Kiew. Neben den Juden siedelten sich Syrer und Griechen an. In Regensburg begann und beginnt die schiffbare Straße nach Südosten.

Gegen Ende des Mittelalters ging der Handel zurück, die Stadt mußte fürstlichen Rückhalt suchen. Aber sie hört nicht auf, ein Brennpunkt deutschen Lebens zu sein, ein Strahlen sammelnder und versendender magischer Spiegel. Immer wieder bringt sie Künstler und Gelehrte hervor oder zieht sie an sich. Die Mönche von Sankt Emmeram erscheinen schon um die erste Jahrtausendwende als Träger und Ausbreiter theologischer, geschichtlicher, naturwissenschaftlicher Bemühungen, und noch zur Zeit der Säkularisierung und der Übernahme durch das junge Königreich Bayern wird die von ihnen geschaffene Akademie als ein Garten der Wissenschaften, vornehmlich der Altertumskunde und der Mathematik gerühmt. Albertus Magnus, Großmeister alles mittelalterlichen Geisteswirkens und Nährvater des Thomas Aquinas, hat in Regensburg gelehrt, in Regensburg als Bischof regiert. Kepler liegt in Regensburg begraben. Von Regensburg ging Bruder Berthold aus, der große, von Frauenlob gefeierte Wanderprediger, der erste, der über alle Schranken der Mundarten hinweg ein lebendiges und volkstümliches

Deutsch gebildet hat, zweieinhalb Jahrhunderte vor Luther; und in Regensburg ist er auch gestorben. Hundert Jahre lang hat die Architektenfamilie der Roritzer an der gotischen Herrlichkeit des Domes geschaffen. Im achtzehnten Jahrhundert wirkten in Regensburg die Brüder Asam. Ratsherr zu Regensburg und Stadtbaumeister war Albrecht Altdorfer, der glückliche Verschwender eines unendlichen malerischen und zeichnerischen Reichtums. Er ist für seine Stadt das gewesen, was Dürer für Nürnberg war. Allein das Höchste hat in Regensburg die namenlose Kunst jener Jahrhunderte vollbracht, in denen Nürnberg noch schwieg. Damals ist in Regensburg gebaut, gemeißelt, geschmiedet und auch schon gemalt worden wie vielleicht in keiner anderen deutschen Stadt. Das Schmuckwerk des Schottenportals atmet noch zu dieser Stunde die dunkle und wilde Kraft, welche der germanischen Seele aus der vorchristlichen Zeit, heimlich raunend, durch die kirchlichen Jahrhunderte zugeflossen ist.

Dies alles wäre gering und ein Gewesenes, wenn seine Fülle nicht noch in jetzigen Tagen auf jeden Ankömmling überwältigend eindränge. Und alle Zeiten unserer Geschichte haben sich mit Glanz und Unglück in den Steinen von Regensburg für immer ihre Denkmäler gesetzt. Diese Denkmäler aber sind nicht gehütete, dem Tage entzogene Sehenswürdigkeiten, sondern Bestandstücke des Lebens, heute wie vor Jahrhunderten.

Regensburg war Ausfallstor und Waffenplatz für Ungarnkämpfer und Kreuzfahrerheere. Es ist viel umstritten worden, und Napoleon wurde vor seinen Mauern verwundet. Es war Residenz der ältesten Bayernherzöge, und es war von allen Städten der frühen Kaiserzeit die kaiserlichste. Keine deutsche Stadt hat so viele Reichstage gesehen wie Regensburg; einem von ihnen hat der Name Wallenstein einen düsteren Ruhm gegeben. Es erscheint wie eine Selbstverständlichkeit, daß auf Regensburg die Wahl fiel, als im siebzehnten Jahrhundert dem ständig gewordenen Reichstag ein fester Ort zu bestimmen war. Wien wird Kaiserresidenz, Regensburg Reichshauptstadt. Und in Regensburg fällt das Reich auseinander.

Die Reichstagszeit hat über Regensburg noch einmal einen Mantel von Glanz gebreitet. Die Gesandtschaften drängen sich, die Vertreter der Reichsstände bauen ihre Palais. Damals läßt das Haus Thurn und Taxis sich in

Regensburg nieder; es gibt Regensburg noch heute einen residenzhaften Charakter.

Regensburg ist reich an Geschicken, reich an Schätzen, reich an Legenden, reich an Ruhm. Es ist schwer, aus solcher Fülle Einzelheiten auszusondern. Die an südliche Vorbilder gemahnenden eckigen Türme der Geschlechterhäuser stellen gewaltige Vertikalen in die natürliche Unsymmetrie der Gassen und Plätze, die mit fließendem Verkehr oder gedankenreicher Stille das Leben von Jahrhunderten festhalten und fortsetzen. Seltsam stimmt zu diesen italienisch wirkenden Stadtburgen jenes in Deutschland sonst nicht bekannte mittelalterliche Gesetz, wonach der Bürgermeister nicht einem der rivalisierenden Stadtgeschlechter entnommen werden durfte, sondern ein auswärtiger Ritter zu sein hatte, wie es zuvor in den Städten Italiens die Regel geworden war. Kastellartig sieht, von seinem Wehrturm überragt, das riesige fünfstöckige Haus zum Goldenen Kreuz auf den Heidplatz hinab. Es ist die Herberge der Kaiser gewesen, und in ihm ist als Frucht einer heimlichen Liebschaft Karls V. mit der schönen Regensburgerin Barbara Blomberg der ritterliche Don Juan von Austria geboren worden, der Seesieger von Lepanto und Eroberer von Tunis, der Maria Stuart befreien und mit ihr über ein neues Inselreich herrschen wollte, aber von einem frühen Tode unter die Gestirne unverwelkbarer Jugend versetzt wurde. Das Goldene Kreuz blieb der Gasthof der Fürsten bis an unsere Tage; in ihm gab Ludwig II. dem alten Kaiser Wilhelm, der auf der Durchreise nach Gastein war, ein festliches Diner.

Regensburg, Wirtshausschild »Zum Walfisch«

Wie Bruchstücke einer lieben Melodie liegen mir Regensburger Straßennamen im Ohr, etwa »Zur schönen Gelegenheit«. Überraschend viele von ihnen sind von Wirtshausschildern abgeleitet, wie die Goldene und die Schwarze Bärenstraße oder die Rote und die Weiße Hahnengasse. Die »Fröhliche Türkenstraße« hat den Namen vom alten Gasthaus »Zum fröhlichen

Mann«, dessen Besitzer eine Zeitlang ein Bürger namens Türck gewesen ist. Eigenständiger, ortsgeistverkörpernder ist von allen lieben Regensburger Gaststätten keine als die winzige Wurstküche, die neben der Donaubrücke an ein Stück mittelalterlicher Stadtmauer gebaut ist. Hier muß man zur Frühstücks- oder Vesperstunde auf hölzernen Bänken im Freien sitzen, dunkles Bier trinken, frischgebratene Würste essen, den Blick auf die Brücke gerichtet, die im Mittelalter das achte Weltwunder genannt wurde. Sie trägt ein altes Symbol, das Brückenmandl; es ist ein bildstockähnlicher Pfeiler, an einer Seite ist eine erhobene Schwurhand angebracht; oben auf dem scharfen First reitet ein nackter Jüngling, das Gesicht der Stadt zugewandt.

Übermannend ist der Blick von der Brücke oder von Stadtamhof am jenseitigen Ufer auf Regensburg; hinter dem grünmilchigen Wasser des Stromes liegt vieltürmig die alte graue Stadt, heimlich durchfunkelt vom Reichsglanz zweier Jahrtausende. Wir gönnen den Bayern diese Stadt. Aber sie gehört nicht ihnen: sie ist unser aller.

Regensburg, Donau und Dom

Brille und Liedertisch

Die Oberpfalz zwischen Donau und Fichtelgebirge ist das glanzloseste und kargste der bayerischen Länder. Da sind schwermütige Föhrenwälder zu Hause, einsame Sümpfe und Weiher, magere Äcker, Heide und Sand. Aber zwischen dem Wohlstand eines Landstriches und seinem Reichtum an Merkwürdigem und Eindrucksvollem braucht ja kein sicheres arithmetisches Verhältnis stattzufinden.

Die Donau hat zwei Zuflüsse mit dem Namen Vils. Der eine kommt von rechts und mündet zwischen Isar und Inn. Der andere durchfließt die Oberpfalz von Norden nach Süden und bringt sein Wasser auf dem Umwege über die Naab zur Donau. An dieser Vils liegt Amberg, die alte oberpfälzische Hauptstadt, die durch Erzbergbau reich wurde. Läge sie statt an der Vils etwa an der Havel, die großstädtischen Wochenendwagen würden zu Dutzenden oder Hunderten vor ihren vier prächtigen alten Toren parken. Nun aber wird sie beschattet von der Nachbarschaft Nürnbergs und Regensburgs, ja weiterhin wohl von Dinkelsbühl und Weißenburg. So ist dies wertvolle Stück deutschen Altertums nicht vielen bekannt.

Amberg liegt zu Füßen des wallfahrtberühmten Maria-Hilf-Berges; ich möchte ihn, gleich dem worpswedischen Weyerberg, für den Namengeber der Stadt halten, dann aber vernehme ich mit Erstaunen, daß diese früher Ammenberg geheißen hat. Voll sanfter Dringlichkeit lädt mich die eiförmige Altstadt mit den ungebrochenen Befestigungen zum Mauerrundgang ein, und nun verstehe ich leicht das Wort des Chronisten aus dem Reformationszeitalter, der München die schönste, Leipzig die reichste, Amberg aber die festeste Fürstenstadt genannt hat.

Die Mauern stehen, die Wälle sind in einen die ganze Altstadt umschließenden Parkgürtel umgestaltet worden. Bernstein- und topasfarben leuchten die Kastanienblätter im Sonnenlicht, ab und zu schlägt eine grüne Stachelfrucht zu Boden. Ich muß sie aufheben und öffnen: Da liegt das Vollkommene, das noch von keinem Menschenauge erblickt worden ist, still auf meiner Handfläche.

Das reiche Gedeihen der Stadt im fünfzehnten und sechzehnten Jahrhundert wird allenthalben von Straßenbildern und Einzelbauwerken nachgespiegelt. Das zierliche Rathaus hat gotischen Reichtum, die Schloßbauten, in denen der kurpfälzische Hof residierte, bekunden renaissancehafte Stattlichkeit. Hier spannt sich die berühmte Amberger Brille über den Fluß, eine befestigte, überdeckte Brücke, deren zwei dunkle Wölbungen von den Spiegelbildern im Wasser zu wunderlichen Kreisen ergänzt werden. Mitten durch das Oval der Stadt fließt brückenreich die Vils, ohne die Stadtteile zu trennen. Der stolze Bau von St. Martin, die festliche Heiterkeit der Schulkirche, die krummen Gäßchen am Mauerring und die Astern, die in allen Farben der Jahreszeit auf dem Markte funkeln, sind mir in einem Angedenken geblieben, das ich mir gern erneuere. Die Hauptverkehrsader der Stadt, die lange Georgenstraße, prallt gegen ein riesenhaftes, verwittertes, olivgrünes Barockgebäude, daß ich körperlich den Rückstoß zu fühlen meine. Hier haben erst die Malteserritter, später die Jesuiten gesessen, in den mächtigen Baukomplex haben sie die alte gotische Kirche St. Georg hereingezogen und nach ihrer Art in einen barocken Festraum gläubigen Triumphjubels umgebildet.

Dürfte ich mir einen Gegenstand aus Amberg wünschen, so sollte es nichts anderes sein als eine runde Tischplatte aus Solnhofer Kalkstein. Sie wird im Rathause aufbewahrt und ist eine wahrhafte Kostbarkeit, man kennt sie unter dem Namen des Amberger Liedertischs. Die alten Zeiten fühlten sich getrieben, die Totalität ihrer Welt bildlich zu fassen. Diese geätzte, farbige Platte enthält, wunderbar ausgewogen in ihrer konzentrischen Komposition, um das Amberger Stadtwappen gruppiert, einen immerwährenden Kalender mit Planetengottheiten und Tierkreiszeichen, Gebete, Sinnsprüche, Ornamente, eine Passionsdichtung und endlich die Noten einer sechsstimmigen Motette. Mit Namen und Wappen sind die zweiundzwanzig Amberger Patrizier verewigt, die anno 1591 ihrer Vaterstadt dies Geschenk der

Fülle gemacht haben, als kunstvollen Ausdruck einer Zeit, welche die gesamte Schöpfung, das Sichtbare wie das Unsichtbare, noch als eine göttlich beseelte, göttlich geordnete Einheit zu erleben wußte.

Amberg an der Vils, Nabburger Tor

Im Nebel nach Franken

In den Ortschaften hat das Fachwerk wieder begonnen, zunächst an den Giebelseiten. Damit habe ich das altbayerische Land weit hinter mir gelassen. Ein plötzlicher Regen treibt mich in ein ärmliches Dorfwirtshaus. Ich bekomme alles, was im Hause ist, nämlich Bier, Schwarzbrot und einen brüchigen Teller mit dünner Metzelsuppe; denn es wird gerade geschlachtet. In zwei Stunden soll das Kesselfleisch fertig sein. Ob ich solange warten wolle? Ich habe seit dem frühen Morgen nichts gegessen, so greife ich zu und scheuche den Kesselfleischtraum tapfer von mir. Ich bin der einzige Gast, es riecht säuerlich, der Regen schlägt gegen die blinden Scheiben. Auf dem Tisch liegt bierfleckig eine vier Tage alte Zeitung. Alle Fliegen des Hofes scheinen sich vor dem Regen in die Stube geflüchtet zu haben. Von der rissigen Wand schaut bleich der Gekreuzigte.

Der Regen wird schwächer, ich breche auf. Meine Uhr steht, die Zeit hat keine Gültigkeit, was verschlägt es, zu welcher Stunde ich in mein Nachtquartier gelange? Ich weiß ja nicht einmal, wo es sein wird. Ich komme durch kleine Ortschaften, deren vor zwölfhundert Jahren merowingische und fränkische Königsurkunden Erwähnung getan haben. Die schwarzen Wälder drängen sich dicht an meine Straße. Bald schiebe ich das Rad mühevoll und im Schweiß bergauf, bald gleite ich abwärts, ohne einen Muskel zu rühren, und fröstele in der Abendluft. Seitab sehe ich den Nebel unbeweglich in den dunkelnden Tälern stehen. Bäuerliche Fuhrwerke, mit Kühen bespannt, holpern heim. Bei der nächsten Steigung schalte ich das Licht meiner Fahrradlaterne ein. Der Wald nimmt kein Ende mehr. Ich kann keinen Baum erkennen, nicht einmal unterscheiden, ob es Laub- oder Nadelholz ist. Es ist Wald, schwarzer, ewiger Wald, allem Spuk, allen Regengeistern und Nebelfrauen heimisch. Ich will nach der Uhr sehen, ich habe vergessen, daß sie steht. Sechs

Jahrzehnte hat sie getreulich ihren Dienst verrichtet, es ist die Konfirmationsuhr meines Vaters, sie hat ein Recht, müde zu sein. Und wie könnten denn in solchem nächtlichen Walde auch menschliche Maße noch eine Geltung haben? Der Wald ist ewig, die Nacht unendlich. Meilen um Meilen, so meine ich, bin ich bergab gesaust wie ein Zauberer. Plötzlich bin ich im Weißen, Dichten, Feuchten. Meine Laterne beleuchtet nichts mehr außer dem Vorderrade. Kotspritzer und Wassertropfen sprühen in ihrem Scheine auf bei jeder Umdrehung des Rades. Der dreieckige Lichtkegel wird im Nebel zu stumpfer, geisterhafter Blässe. Jedes Schlagloch erschüttert mit Stößen Fahrzeug und Körper. Ich bin in der Tiefsee, oben schwimmen Baumkronen auf der milchenen Flut. Plötzlich, in übergangslosem Wechsel, bin ich aus dem Nebel heraus, sehe Wiese, Waldsäume, Bergumrisse. Es währt nicht lange, und ich bin in einem neuen Nebelsee ertrunken. Dies wiederholt sich, Nebel und Nichtnebel sind scharf geschieden wie Festland und Meer.

Plötzlich ist ein Licht unmittelbar vor mir, ich durchfahre ein schwibbogenartiges Tor, ich gewahre Häuser, ein Dorf. Links erkenne ich eine Kirche, das Oberteil fehlt, durch gotische Spitzbögen schaut der Nachthimmel. Ich frage eine alte Frau um den Namen. Es ist die Klosterruine Gnadenberg. Wieder ein Schwibbogentor, steile Talfahrt, wieder Nebel, Einsamkeit, Schwärze.

Etwas wie ein Leuchtturm ragt, in der Ferne schwebend, aus dem Nebel. Ich werde gewahr, daß es eine Bogenlampe ist, wenige Schritte vor mir. Aus vorstädtischen Häusern kommt Licht, ein schwarzes Stadttor schluckt mich in seinen Rachen, ich finde mich wieder auf einem weiten, nebelfreien, schwach erhellten Marktplatz. Ich kehre ein, von Schweiß, Regenwasser und Nebel durchfeuchtet, ich lasse mir heißen Glühwein reichen und gehe in einem saalgroßen Zimmer zu Bett. Vor meinen Fenstern summt ein Brunnen die ganze Nacht hindurch.

Am Morgen spaziere ich durch die kleine Stadt. Es ist Altdorf, und hier also hat es Wallenstein im Studentenkragen ein wenig locker und burschikos getrieben; nicht er allein übrigens, sein Zeit- und Streitgenosse Pappenheim war ebenfalls Altdorfer Student, wie denn diese Hochschule eine Zeitlang gerade vom Adel bevorzugt wurde. Ich weiß nicht, ob die wallensteinische Karzeranekdote noch einen glaubwürdigeren Zeugen hat als den Ersten Holkischen reitenden Jäger. Immerhin zeigt man unter dem Dach des Universitätsturmes noch heute den Karzer mit seiner Unmenge von Inschriften. Tatsache ist, daß Wallenstein wegen Zweikampfes und allerlei nächtlichen Unfuges relegiert wurde, wie es vor und nach ihm vielen Studenten widerfahren ist, ohne daß sie hernach Generalissimi und Herzöge geworden wären.

Vom Markt führt die Collegiengasse auf die Universität zu. Auf dem Portal wird in lateinischer Sprache den Eintretenden und Ausgehenden Glück angewünscht, die Innenseite des Tores zeigt bunte Malereien zur Erinnerung an die 1723 begangene erste Hundertjahrfeier; denn den Charakter einer vollberechtigten Universität hat die Anstalt erst in der nachwallensteinischen Zeit erhalten. Eine zweite Feier dieser Art war ihr nicht mehr gestattet; von Erlangen im Wettbewerb geschlagen, ist sie zu Anfang des vorigen Jahrhunderts verödet und abgestorben. Seltsam steht in der stillen Kleinstadt der stattliche, gutgeschlossene Komplex der Hochschulbauten mit Türmen und Arkaden. Heute enthält er das Wichernhaus, Krüppel- und Altenheim, Klinik und allerlei Unterrichtsanstalten. Inmitten des viereckigen Hofes sprudelt der zierliche Minervabrunnen. Zu Füßen der schild- und speerbewehrten Göttin speien drei phantastische Fische das Wasser in die große Brunnenschale. Ein schmiedeeisernes Gitter voll goldener Herzen umschließt, mit ehernen Wappenfähnchen besteckt, polygonal das Ganze. Dieser schöne Brunnen stammt von dem Nürnberger Pankraz Labenwolf, dem Schöpfer des berühmteren Gänsemännchens; so erinnert er daran, daß das brunnenfreudige Nürnberg Altdorfs Patronin und Gebieterin war. Darauf weist auch ein kleines Schlößchen, in welchem die »Pfleger« genannten nürnbergischen Statthalter ihre Wohnung hatten.

Die Altdorfer Stadtkirche fesselt mich als ein echt ostfränkisches Gebilde aus großen, grauen, rechteckigen Steinen. Den viereckigen Turm umgibt eine Galerie, oberhalb deren der schmälere polygonale Turmaufsatz folgt, nicht von Zwiebelkuppel oder Satteldach, sondern von zwei stumpfen grauen Helmen bekrönt. Schon in Amberg bereitet sich diese Bauweise vor. In allerlei natürlichen Abwandlungen kehrt sie wieder in Erlangen, Bayreuth, Kulmbach bis gegen den Fuß des Thüringer Waldes; ja, es ist merkwürdig, daß ihr Grundwesen sich gleich erhält durch Zeiten und Stile hindurch. Die Stadtpfarrkirche in Altdorf ist mittelalterlichen Ursprungs, aber das gescheite achtzehnte Jahrhundert hat ihrer gotischen Unvernunft gesteuert mit den unendlich langen und unendlich langweiligen oben abgerundeten Fenstern.

Ich schlendere gemächlich durch die einsamen Gassen mit den altfränkischen Fachwerkhäusern. Eins von diesen ist durch eine Gedenktafel bezeichnet. Hier wohnte und arbeitete der Buchdrucker Tobias Hessel, dessen Nachkommen noch jetzt in Altdorf leben. Er druckte im Jahre 1806 die kleine anonyme Schrift eines Ansbachers und hat den Drucksatz später in einem Brunnen versenkt. Ein Nürnberger Buchhändler hat sie vertrieben und ist deshalb vor die Musketen eines französischen Exekutionskommandos gestellt worden, bis zuletzt standhaft in seiner Weigerung, den Namen des Verfassers zu nennen. Der Buchhändler hieß Johann Philipp Palm, das kleine Buch »Deutschland in seiner tiefsten Erniedrigung«. Palms Schicksal hat es berühmt gemacht, ohne ihm Leser zuführen zu können. Es ist matt und ohne Bedeutung, selbst wenn man davon absieht, es gegen ein anderes Buch zu halten, dessen erster Teil gleichzeitig mit ihm erschien und das zu den mächtigsten Streitschriften gehört, die je im Kampfe einer Nation ihre Stimme erhoben: Arndts »Geist der Zeit«.

Das Wahrzeichen

In Feucht, halben Wegs zwischen Altdorf und Nürnberg, erreiche ich die große Regensburger Straße und lasse meine Zigarettendose liegen. Wer sie findet, gehe freundlich mit ihr um, es war eine russische Birkenmaserarbeit, und ich hatte sie in anderthalb Jahrzehnten liebgewonnen. Immerhin, in diesen anderthalb Jahrzehnten sind uns ärgere Verluste auferlegt worden, wir haben sie hinnehmen gelernt.

Der Nürnberger Henkerstag

Es sind riesige Forsten, die Nürnberg auf dem rechten Regnitzufer umziehen, Sebalder Wald, Lorenzer Wald, Reichswald. Einmal liegt ein bezaubernder kleiner Patriziersitz an meinem Wege, wie ein geschmückter Brunnen in einer melancholischen Einöde. Kiefern und Sand sind die Zeichen dieses Bodens. Eigenartig berührt der Gedanke, daß gerade aus diesem Lande die Hohenzollern in die Mark Brandenburg gerieten.

Man erreicht Nürnberg nicht mehr wie in alten Zeiten. Um die Stadt hat sich ein breiter Ring von gewerblichen Zweckbauten gelegt, ein Netz von öden Straßen, ausdruckslos und traurig. Dies gehört zu den Kennzeichen unserer Zeit, daß alles Leben, ehemals ganz, unzertrennbar in all seinen Ästelungen, sich in Gebiete aufgeteilt hat. Schönheitsfremde Zweckmäßigkeit, zweckfremde Schönheit stehen einander gegenüber. Warum aber muß häßlich sein, was der Wirtschaft dient, dem Broterwerb und der Wohlfahrt von Tausenden? Vormals floß alles aus gleichem Born: Gottesdienst, Gewerbe, Kunst, Staatstum und Einzelleben. Der Gegensatz zwischen Schönem und Praktischem war noch nicht, die Wirtschaftsbauten früherer Jahrhunderte haben Formenschönheit mit Zweckmäßigkeit vereinigt. Denn nichts schloß herrisch oder gar verachtungsvoll das andere aus, beider Anspruch war legitim, in Selbstverständlichkeit als gleichwertig anerkannt. Wir haben keine andere Aufgabe als zurückzufinden zu einer Einswerdung aller Lebenskräfte. Aber das ist ja Gnade, die nicht herbeigezwungen werden kann.

Nürnberg, Lorenzkirche, Gottvater aus dem Englischen Gruß von Veit Stoß

Endlich ist auch das neue Nürnberg überwunden. Als täte ich es zum ersten Male, stehe ich wieder vor dem Schönen Brunnen, inmitten der ganzen Herrlichkeit des Hauptmarktes. Es schlägt Mittag; die sieben Kurfürsten oben an der Liebfrauenkirche treten ihren Huldigungsgang vor Kaiser Karl IV. an.

Glückseliger Pirkheimer, der vor den Fenstern seines Wohnhauses den Schönen Brunnen stehen hatte! Wie immer haben sich vor dem Brunnen einige Leute angefunden, die sich die Köpfe darüber zerbrechen, wie es denn möglich gewesen ist, den goldenen Ring dem festgeschmiedeten Gitterwerk des Brunnens einzufügen. Dieser goldene Ring ist das Wahrzeichen Nürnbergs.

Der Begriff des Wahrzeichens stammt aus der großen Zeit des wandernden Handwerksburschentums; wer glaubhaft machen wollte, in einer bestimmten Stadt gewesen zu sein, der mußte von ihrem Wahrzeichen berichten können. Heute wird das Wort töricht und gedankenlos angewandt, der Jargon der Reiseführer und Prospekte nennt Wahrzeichen einfach die markantesten Bauten oder sonstige »Sehenswürdigkeiten« einer Stadt. So werden die Frauentürme als Wahrzeichen Münchens, Dom und Münster als Wahrzeichen Kölns und Freiburgs gepriesen. Aus dem eigentlichen Sinn des Wahrzeichens aber erhellt, daß es nie etwas sofort in die Augen Springendes sein konnte, sondern irgendeine schwerer auffindbare Merkwürdigkeit, zu deren Kennenlernung es eines wirklichen Aufenthaltes am Ort bedurfte. So ist das Wahrzeichen Wiens nicht St. Stephan, sondern der unauffällige »Stock im Eisen«, Wahrzeichen Pisas nicht der Schiefe Turm, sondern »La Vergognosa«, jene Magd auf einem Bilde des Campo Santo, die vor der Entblößung des betrunkenen Noah schamhaft die Augen mit der Hand verdeckt und dennoch neugierig durch die Finger schielt. Heute bedarf es keines derartigen Ausweises mehr, niemand verzieht ungläubig eine Miene, wenn einer in Konstantinopel, Milwaukee oder Bischofswerda gewesen zu sein behauptet. Das Reisen ist einfach geworden; allein darauf darf ich nicht schelten.

Die Burg in Nürnberg

Freundliche Langeweile

Die Großstädte unserer Tage haben die Neigung, die Städte ihres Umkreises ihrem eigentlichen Leben zu entfremden und sie zu großstädtischen Vororten hinabzudrücken. Dies versucht Nürnberg mit Erlangen. Aber gestützt auf ein altes und recht besonderes Eigenleben, leistet Erlangen einen tapferen Widerstand.

Ein weitgereister und gelehrter Mann hat den Charakter Erlangens als den einer freundlichen Langenweile definiert. Die Kennzeichnung mag Erlangen nicht erschöpfen, ein Stückchen Unanfechtbarkeit indessen wohnt ihr inne.

Von den drei bayerischen Universitätsstädten ist die größte überhaupt keine Universitätsstadt, denn in München gibt es eine Universität nur mit dem Beisatz »unter anderem«, und zwar unter vielem und prächtigem anderen. In Würzburg ist die Universität schon eher eine Zentralsonne, doch keine unbestrittene, denn Würzburg ist Bischofssitz seit undenklichen Zeiten, geistiger, politischer, wirtschaftlicher Mittelpunkt eines ganzen Gebietes, überdies eine der seligmachendsten Städte deutscher Erde, und bliebe das auch, selbst wenn seine Universität längst das Schicksal von Ingolstadt, Landshut, Altdorf, Helmstedt und Wittenberg erlitten hätte. Es ist die Stadt des Leisten- und Steinweines, der Residenz und des Lusamgärtleins, des Neumünsters und der Marienkapelle, des Stachels und der Kette. Erlangen aber ist eine Universitätsstadt, nichts als das, und ohne diese Eigenschaft wäre es ein schläfriges Land- und Gewerbestädtchen mit ein paar residenzlichen Erinnerungen aus der Markgrafenzeit, um derentwillen einige Nürnberger gelegentlich zum Wochenende herüberkämen. Und die Universität wiederum hat ihre besondere Note dadurch, daß sie in Bayern die einzige evangelische Theologenfakultät besitzt. Alle bayerischen Pfarrer lutherischen Bekenntnisses haben in Erlangen studiert, sind verbunden durch Erinnerungen und Bekanntschaften;

Erlangen gibt der bayerischen Pfarrerschaft ihren familienhaften Charakter, der bayerischen Kirche ihre eigentümliche Dichtigkeit. Man hat sogar, in Anknüpfung an den Namen einer bekannten Burschenschaft, von einer eigenen Bubenreuther-Theologie gesprochen.

Erlangens Markgrafen sind Hohenzollern gewesen, so begegnet man häufig dem schwarzen Adler Brandenburgs. Adler, Sandboden und Kiefern und das Nachwirken hugenottischer Einwanderung geben merkwürdige altberlinische Stimmungen. Wie auf dem Berliner Gendarmenmarkt stehen sich auch in Erlangen, schwer unterscheidbar, zwei reformierte Kirchen gegenüber, die deutsche und die französische. Für die französischen Protestanten, zu denen noch reformierte Emigranten der Pfalz kommen, baute der Markgraf im Süden von Erlangen eine eigene Stadt, die überaus geometrische Neustadt. Da ein Brand die Altstadt vernichtete, so ist das Mittelalter Erlangens heute nur noch kenntlich an den Krümmungen einzelner Straßen und einem gelegentlichen Vorspringen mancher Häuser. Bürgerlich, behäbig, regelmäßig, voll einförmiger, französischer Mansardenhäuser, eine sehr erschaffene Stadt, so rechtfertigt Erlangen den zitierten Titel. Es ist beherrscht vom sogenannten Markgrafenstil, der sich als puritanisch-nüchterne Auszweigung des Barock kennzeichnet und selbst im Prunkbau des Residenzschlosses keinen Überschwang zuläßt.

Die Franzosen brachten zwei Handwerkszweige mit, die noch heute ihre Wichtigkeit haben: eine prächtige Handschuhfabrikation und eine prächtige Zuckerbäckerei. Das letztgenannte Gewerbe hat eine liebenswürdige Örtlichkeit voll altmodischer Anmut geschaffen, das Kaffeehaus Mengin, hübsch am Eingang zum Hofgarten gelegen. Hier ist ein freundliches Sitzen, wie unter den hohen Bäumen des Hofgartens ein freundliches Lustwandeln ist. Gern bleibe ich stehen vor dem wunderlich überladenen Hugenottenbrunnen mit seinen wohlgezählten fünfundvierzig Statuen, den die dankbaren Emigranten ihrem markgräflichen Gastherrn geschenkt haben; noch lieber aber stehe ich vor dem Reiterstandbild des Markgrafen, das mit einer erstaunlich naiven Unbekümmertheit Schlüters Berliner Kurfürstendenkmal nachahmt. Ein bombastisches Stück menschlicher Willensarbeit ist auf eine bezaubernde Weise der Natur anheimgefallen. Der beleibte, gravitätische Herr auf dem

Erlangen, Hugenottenbrunnen beim Markgrafenschloß

beleibten, gravitätischen Pferde hat sich samt den vier Sockelfiguren in grünes Moos gekleidet. Der Efeu ist am Sockel in die Höhe gestiegen, fließende Efeuranken umhüllen den Pferdeschweif und wedeln im Winde.

Das Sonderbarste ist die Ähnlichkeit zwischen Erlangen und Bayreuth; man erlebt ja auch, daß ein bildschönes Mädchen einem keineswegs berückenden Bruder überraschend ähnlich sehen kann. Auch in Bayreuth regiert der Markgrafenstil, nur ist es ihm nicht gelungen, sein Element der Langweiligkeit in die spritzig berauschende Stadt zu schmuggeln. Ich habe sie nur in ihrer stillen Zeit erlebt, nicht als musikalischen, aber als im höchsten Sinne musischen Ort. Für Erlangen mag man Wohlwollen aufbringen, in Bayreuth muß man sich verlieben. Und wie die zärtlichen Lieder eines Verliebten, so klingen mir die Worte Oper, Orangerie, Rollwenzelei, Eremitage, Wasserkünste, Fantaisie, Leibgeber und Siebenkäs.

Unter dem Krummstab

Es ist merkwürdig zu denken, daß Erlangen und Bamberg, zwei so grundverschiedene Städte, an der gleichen natürlichen Strecke liegen, in der anfangs sand-, sodann obst- und gemüsereichen Furche der Regnitz, die erst unterhalb Bambergs den Main gewinnt. Aber gerade zur Sicherung dieses Zusammenflusses einer südnördlichen und einer ostwestlichen Straße mußte auf sieben Hügeln die wunderbare geistliche und weltliche Fürstbischofsstadt erwachsen. Bamberg ist eine Stadt der Fülle, eine Stadt aller Herzenserhöhung. Sein überquellender Reichtum an allem Erschütternden, allem zu Ehrfurcht und Freude Stimmenden kann den fremden Gast überfallen wie eine Verwirrung. Vielleicht ist es gut, die Sinne abzuschließen gegen allen bambergischen Einzelglanz und zuerst hinaufzusteigen auf den hohen Bergkegel der bischöflichen Altenburg.

Ein vorspringendes Mauertürmchen der Burgbefestigung bildet einen steinernen Pavillon: ein vierfenstriges, halbkreisförmiges Zimmer, im Geschmack der Biedermeierzeit sparsam ausgestattet. Hier hat E. T. A. Hoffmann in seinen Bamberger Jahren manchmal gesessen, die scharfen Augen abwärts gerichtet. Obstbäume bedecken die Berghänge. Über die Wipfel hinweg geht der Blick auf die kirchenreiche Stadt in der hellgrün schimmernden Ebene, die im Hintergrunde von den dunklen Kiefernwäldern der fränkischen Berge eingefaßt wird. Die vier Turmspitzen des Doms nehmen den hellgrünen Ton auf inmitten des Rot und Grau der Stadt. Diese Ausschau steht freilich zurück hinter dem geschlosseneren und reicheren Panorama, das sich zu Füßen der Würzburger Bischofsfeste Marienberg bietet, und doch erregt sie ein Gefühl glücklicher Erwartung, vorstimmend zum Untertauchen in aller bambergischen Herrlichkeit.

Wo ist da zu beginnen, wo zu enden? Wie an einem Naturgebilde haben alle deutschen Zeitalter an Bamberg geschaffen. Nur Portale wie das Fürstentor, die Gnaden- und die Adamspforte konnten würdig sein, den Einlaß in die Wunderwelt des Domes zu gewähren, die den Bamberger Reiter, das Grab des heiligen Kaiserpaares Heinrich und Kunigunde, die Sibylle und Maria, Propheten und Apostel des Georgenchores umschließt. In der Krypta ruht Konrad III., der erste kaiserliche Kreuzfahrer, der Sieger von Weinsberg; wie im Regensburger Dom holt auch hier ein Brunnen sein Wasser aus den dunklen Abgründen der Erde – ein schöner und tiefsinniger Ausdruck der Bedeutung, welche in Lehre und Kultus der Kirche dem Brunnensymbol beigemessen wird. Der riesige Domplatz, in steinerner Strenge von allem grünen Wachstum ferngehalten, der schweigsame Karolinenplatz, die Alte Hofhaltung und der malerische Prunk der Neuen Residenz, das wunderbar rhythmische Ansteigen der Oberen Pfarrkirche, die mittelalterlichen Fischerhäuschen am linken Regnitzarm, das umflossene Rathaus, die Kirchen, Klöster, Patrizierhäuser, all dies gegensätzlich Auseinanderstrebende wiegt sich aus, schließt sich prachtvoll zueinander.

Bamberg, barocke Darstellung Mariä Himmelfahrt

Da mag einem wohl eine bekannte Redewendung aus alter Zeit in den Sinn kommen: »Wenn Nürnberg mein wäre, so wollte ich es in Bamberg verzehren.«

Alle Anmut und Lieblichkeit des fränkischen Landes lacht aus dem holdseligen Brückenstandbild der Kaiserin Kunigunde. Sie ist hier die eigentliche Patronin, nach ihr heißt die Unzahl der oberfränkischen Bauernmädchen, die

Bamberg, Kaiserin Kunigunde auf der Unteren Brücke

entweder Kuni oder Gunda gerufen werden, je nachdem ob sie in evangelischen oder katholischen Dörfern daheim sind. Das ist lustig zu beobachten, wie sehr die alten Reichskaiser für Jahrhunderte als Namengeber gewirkt haben. Durch die Hohenstaufen wurde der Name Friedrich volkstümlich. Die Namen der Kaiser Heinrich und Konrad kamen so sehr in Gebrauch, daß ihre Abkürzungen Hinz und Kunz mit Krethi und Plethi gleichbedeutend wurden. Und nach Mathilde, Heinrichs des Finklers Frau, die schon bei Lebzeiten wie eine Heilige verehrt worden ist, wurden so viele Mädchen genannt, daß die alte Koseform ihres Namens, Metze, gemein wurde und endlich zu einer Gattungsbezeichnung für Straßenmädchen absank.

Fünf Jahre hindurch hat Bamberg als seinen Theaterkapellmeister, als Musiklehrer und Maler den merkwürdigen Mann beherbergt, in welchem der Genius des Dichterischen vielleicht am entschiedensten Gestalt angenommen hatte: E.T.A. Hoffmann. Diese Jahre waren die bedeutungsvollsten seines Lebens, in ihnen wurzelt oder entfaltet sich, was ihn unsterblich gemacht hat. In Bamberg erlebt er die unvergängliche Leidenschaft und den unvergänglichen Schmerz um Julia Marc. Sie wird ihm die zum Leben gestaltete Ahnung, die von nun an bis in seinen Tod »aus der Seele des Künstlers hervorleuchtet als Gesang, Bild, Gedicht«. In Bamberg entzünden sich die ersten Funkelstrahlen des Goldenen Topfes, in Bamberg tritt des wahnsinnigen Musikers Kreisler dämonische Gestalt doppelgängerisch neben den Dichter. Bamberger Örtlichkeit, Bamberger Luft durchziehen die Elixiere, den Kater Murr, Berganza, den Johannes Wacht; selbst das bronzierte Äpfelweib findet sich als Türklopfer an einem Bamberger Hause. Hoffmanns Andenken wird in Bamberg wertgehalten; ja, jener Philistrismus, von dem er bekennt, er habe ihn nie ohne ein tiefes Entsetzen anzuschauen vermocht, ist geschäftig, ihn nachzuempfinden und sich auf ihn zu berufen. Seltsam unverändert haben sich alle die Örtlichkeiten seines Bamberger Lebens bewahrt, seine Wohnung, das Theater, das Haus der Julia, der Gasthof zur Rose, Schauplatz des »Don Juan«, ja, selbst die Nepomukstatue steht noch, an der er dem Hunde Berganza begegnete; jeden seiner gewohnten Spaziergänge kann man nachgehen, in jedem seiner Einkehrorte einkehren.

Da ich die Weiterfahrt nach Norden angetreten habe, ist mir noch einmal ein schöner Blick auf Bamberg gegönnt. Nun verschmelzen sich die Domtürme mit denen des Michaelklosters zu einer wunderbaren Vielfalt; wie eine Säule hebt sich der Bergfried der Altenburg über die Stadt in den Himmel.

Über die Uferwiesen fließt ein sanftes abendliches Gold. Der obere Main hat nicht das Lachende, Liebe, Reichgesegnete des unteren, doch ist er zunächst noch kein Gebirgsfluß; sein Tal, obwohl von Bergen eingefaßt, ist breit wie eine Ebene. Zur Rechten schiebt sich dunkel die Föhrenwand ins Ackerland hinein. Der spitzgiebelige, dörfliche Fachwerkbau hat sich vollkommen durchgesetzt, die Bauernhäuser stehen eng beieinander; der bewegliche, gesellige Franke mag wenig wissen von der Einzelhofsiedlung, die dem Bayern so vertraut ist. Ein schönes städtisches Fachwerk zeigt das Staffelsteiner Rathaus. Hier kam Adam Riese zur Welt; nun, er ist nie mein Schutzpatron gewesen, und lieber als ihm mag ich mich dem heiligen Veit anvertrauen. Sein Berg hebt sich merkwürdig über der fruchtbaren, nuß- und obstreichen Weite; oberhalb des Waldes treibt er auf der kahlen Felsenkuppe die Hochfläche mit Kapelle und Einsiedelei. Rechts und links des Maines stehen Banz und Vierzehnheiligen sich gegenüber, um als zwei gute Torpfeiler unweit der Nordgrenze des Krummstablandes den Reisenden willkommen zu heißen und zu entlassen. Das Klosterschloß Banz ragt doppeltürmig zur Höhe, man meint, sein ansteigender Pappelweg führe geradezu in eine Himmelsburg. Jenseits fügt sich die Wallfahrtskirche von Vierzehnheiligen mit ihrem hellen Ton herrlich in das Baumgrün; zweitürmig auch sie, und beide zusammen in ihrer Entsprechung wundervolle Akzentuierungen der Landschaft. Und mit ihnen nehme ich Abschied von all der rauschhaften geistlichen Barock- und Rokokoherrlichkeit Süddeutschlands.

Kirche Vierzehnheiligen

Von Bayern nach Thüringen

Main, Rodach, Haßlach heißen die Flüsse, an denen ich aufwärts fahre, der Wasserscheide entgegen. Die Kiefer wird seltener, Laub- und Tannenholz erscheinen, endlich regiert das Tannendunkel allein. Oberhalb des schönummauerten Cronach, wo Lukas Müller zur Welt kam, der sich nach diesem Ort Cranach genannt hat, flattern bunte Wimpel von der Feste Rosenberg, die an Stattlichkeit den Burghausener Werken nur wenig nachgibt. Dann geht es bergauf, das Tal der Rodach verengt sich schluchtenhaft, die Farben dunkeln, und ich bin abermals im Gebirge. Aus Tannen und Felswänden weht ein düsterer, ja schauerlicher Ernst. Hin und wieder haben sich Industriewerke in der Einsamkeit angesiedelt, in den schmalen Tälern liegen kleine Ortschaften versteckt. Die Häuser kleiden sich in Schiefer, denn hier ist Schieferland, ein Großteil der deutschen Rechentafeln stammt aus den Brüchen des fränkisch-thüringischen Grenzwaldes; welch eine Augenweide muß dies Gelände für Adam Riese gewesen sein!

Bei Steinbach am Wald erreiche ich die Höhe. Hier scheiden sich Main und Saale, Rhein und Elbe. Die Örtlichkeit nimmt den Charakter einer waldigen Hochfläche an, rechts und links stehen wohl Tannenwände, aber keine Bergwände mehr. Und nun rollt mein Fahrrad im dunklen Tal der Loquitz von selber abwärts.

Im schieferbrechenden Ludwigstadt nehme ich Abschied von Bayern. Ich liebe dieses Land, das älteste und gegründetste aller deutschen Staatswesen und eins der ältesten von Europa. Ich verdanke ihm viel, und ich erwarte mir noch viel von ihm. Ich denke gern an meine erste Kindheitsbekanntschaft mit Bayern; es waren die bayerischen Braumeister, denen man in meiner Heimat gelegentlich begegnen konnte, joviale, beleibte, beliebte Männer. Und ehe ich noch von dem Lande Bayern gehört hatte, war mir das lettische Wort »bairit«

ins Ohr gefallen, zu Deutsch »Bayerchen« oder »Bayerlein«; es bedeutet Bier. Jetzt in Ludwigstadt trinke ich dunkles Kulmbacher – in Kulmbach selber trinkt man sonderbarerweise helles – und habe die Empfindung, das nicht auf dem Umwege über den Export zu tun, sondern noch im Ursprungslande. Der Frühstückskaffee am nächsten Morgen hat die letzten Spuren nachbarlich österreichischer Einwirkung verloren.

Glasklar läuft die Loquitz neben meiner Straße her, jung, schmal und mutig; da und dort durch eine Stauung zu verstärkter Kraftleistung gesammelt, treibt sie eine Mühle, ein einsames Hammerwerk. Von fern wollen Schwarzwalderinnerungen wach werden. Oben liegt Burg Lauenstein, eine eigentümliche Paarung von zeitgenössischer Bequemlichkeit und mittelalterlich burgmäßigem Behaustsein, seit längerem bekannt als Treffpunkt um manche Zeitfrage bemühter Menschen, Stätte einer persönlich abgetönten Gastlichkeit. Der erste thüringische Ort ist das kleine gewerbsame Probstzella, mit seinem Knollenkirchturm freilich noch ins Bayerische hinüberreichend. Ich schaue für ein halbes Stündchen in sein »Haus des Volkes«; das ist ein nicht uninteressanter Versuch arbeiterlieben Massenkomforts. Vereinzelte schüchterne Birken heben sich licht aus den schwärzlich glänzenden Schieferhalden. Stellenweise ist der Felderbau hoch hinaufgestiegen und beginnt den Tannenwald zu unterbrechen. Schon mischt sich Laubholzbestand ein, brennt und schmettert in allen Farben des Herbstes: grün, gelb, golden, bräunlich, rost- und blutrot.

Hockeroda ist der erste Ort mit echt thüringischem Namen. Bei Eichicht, einem langgestreckten Dorf zu Füßen eines hübschen Fachwerk- und Schieferschlößchens, mündet die Loquitz in das breitere Tal der Saale, die hier, im ersten Drittel ihres Lebensalters, schon als ein recht stattlicher Fluß erscheint. Es ist überraschend, wie sich hier bereits alle Elemente finden, die späterhin im thüringischen Norden das Landschaftsbild des Saaletales bestimmen: Da sind die Wiesen, die mäßig hohen, aber steil zum Fluß fallenden Felswände, da sind die bald kahlen, bald waldigen Bergzüge, die weniger durch Gipfel als durch ruhig fortlaufende Kammlinien sich bezeichnen, manchmal nah ans Wasser reichen, oft oben ein paar weithin auffallende Einzelbäume tragen. An den Landstraßen wird Pflaumen- und Apfelernte gehalten, in den Dörfern fließend Thüringisch gesprochen. Einer besonders malerischen Stelle des Saaletales fügen sich die sehr ausgedehnten Mauxion-Schokoladenwerke unaufdringlich und ohne Störung ein. Der Fluß wird zur Allee, beiderseits flankiert von prächtigen, nicht nur hochstämmigen, sondern auch breitästigen Pappeln, er teilt sich inselbildend, dann ist Saalfeld erreicht.

Von allen thüringischen Städten ist Saalfeld vielleicht die ansehnlichste und reichste im Sinne der Geschichte und ihrer steinernen Zeugnisse. Es hat früh Wohlstand gewonnen durch seinen Bergbau und durch seine Lage an der Straße von Nürnberg nach Leipzig, früh Bedeutsamkeit erlangt durch den Erzbischof Anno von Köln und seine Klostergründung, durch Kaiserpfalz und Reichstage. Die Pfalzruine, der »Hohe Schwarm« genannt, ist von schwermütiger Schönheit. Eine Weile hat man in ihr eine alte Sorbenburg erkennen wollen, denn das Saaletal ist ja ein Boden der Berührung deutscher und slawischer Bewohnerschaften gewesen. Volkstümliche Sagen leiten den eigenartigen und schwer erklärbaren Namen von einem Bienen- oder Taubenschwarm ab, durch den der Fürst auf der Suche nach einem Bauort sich die Stelle habe weisen lassen. Die zwei schlanken und düsteren Türme ragen am Stadtrand über Gärten und Nachbargebäude. Ich möchte näher hinzutreten und gewahre ein Schild mit der Mitteilung: »Der Schlüssel zur Ruine befindet sich im Armenhaus.« Das ist der Lauf der Dinge: Diese Burg hat die Marken des Reiches geschirmt, hat Kaiser und Reichstage in ihren Mauern beherbergt und sie-

Saalfeld, der Hohe Schwarm

ben Jahrhunderte aufrecht gestanden in Ehren, Glanz und Lebendigkeit. Und nun ist es dahin gekommen, daß der Schlüssel des Kaiserschlosses im Armenhause erbeten werden muß.

Ich habe Wohlgefallen an manchen Saalfelder Bauten, am zierlichen Schlößchen Kitzerstein und an Erkern und schöngerundeten Giebeln der Renaissancezeit, wie sie gerade in thüringischen und sächsischen Städten so häufig sind. Und hier gedenke ich mit Liebe des Franziskanerklosters, das samt Kirche und Kreuzgang vor einer kleinen Reihe von Jahren aus einem Zustand barbarischen Mißbrauchs erlöst und mit Behutsamkeit und feinem Gefühl in ein Museum umgeschaffen wurde. Seinesgleichen findet man nicht viele in Städten bescheidenen Umfanges. Insbesondere die kirchliche Kunst früherer Jahrhunderte steht aufs glücklichste in diesen Räumen, deren alte Bestimmung der ihren verwandt ist. Und höchst eindrucksvoll stellt sich oben auf dem Boden der Klosterkirche der frühgotische Dachstuhl zur Schau, mit seinem gewölbten Balkenwerk an altgermanische Hallenbauten, ja, an natürliche Höhlenbildungen anklingend.

Saalfelds bergmännische Vergangenheit hat in den Feengrotten eine Merkwürdigkeit hinterlassen, die des Betrachtens wert ist. Durch ein anmutiges Waldtal komme ich zum Stolleneingang. Der unglücklich gewählte Name, der allzu unverblümt auf geschäftstüchtige Fremdenwerbung hinweist, rechtfertigt sich zuletzt doch; dies hat in der Tat etwas vom Strahlenglanz der Feenmärchen. In alter Zeit hat man hier Alaunschiefer gegraben, Alaun und Eisenvitriol gewonnen. Ein Teil dieser Bergwerke ist vor Jahrhunderten verlassen worden, ein anderer erst in neuerer Zeit, da mit der Entwicklung der chemischen Industrie die mineralischen Stoffe bequemer und wohlfeiler zu beschaffen waren. Und nun hat hier die Natur durch Sinterungen und Ablagerungen die wunderbarsten Gebilde bereitet, jedem Blick entzogen, bis in den letzten Vorkriegsjahren ein zufälliger Anlaß zur Wiederöffnung der Stollen und Auffindung der entstandenen Kostbarkeit führte.

Man versichert vor dem Eingang, das tropfende, eisenhaltige Wasser hinterlasse unaustilgbare Rostflecken, und bewegt auf diese Weise mich und einige andere Narren zum Mieten von Schutzmänteln. Weder den Mantel noch mich hat ein Tropfen berührt. Unter Tage verwünsche ich meine Statur, ich habe gebückt durch endlose Gänge zu wandern. Drei Sohlen liegen übereinander; allenthalben hat das durchsickernde Wasser Sinterterrassen und dünne, röhrenförmige, bei leichtester Berührung brechende Stalaktiten geschaffen, die sich zu abenteuerlichen Gestaltungen zusammenfügen. Allein der große Eindruck der Grotten liegt nicht in Formen, sondern in den Farben. Die Ausscheidungen von Eisenocker und anderen Eisenoxyden haben rund um die gelbbraunen oder schwärzlichen Grottenseen die Wände mit phantastischer Buntheit ausgeziert. Es schimmert blau, grün, gelb, weiß, olivenfarbig, rostbraun und rot; ja, in einer einzigen Höhle will man fünfunddreißig verschiedene Farbtöne gezählt haben. Da steht man betroffen, ja fast bestürzt in der kühlen, eisenreichen Luft dieses unterirdischen Landes und läßt sich zuletzt alberne Vokabeln wie Märchendom und dergleichen willig gefallen.

Am linken Ufer der Saale, vorüber am Sterbeort und Denkmal des Prinzen Louis Ferdinand, erreiche ich das westlich einmündende Schwarzatal, das hier voller Gemächlichkeit und Breite noch wenig von seiner eigentlichen Natur zu erkennen gibt. Es ist Sonntag, und sonntags hat Thüringen eine besondere Zierde. Ich meine die Rostbratwürste. Ein dralles Mädchen oder auch ein alter Mann im weißen Operationskittelchen steht mit dem Rost an einer Straßenkreuzung und brutzelt. Die blau aufsteigenden Duftwolken verkünden den Vorgang besser, als Trompetenstöße es vermöchten. Man schnuppert und eilt hinzu. Schon das Zuschauen ist ein Vergnügen. Die länglichen Würste, zunächst anzusehen wie abgehäutete Schlangen, müssen zehn Minuten auf dem Rost braten, über den glimmenden Kohlen, die prächtigerweise mit einem rechten, altmodischen Blasebalg angefacht werden. Sind sie bräunlich und gar, dann werden sie zwischen ein geöffnetes Brötchen geklemmt, denn zum Anfassen haben sie noch zuviel Glut in sich, und solchergestalt dem Enthusiasmus des Käufers überantwortet.

Auf den Waldbergen zur Rechten der Straße erscheint, scharf vorspringend, die Ruine Greifenstein. Wo jetzt Überbleibsel ehemaliger Größe aus dem Buchengrün vorschauen, ist ein Kaiser geboren worden, der im Frankfurter Dom begraben liegt, eine noble, aber unglückliche Gestalt, Günther von Schwarzburg, den Krankheit oder Gift schon nach wenigen Monaten fortnahmen.

Das Schwarzatal von Blankenburg bis Schwarzburg rechnet unter Deutschlands schönste Verkehrswege. Für Kraftwagen ist die Straße gesperrt. Das ist tröstlich, denn so wird man hier noch auf lange Zeit hinaus Pferden und Wanderern begegnen. Das Tal ist eng, manchmal gewährt es tatsächlich für nichts anderes Raum als für den Fluß und die Straße. Das Wasser der Schwarza, das einstmals Gold geführt hat, schäumt wildbachmäßig, oft verborgen unter dem urtümlichen Wirrwuchs der Bäume und Sträucher. Der Ortscharakter wechselt von Minute zu Minute zwischen Anmut und Ernst; damit macht er dieses Tal so recht zu einem Beispielbild thüringischen Landschaftsgeistes. Endlich steigt die Straße, der Fluß bleibt tief unten, eine Windung gibt den überraschenden Blick auf Schloß Schwarzburg frei. Dies Schloß hält noch etwas fest von jenem alten Zustand, da nicht eine Stadt, sondern eine Burg die Residenz des Landesherrn bildete. Das Städtchen Schwarzburg liegt so sehr in der Tiefe, dass es kaum ins Blickfeld gelangt. Erhoben und einsam, in leicht rosigem Ton steht das Schloß über dem steilen Abfall seines Berges, tief unten windet sich die Schwarza fast im Halbkreis um den Schloßfelsen. Der Himmel flammt noch, das Land dunkelt rasch; über den ruhigen Linien der schwarz werdenden Wälder steigt groß und kupferfarben die Sichel des wachsenden Mondes.

Die Engel von Plaue und Ohrdruf

Plaue, halbwegs zwischen Ilmenau und Arnstadt an der Gera gelegen, ist nicht bestrahlt vom hellsten Reiseruhm des Thüringer Landes. Aber wir jagen ja nicht nach dreifach besternten Sehenswürdigkeiten, und so soll es hier eines freundlichen, ja eines herzlichen Gedenkens wert gehalten sein. Frühmorgens, da die Unfarbigkeit der kühlen Luft schon in ein warmes Sonnengold überzugleiten beginnt, bin ich durch den kleinen, behaglichen, rotdachigen Ort zur Ehrenburg hinaufgestiegen. Ihr herbstmäßig verfärbtes Weinlaubgerank flammt königlich durch die Akazien, Kastanien, Lärchen und durch die gewaltigen Burglinden, aus deren Grün das weißlichgraue

Schwarzburg

Gemäuer der Ruine aufstrebt. Blanke Holunderbeeren funkeln im Zwinger. Die Ehrenburg wurde im vierzehnten Jahrhundert von den Schwarzburger Grafen errichtet und zerfiel um die Reformationszeit. Neuerdings ist sie von der Familie von Schierholz, die dem Städtchen mit ihrer Porzellanmanufaktur den wirtschaftlichen Hintergrund gibt, mit einer Beschränkung wiederhergestellt worden, die doppelt wohltuend berührt, wenn man sich der vielen Architektengreuel erinnert, die bei der Restauration deutscher Mittelalterburgen vorzufallen pflegen. Ihr ernster Ruinencharakter blieb unangetastet. Nichts Überflüssiges wurde hinzugefügt, nur das Notwendige und Sinnvolle ist getan worden.

Ein weiter Blick öffnet sich vom Burgturm über den Plaueschen Grund, auf die Muschelkalkbildungen der Reinsberge, nach Süden zu auf das alte Bergschloß Elgersburg. An den Burgberg schmiegt sich, ganz unter Baumzweigen versteckt, ein kleines Gotteshäuschen, in welchem man eine alte Sühnekapelle zu erkennen meint. Die eigentliche Kirche von Plaue liegt unten im Ort, einige romanische Säulchen und Fensterbögen bezeugen ihr Alter. Eigentümlicherweise gelangt man ins Innere über mehrere hölzerne, überdachte Treppenanbauten; diese Einrichtung mag getroffen sein mit Rücksicht auf das häufige Hochwasser der Gera. Heute ist der Fluß durch Regulierungen gebändigt, sein klar strömendes Wasser windet sich friedlich durch grünes Gesträuch, von Enten und Gänsen umschnattert.

Gutes, kleines Plaue, der rotgeflügelte Engel, der die Helmzier deines Löwenwappens bildet, wolle dir weiterhin freundlichen Schutz geben.

Von Plaue aufwärts gelange ich in das enge, felsige Waldtal der Wilden Gera, das sich einige Male überraschend weitet. Das merkwürdige Wasser, im Frühjahr niederstürzend, in der heißen Zeit völlig im Geröll versickernd, dringt nach einer Strecke unterirdischen Laufes mit Heftigkeit wieder zutage; die Schnellkraft der Quelle wird glücklich durch den Namen »Spring« gekennzeichnet. Schafherden trotten über die Stoppeln, fern rollen Schüsse, es ist Rebhuhnzeit. Liebenstein nimmt die Landschaftsmotive Plaues wieder auf, über dem langgestreckten Ort liegt im Grünen die weißgraue Burgruine. Der langsame Anstieg, aufwärts an der tief eingeschnittenen Wilden Gera, schließt schönste thüringische Landschaftsbilder auf; Buchenwälder sind eingesprengt in die Tannenforsten, rote Ebereschen flammen an der Straße, die Porphyrfelsen leiten in die große Einsamkeit der Wälder um Oberhof.

Von den grünen Matten geben die Kuhherden ihr hochgebirgisches Glockengeläut, wie pikante Zäsuren sind kahlgeschlagene Flächen in den Wald gesetzt. Wieder koste ich jenseits Oberhof die Freude der reißenden Talfahrt; bald liegt die Zone des dunklen Nadelwaldes hinter und über mir; durch sonnige Flächen, hart am aufsteigenden Saum des Thüringer Waldes entlang, fahre ich Ohrdruf zu. Die gelblichen Stoppelfelder der Hochebene schimmern.

Die Stadt Ohrdruf ist nicht groß, dabei aber von jener unverhältnismäßigen Geräumigkeit, die Truppenübungsplätzen eigen zu sein pflegt. Ein frisches Flüßchen, die Ohra, umspielt und umspült das düstergraue Schloß. Auf dem Marktplatz fällt mir ein steinernes, vierschaliges Becken auf, ich möchte es zuerst für einen mittelalterlichen Brunnen nehmen; dann aber gewahre ich, daß die Hohlräume der vier Schalen in einem ganz bestimmten Größenverhältnis zueinander stehen, und kurz, es ist das alte Kornmaß, das zu gerechtem Verkauf und Kauf hier aufgestellt worden ist. Daneben steht der Justitiabrunnen aus den vierziger Jahren des vorvorigen Jahrhunderts.

Die alten Gerechtigkeitsbrunnen auf den Marktplätzen trugen meist ein Standbild des Erzengels Michael mit Schwert und Waage um der Rolle willen, die ihm im Weltgericht aufbehalten ist. Auch die nachreformatorische Zeit hielt an diesem Symbol fest, bis man sich im achtzehnten Jahrhundert vor lauter Aufgeklärtheit des Engels zu schämen begann und ihn durch die abstrakte Justitia ersetzte. In diese Zeit gehört der Ohrdrufer Brunnen. Es ist nicht mehr St. Michael, denn die Figur ist weiblich gebildet, und es ist doch nicht ganz die Justitia, denn die Erzengelsflügel sind ihr belassen worden, und wir wissen doch alle, daß die Justiz selten geflügelt arbeitet. Der schwertbewehrte rechte Arm holt zum Schlage aus. Gebe Gott, daß der Streich nicht niederfällt, er müßte unfehlbar die Gerechtigkeitswaage zertrümmern, die, von der Linken gehalten, sich genau in der Richtung des Schwerthiebes befindet. Meinem guten kleinen Plaue aber bin ich von Herzen dafür dankbar, daß es den Engel seiner Helmzier einen Engel bleiben ließ, ohne ihn durch die Verkörperung einer bürgerlichen Normaltugend zu ersetzen.

Das Bilderbuch

Es gibt in Deutschland eine Reihe von Ortsnamen, die mit ihrem bloßen Aufklingen eine fast unermeßliche Schau fortwirkenden Lebens eröffnen. Und gerade das Länderdreieck Thüringen, an dessen Spitzen Eisenach, Coburg und Naumburg liegen, ist an solchen reich. Da ich mit der Eisenbahn von Westen nach Osten fahre und weiterhin nordöstlich an Ilm und Saale entlang, da ist es mir zugleich, als blättere ich in einem Bilderbuche oder in einem alten Reisetagebuch.

Ich kenne diese Landschaft und ihre Orte von mancher Jugendwanderung, manchem ausgedehnten Aufenthalt. Der Wiederanblick jedes Erdfleckchens hier gibt Stich- und Losungswort, die Kammern der Erinnerung springen auf. Aber was ist das für ein sonderbarer Hergang, daß man immer Neues gewahrt? Bei jeder Wiederkehr fragt man sich verdutzt: »Ist es möglich, daß du damals gerade dieses hast unbeachtet lassen können?« Es will scheinen, als reise man in jüngeren Jahren zwar nicht mit geringerer Freude, wohl aber mit geringerem Gewinne; so als wäre es, von rückwärts her gesehen, fast ohne Rechtfertigung gewesen, in jenem Lebensalter auf Reisen zu gehen. Doch haben wir sicherlich dazumal Dinge gesehen, erlebt, wichtig genommen, an denen wir heute vorübergleiten wie sie an uns. Immerhin gilt die geschilderte Wahrnehmung nicht nur für Reisen aus der eigentlichen Jugendzeit. Denn eine ähnliche Empfindung faßt mich jedesmal beim Wiedererblicken einer Landschaft, eines Ortes, so daß sich fast die Frage erheben möchte, wann man denn einmal die rechte große Reise wird tun dürfen, da nun wirklich alle Sinne und Herzkammern so völlig offen sind und alles Empfangene so weit in die Tiefen hineinzuleiten vermögen, wie der Reichtum der Schöpfung es wert ist. Dies aber mag vielleicht jene Reise sein, von der keine Rückkehr mehr verstattet ist.

Bei Gotha gedenke ich des großen Herzogsschlosses, das nach dem Dreißigjährigen Kriege auf den Trümmern der alten Burg Grimmenstein errichtet wurde und als ein Zeichen der Hoffnung den neuen Namen Friedenstein erhielt; ich gedenke des schönen, oft durchschrittenen Parkes und seiner Insel, auf der ein Herzog sich ohne Sarg in die Erde betten ließ, um desto schneller zu Erde zu werden; und ich gedenke seines wunderlichen Vorgängers Emil August, von dessen Schrullen noch heute in Gotha so entzückende Geschichten erzählt werden. Er war ein witziger, zu jeder Neckerei aufgelegter Kopf, eitel auf seine frauenhafte Schönheit, die er in Hunderten von Porträts festhalten ließ, ohne zu ahnen, wie entsetzlich er schielte. Er belud sich mit Schmuck, er trug hellblonde Perücken und phantasievolle, selbstentworfene Kostüme, er schrieb einen Roman, für den einer seiner Hofmaler nach genauen allerhöchsten Angaben die tollsten Bildwerke zu erschaffen hatte. Er war freigebig und gesellig, er verschwendete ein Riesenvermögen und hinterließ Riesensammlungen, in denen die ausgefallensten Raritäten paradierten. Oft bildete er sich umständliche Krankheiten ein, dann lag er wochenlang im Bett, eine kostbare Haube auf dem Kopf, und empfing im Schlafzimmer. Seine glühende Bewunderung für Napoleon bekam seinem Lande gut, denn um ihretwillen wurde ihm eine Millionenkontribution erlassen. Vielleicht hat dieser Umstand zu der großen Liebe beigetragen, deren sich das herzogliche Original bei seinen Untertanen erfreute.

Über Gotha hinaus begleiten mich zur Rechten noch eine Weile in ihren letzten Ausläufern die Vorberge des Thüringer Waldes; links ist die hügelige, wohlbestellte Ebene, die sich hernach über das Unstruttal zur Goldenen Aue fortsetzt. Geschwind blättern die Seiten des Bilderbuches sich um: Da sind die drei Gleichen mit ihren sagenvollen Burgen, die ich vor zehn Jahren auf einer Fußwanderung bestieg, da ist Neudietendorf mit seinen guten Herrnhutern und seinem guten Aromatique, da ist linker Hand das freundliche, von Grün umgebene rosa Barockschlößchen, rechter Hand der Steigerwald. Bei Erfurt zeigt eine Biegung für Augenblicke das Dioskurenpaar des Domes und der Severikirche, und meiner Erinnerung breitet sich wie eine Tenne einer der königlichsten Plätze Deutschlands entgegen. Weimar gewährt dem Vorüberfahrenden nichts, da doch viele thüringische Orte einem schon ins Zugfenster hinein die wunderbarsten Anblicke reichen. Diese Zurückhaltung ist Weimars Art: Auch wer, vom Bahnhof kommend, die Stadt betreten will, muß, ehe er zugelassen wird, in einem gleichgültigen Häuserviertel eine Weile antichambrieren. Noch ehe das Saaletal erreicht ist, etwa bei Sulza, beginnt die Landschaft seinen Charakter anzunehmen, mit Felsenufern, deren Schroffheit ihre geringe Höhe vergessen macht, mit Gärten, Weinberghäuschen und beflaggten Ruinen, in deren Färbung der weißgraue Muschelkalk der Felsbildungen wiederkehrt. Hinter der Rudelsburg mit der sonderbaren, gleichsam eingesunkenen Pyramidenspitze ihres Turmes steht als ein loderndes Herbstfanal weithin sichtbar ein mächtiger, einzelner Baum auf der Höhe, der den Blick gebieterischer auf sich lenkt, als alles Denkmalswerk es vermag. Zwischen Wald und Acker, noch heute auf den ersten Augenschein als ein klösterlichlandwirtschaftliches Anwesen zu erkennen, liegt das schlanke Schulpforta, Hüterin einer alten geistigen Überlieferung, in der Klopstock und Fichte, Ranke und Nietzsche aufgewachsen sind. Bei Naumburg öffnet das Tal sich zu heiterer Breite, Obst-, Wein- und Gartengelände rahmt die Stadt, der aus der Landschaft ein Element idyllischen und gesättigten Behagens zugewachsen ist. Und über diesem Grunde strecken sich die vier Domtürme und der Turm von St. Wenzel gegen den Himmel, über diesem Grunde steht ruhevoll das burghafte Marientor, über diesem Grunde ist das großartige, menschlich freie und befreiende Bildwerk erwachsen, das mit Bamberg verbunden ist wie die zwei weit voneinander gestreckten Hände einer verklärten Erscheinung.

Die Saale ist einmal eine deutsch-slawische Grenze gewesen, ihre Burgen waren Verteidigungsbauten und Ausfallbastionen zugleich. Unterhalb Naumburgs liegen sich über dem Flusse Schönburg und Goseck gegenüber, jenes eine Ruine, dieses ein gartenumlaubter Herrensitz, von dessen hoher Terrasse ein freudiger Blick ins Saaletal offensteht. Die Weinberge setzen sich flußabwärts fort bis über Weißenfels hinaus, die alte Residenz einer sächsischen Fürstenlinie, die hoch über die Stadt ihr Schloß Neu-Augustusburg gestellt hat.

Die Ebene beginnt, der Rauch der Kartoffelfeuer mischt sich mit dem abendlichen Nebel. Flammen und farbige Dampfwolken schlagen aus den Schloten von Leuna, der Zug gleitet vorüber an phantastischen Türmen,

Naumburg

düstergrauen Bollwerken, riesenhaften, horizontallaufenden roten Leitungsrohren, gedrängten Gebäuden, Bahnanlagen und Gleisen; das alles scheint in der Dämmerung eine chaotische Verworrenheit und nötigt dennoch auch den Unkundigen zu dem Glauben, er habe einen mit Sinn erfüllten Organismus vor sich. Hier ist der entschlossene Griff getan worden, der Elemente aus der Luft in den menschlichen Dienst niederzwang.

Der Zug hält in Merseburg, das Bilderbuch ist zugeschlagen, ich steige aus.

Die Schwurhände

In Merseburg habe ich in der »Goldenen Sonne« am Markt Quartier genommen. Hier haben vor mir Gustav Adolf, Blücher und Friedrich Wilhelm III. gewohnt, und es ist nicht überliefert, daß sie sich über irgend etwas zu beklagen gehabt hätten. In einer anderen mitteldeutschen Stadt, deren Namen ich aus Gutmütigkeit unterdrücke, stieg ich ab in einem Hause, das außer den Genannten noch Luther, Philipp den Großmütigen, die Königin Luise und andere Zelebritäten hatte beherbergen dürfen; allein seit dem Besuch der Königin war jede Generalsäuberung pietätvoll unterlassen worden. Der »Goldenen Sonne« in Merseburg habe ich in diesem Betracht für schätzenswerten Pietätsmangel zu danken.

Heute liegt der Großteil der Stadt im Flußtal. Ihr eigentlicher Ursprungsort aber ist der langgestreckte, mehrfach gegliederte Hügel, der sich auf dem linken Saaleufer nordsüdlich hinzieht. Vor wie vielen Jahrtausenden hier die erste Besiedlung geschah, weiß niemand; erst in unserem Jahrhundert haben ausgedehnte Grabungen die urgeschichtlichen Anfänge Merseburgs bekannt werden lassen.

In der Stein- und Bronzezeit saßen hier unbestimmbare Völkerschaften, in der Eisenzeit Germanen, später Slawen, nach ihnen Sachsen unter fränkischer Oberhoheit. Vom frühesten Mittelalter an entstehen klösterliche und kirchliche, kriegerische und bürgerliche Bauten, und langsam wachsen die selbständigen Niederlassungen zueinander, ein Prozeß, der erst im vorigen Jahrhundert seinen Abschluß gefunden hat. Die großen Bauherren des alten Merseburg sind Pippin, Heinrich I., Otto der Große, Heinrich II. und Bischof Thietmar, der Geschichtsschreiber des sächsischen Kaiserhauses. Frühzeitig heben sich zwei Gewalten von den anderen ab, die kaiserliche und die bischöfliche. Aus dieser entsteht in nachreformatorischer Zeit das barocke Herzogtum Sachsen-Merseburg, das endlich auf dem Umwege über das Kurfürstentum und Königreich Sachsen an Preußen gerät.

Eine solche Vergangenheit, ein solcher Reichtum an Geschicken muß sich, noch heutigentags ablesbar, im Bilde der Stadt aussprechen; das geschieht nirgends eindrücklicher als auf dem Dom- und Schloßberge, wo die Bischöfe und als ihre Nachfolger die Herzöge residiert haben. Diese Höhe über dem Fluß ist unmißverständlich der Herrschaftsmittelpunkt; auch die preußische Regierung, die sächsische Provinzialverwaltung haben hier oben ihre Sitze genommen.

An den der Saale abgekehrten Hängen ziehen sich stille, holprige Gassen hin; sie liegen verlassen in der warmen, vormittäglichen Herbstsonne, altes Kloster-, Stifts-, Vorstadtgelände. Ich steige hinauf zum grauen, breit hingelagerten »Krummen Tor« und stehe unmittelbar danach auf dem Domplatz. Dom, Schloß, Kurien und Regierungsgebäude schließen ihn ein, in der Mitte steht der Burgbrunnen unter zwei gewaltigen Platanen. Der Dom hält treulich seine mittelalterliche Erscheinung fest, nur an den beiden Langseiten ist er mit zierlichen Stufengiebeln in den Formen der bürgerlichen mitteldeutschen Renaissance geschmückt. Eine freundliche Küsterstochter führt mich durch den Kreuzgang und die Kirchenräume, vor Cranachs holdselige Madonna, zu den Bischofsgräbern, an den Taufstein des zwölften Jahrhunderts mit dem bedeutungsreichen Friese; Altes und Neues Testament sind auf ihm in der Weise dargestellt, daß immer je ein Prophet des Alten Bundes einen Apostel des Neuen auf den Schultern trägt. Im Querschiff sind die römischen Kaiser und zweiundvierzig Bischöfe Merseburgs abkonterfeit. Meine Führerin holt mir eine merkwürdige Reliquie aus ihrem gläsernen Behälter, die dürre, bräunliche Schwurhand Rudolfs von Schwaben, Gegenkaisers des unglücklichen vierten Heinrich. Unweit der Weißen Elster geschah im Jahre 1080 die Schlacht, Heinrich wurde geschlagen, aber Rudolf auf den Tod verwundet; es heißt, Gottfried von Bouillon, Herzog zu Niederlothringen, sei es gewesen, der ihm die Hand abhieb und ihm die Lanze in den Leib jagte. Die volkstümliche Überlieferung läßt den siegreich Sterbenden vor der abgehauenen Hand sagen: »Dies ist die Hand, mit der ich meinem Herrn und Könige die Treue geschworen hatte.« Rudolfs Tod erst brachte sein

Stammland Schwaben gänzlich in die Hände des kaiserlichen Schwiegersohnes Friedrich von Hohenstaufen und öffnete damit diesem Geschlecht den Weg zum Kaiserthron. Rudolf ist im Merseburger Dom bestattet. Die bronzene Grabplatte, ein kostbares Zeugnis neu sich gebärender Plastik, zeigt ihn gespornt, in Tunika und Mantel, bekleidet mit den Insignien königlicher Gewalt, Krone, Reichsapfel und Lilienzepter. Die Augenhöhlen, die Vertiefungen in der Krone sind leer; hier saßen Edelsteine, die von den Soldaten des Dreißigjährigen Krieges herausgebrochen worden sind. Die lateinischen Verse der Grabinschrift rühmen ihn überschwenglich: Seit Karl habe es keinen König seinesgleichen gegeben, gefallen sei er für die Gerechtsame des Vaterlandes und für die Kirche. Die Hymnik dieser Distichen kennzeichnet Rudolfs politische Rolle als Gegenkaiser des von der Kirche Gebannten. Die Zeitgenossen nannten ihn den Sachsen- und Pfaffenkönig. So erscheint er als Vorläufer der kaiserfeindlichen, päpstlichen Hohenstaufengegner, der auf Niedersachsen gestützten Welfen.

Unter den romanischen Pfeilerbündeln der Krypta werde ich aufgefordert, das Echo zu erproben. Ich tue es nicht ohne Scheu. Der Hall ist unbeschreiblich. Wie muß es geklungen haben, wenn hier unten von psalmodierenden Priestern Grabgebete verrichtet wurden! Die Fürstengruft enthält die riesenhaften Barocksärge der Merseburger Herzöge. Der des letzten und seiner Gattin ist mit untergehenden Sonnen geschmückt, einem schwermütigen Symbol für das Erlöschen des Stammes, das 1738 geschah. Zwanzig rührende Kindersärge stehen dabei; es heißt, zum Nutzen des kursächsischen Haupthauses sei den Merseburger Herzogskindern Gift beigebracht worden.

In einem der Nebenbauten des Domes, dem alten Domkapitelhause, werden die Urkunden des Hochstifts Merseburgs aufbewahrt, deren manche ins zehnte Jahrhundert zurückreichen. Unter sie sind zwei merk- und ehrwürdige Zeugnisse unserer Vorzeit geraten, die sogenannten Merseburger Zaubersprüche, deren Niederschrift im zehnten Jahrhundert geschehen sein muß, also schon inmitten einer christlichen Umwelt. Wir besitzen wohl ältere Schriftzeugnisse unserer Sprache, aber nichts, das den urtümlichen Geist der vorchristlichen Germanenzeit so getreu bewahrte wie diese beiden Sprüche; sie mögen jahrhundertelang von Geschlechtern zu Geschlechtern überliefert worden sein, ehe sie an den Schriftkundigen gerieten, der sie festhielt. Sie nennen die alten Gottheiten in voller Unbefangenheit, nicht als Dämonen, die man verborgenerweise anruft, sondern als selbstverständlich wirkende und unbestrittene Lebensmächte. Wie jeder echte alte Zauberspruch erzählen sie erst eine Begebenheit, aus der sich dann die Besprechungs- und Beschwörungsformel entwickelt, die in dem einen Spruche einem Kriegsgefangenen seine Bande lösen, im andern den verrenkten Fuß eines Pferdes wieder in seine Ordnung bringen soll.

Nördlich stößt an den Dom der Schloßhof, auf den die eleganten, schön geschwungenen Fenster sehen. Dom und Schloßbauten sind eine einzige Anlage, schwer zu trennen. Auch im figürlichen Schmuck des Schloßhofes kehren die Patrone des Domes wieder, Laurentius und der Täufer Johannes. Im inneren Schloßhof, der einen prunkvollen Neptunsbrunnen aus der Herzogszeit enthält, besichtigte Friedrich der Große vier Tage nach der Schlacht die fünfundfünfzig bei Roßbach erbeuteten französischen Geschütze. Im äußeren Schloßhof steht der steinerne Rabenkäfig, Jahrhunderte hindurch ist hier immer ein Rabe gehalten worden, heute begnügt man sich mit einem ausgestopften. Die Sage ist bekannt und wird auch mit anderen Orten in Zusammenhang gebracht, manchmal hat eine Elster die Stelle des Raben zu vertreten. Auf der Spitze des Rathenower Tores in Brandenburg erblickt man einen schmiedeeisernen Raben mit einem Ringe im Schnabel; der Ring war im Rabennest auf dem Turme gefunden worden, nachdem der des Diebstahls Verdächtigte längst hingerichtet war. Merkwürdigerweise aber fühlt man sich in Merseburg zu dem Glauben geneigt, es möge sich hier wirklich ein Vorgang solcher Art begeben haben. Der Bischof Thilo von Trotha, an den sich in Merseburg die Rabensage knüpft als an den Vermisser des Ringes und Verurteiler des unschuldigen Dieners, ist eine geschichtlich wohlbekannte Figur; er muß ein baulustiger Mann gewesen sein, unter dem auch der Dom seine heutige Gestalt erhalten hat. Nachdenklich stimmt der Umstand, daß er den Raben mit dem Ring im Schnabel seinem Familienwappen eingefügt und gleichzeitig auf das bischöfliche Amtswappen als Helmzier die beteuernd erhobenen Arme des schuldlos Verurteilten gesetzt hat. Mit Rudolfs Schwurhand bilden sie eine eigentümliche Dreiheit.

Auf Thilo von Trotha wird auch der Bau des Schlosses zurückgeführt – denn die alte Königsburg lag ein Stück weiter nach Norden; seine bischöflichen und herzoglichen Nachfolger nahmen Erweiterungen vor, sie schmückten das Schloß mit Portalen und Erkern, Brunnen und Wendeltreppen in edlen und maßvollen Renaissanceformen. Ein Geländeeinschnitt, als alter Burggraben kenntlich, trennt, von zwei Brücken überspannt, den Domberg vom Bezirk des ehemaligen Königshofes. Hier hat einer der Herzöge den mäßig großen Schloßgarten angelegt, der mit vier Obelisken geziert wurde, und hat den Schloßgartensalon hineingesetzt, einen heiteren, gelblich schimmernden Barockbau mit einer Säulenvorhalle, vor der ein Springbrunnen plätschert.

Domberg und Schloßgarten fallen steil zur Saale ab, die hinter den mächtig gewölbten Kastanienbäumen fließt. Die Blätter rieseln sacht zur Erde. Ich steige flußabwärts auf einem steinernen Treppenwege zwischen wein- und efeuberankten Gartenmauern, über die verschwenderisch die Zweige mit den glänzenden Holunderbeeren nicken. Jenseits der Brücke, bei der uralten romanischen Kirche St. Thomä habe ich den schönsten Blick auf die herrscherlich hohe, turmreiche Baugruppe. Auf dieser Brücke, so meldet eine Inschrift, erhielt König Friedrich Wilhelm III. die Meldung vom Siege bei Waterloo. Nahe davon hat eine ungeschickte Kinderhand mit Kreide geschrieben: »Unser Herr Lehrer ist ein Rindvieh« – ein entzückendes Beispiel subalterner und diensthöflich verbleibender Aufbegehrlichkeit.

Lauchstedt und Halle

Die Gegend zwischen Merseburg und Lauchstedt ist von trübseliger Öde. Einmal hebt sich ein ländliches Herrenhaus aus Park oder Waldung, dann dehnen sich wieder einförmig die Felder und Kartoffeläcker. Vor Jahren habe ich diese Straße im Mai befahren, damals machte das helle Lerchenjubilieren mich aller Trostlosigkeit vergessen; so suche ich denn auch heute aus meinem Gedächtnis die Lerchenherrlichkeit jenes Himmelfahrtstages zurückzubeschwören. Lauchstedt vorgelagert liegt Klein-Lauchstedt. Dieser Umstand hat etwas Rührendes. Also selbst von Lauchstedt gibt es ein Diminutivum, die Welt ist unendlich nach der Seite des Kleinen hin wie nach der des Gewaltigen; ich werde an den Kirschkern im Grünen Gewölbe zu Dresden erinnert mit seinen fast zweihundert geschnitzten Köpfen. Nun, den Namen Klein-Lauchstedt läßt man sich gefallen, lieber als jene Ableitung der Namen von Vorwerken oder Neugründungen, wie sie stellenweise in Sachsen gebräuchlich sind, wo man von Naundorf nach Naundörfchen, von Skassa nach Skäßchen gelangt.

Erst da ich nicht nur das kleine, sondern auch das große Lauchstedt hinter mir habe, gelange ich in das eigentliche. Denn jenseits des Städtchens liegt das Bad.

Noch strenger als andere Städte sind Kur- und Badeorte dem Gesetz der Vergänglichkeit untergeben; denn sie stehen ja in engerer Verbindung mit der Mode. Sie haben ihre große Zeit und werden dann still. Da geschieht es, daß die Quellen versiegen, daß anderwärts solche von stärkerer Heilwirkung erbohrt werden oder daß der Ort beim Bau der großen Eisenbahnlinien unberücksichtigt geblieben ist. Von den heute gebrauchten deutschen Heilbädern ist ein großer Teil erst im neunzehnten Jahrhundert entdeckt und erschlossen worden. Dem Berliner Stadtteil Gesundbrunnen sieht man es nicht mehr an, daß er den Namen von einer angenehmen höfischen Heilquelle erhalten hat. Das verschlafene elsässische Sulzbach war ehedem ein Luxusbad, in welchem Casanova gejeut hat. Der Kurbrunnen des Fürstenlagers an der Bergstraße ist träumerisch versickert.

Lauchstedts Zeit begann im Jahre 1710, als der Hofrat Hoffmann, der als Erfinder der Hoffmannstropfen einer freilich anonymen Unsterblichkeit genießt, die Stahlquelle entdeckte. Das Bad kam schnell zu Glanz, es wurde der sommerliche Treffpunkt der Höfe und der großen Gesellschaft; aber es wurde das in Zeiten, da auch das Mondäne noch sicher ruhte innerhalb einer Gesamtkultur; es war nicht deren Auswuchs, sondern deren aufs höchste verfeinerter Gipfel. Diese Blütezeit währte ein Jahrhundert. Nachdem Lauchstedt 1815 mit drei Fünfteln des sächsischen Königreichs an Preußen gefallen war, wurde es von der sächsischen Hof- und Landaristokratie gemieden. Es kam ein Nachsommer, Kapellmeister Wagner dirigierte den »Don Juan«, Minna Planer, später seine Frau, spielte als erste Liebhaberin, dann begann der gelassene, elegische, goldene Herbst, der Lauchstedt heute verklärt.

Saaleck und Rudelsburg an der Saale

Die alte Kurliste nennt Gottsched, Gellert, Gleim, Thomasius, Basedow, den Grafen Pückler-Muskau; Jahr für Jahr aber führt sie die weimarische Hofgesellschaft auf, Goethe, Schiller, Wieland und ihren Kreis.

Kein Mensch begegnet mir in der hölzernen Wandelhalle, die in pompejanischem Rot ausgemalt ist, unter den hohen Linden und Kastanien des alten Kurparks. Mein Fuß raschelt, die verlassenen Wege decken sich mit dem langsamen Blätterfall des windlosen, sonnenwarmen Tages. Das Kurhaus mit der säulengetragenen Vorhalle ist geschlossen, in einem Seitenbau finde ich endlich meine Bewirtung. Ich lasse mich in den großen Kursaal führen, er hält die alte geistvolle Vornehmheit fest mit den dekorativen Malereien an Wänden und Decke, mit den vier hölzernen, vergoldeten Kronleuchtern, den schönen klassizistischen Öfen. Vor dem Kurhause liegt der Brunnen; mein ganzes Entzücken aber sind die beiden gelbleuchtenden Pavillons zu seinen Seiten. Unter der Linde am Brunnen soll der Hofrat Schiller an einem Augustmorgen um das Fräulein von Lengefeld angehalten haben. Vereinsamt liegt der Teich mit Gondeln, Schwänen, Trauerweiden. Der alte schieferkupplige Kirchturm schaut hinüber. Hier also promenierte die elegante Welt. An der Schmalseite des Teiches bezeichnet ein kleiner Laden sich als Goethe-Kaufhaus, man bekommt Stiefel, Ansichtskarten, Zigarren, Weckeruhren, Feldflaschen und Fahrradzubehör; hier wohnte Demoiselle Vulpius aus Weimar, in späteren Jahren Frau Geheimrätin von Goethe, während die Exzellenz hinter dem Schloß zu logieren pflegte, von ihm getrennt durch einen halbkreisförmigen Grasgarten, der sich

Marktkirche in Halle

noch deutlich als ehemaliger Burggraben zu erkennen gibt; das anspruchslose Schloß ist ein merseburgisches Besitztum gewesen, und ich werfe gern einen Blick in seinen berankten Hof mit dem Turm und dem schöngearbeiteten Bischofswappen. Hinter dem Schloß ist zur Erlustigung der Badegesellschaft in einem primitiven Gebäude, der »Schafhütte«, Theater gespielt worden, bis die »Ober-Direction der Hoftheater-Gesellschaft allhier« in Goethes Hände überging.

Ich gehe zu dem bescheidenen, niedrigen, unter Goethes Leitung errichteten Holzbau. Eine Frau sitzt strickend auf einer Bank und schickt ihr Kind nach dem Schlüssel: »Mach emol hin, der Herr will ins Däadr, schnell ä bißche!« Aber ich habe keine Eile, wer könnte Eile haben in Lauchstedt, Eile unter dieser linden und ruhevollen Herbstsonne? Und dann darf ich durch den Zuschauerraum gehen, in Goethes Loge, über die Bühne, vorbei an den urzeitlichen Rüböllampen, in die Garderoben. Alte Theaterzettel hängen gerahmt im Wandelgang, sie nennen alle die großen Namen der Weimarer Bühnengeschichte. In den Garderoben stehen noch die alten ungestrichenen Schemel und Schminktische, jeder hat in der Mitte ein Loch für die Kerze. In dieser äußersten Schlichtheit drückt sich jener Geist aus, der mit Kunst und Bühne tatsächlich noch etwas verband von den tempelhaften Vorstellungen, die hernach zu einer Floskel für Festredner absanken.

Die Anziehungskraft der Lauchstedter Bühne ist groß gewesen, nicht zuletzt für die Hallenser, deren Nachkommen unlängst den Abbruch des Theaters verhinderten und ihm als sommerlichem Festspielort einen neuen Bestand sicherten. Einen amüsanten Erfolg hatte die Tellaufführung von 1804. Die Gemahlin König Friedrich Wilhelms II. begeisterte sich derart, daß sie eingesäumt eine Schweizerreise antrat. In seinen Erinnerungen an die hallische Studentenzeit erzählt Eichendorff von diesen großen Theaterjahren; übrigens mußte zur Bändigung der scharenweise anströmenden Studenten ein Kommando Husaren nach Lauchstedt gelegt werden.

Die meisten deutschen Kurorte liegen in mit Schönheiten reich bestelltem Gelände. Zu Lauchstedts Bezauberungen aber gehört es, daß es wie eine Wunderinsel mitten in die Trübsal gesetzt ist, und seine sanfte Berauschung begleitet mich, bis ich auf die Eislebener Landstraße münde, die sich kurz vor

Halle mit der Magdeburger vereinigt. Aus der Ferne schon gewahre ich zart im Dunst die vier Türme der Liebfrauenkirche, denen sich später der Rote Turm zugesellt. Über fünf Brücken gelange ich in die Innenstadt. Steht man unten auf der Talamt- oder Salzgrafenstraße, so ist der Eindruck der Frauenkirche nicht ohne Größe. Sonderbar zu denken, daß ihr rückwärtiges Turmpaar ehedem einer heute nicht mehr stehenden, weiter auf den Markt gerichteten Kirche angehört hat. Ich steige hinan, der Markt gibt augenblicks ein Bild jener betäubenden, ein wenig trockenen Regsamkeit, die man als Halles Charakteristikum begreifen mag. Oberflächlich ist das verbreitete Urteil, welches Halle für eine physiognomielose Industriestadt erklärt. Halle lebt stark aus seinen Traditionen, unter welchen freilich die des Salzes und die eines kaufherrischen Tatendranges die ursprünglichsten sind. Die Errichtung des Roten Turmes hat weder geistliche noch kriegsmäßige Ursachen gehabt; das stolze Gebäude sollte Reichtum und Lebenskraft der Stadt bezeugen oder, kaufmännisch gesprochen: Halles Bonität.

Zum Salz sind überflügelnd Kohle und Kali getreten, an die Seite der wirtschaftlichen Überlieferungen haben sich geistige, religiöse, wohltätige gestellt. Vom Lärm der Leipziger Straße wird man sich gern seitab flüchten in stille und altertümliche Winkel der inneren Stadt. Oder man mag gemächlich dem eilfertigen Verkehr zuschauen aus einem der Wirts- und Kaffeehäuser an den Promenaden der ehemaligen Stadtwälle. Ergreifender als Kirchen- und Burgtrümmer ist eine Begräbnisstätte des sechzehnten Jahrhunderts; mitten in der lauten Werktäglichkeit liegt unberührt, von schönem Bogenwerk umschlossen, der Stadtgottesacker aus der Pestzeit. Hier sind die drei großen Schätze das Schweigen, die Geduld und die Gelassenheit.

Beim alten Mann

Zwei Reiselandschaften tun sich vor Halle auf, das Saaletal flußaufwärts und das linksufrige Stromgebiet der Saale im Nordwesten, wo die alte Bergmannsgrafschaft Mansfeld zum Harz hinleitet.

Es macht den Charakter des Harzes aus, daß er sich mehr als jedes andere deutsche Mittelgebirge inselhaft aufreckt, mit keinem anderen Bergzuge nachbarlich verbunden. Von welcher Seite man kommt, jedesmal fühlt man sich unvorbereitet ergriffen. Und was die menschliche Formung der Landschaft angeht, so finde ich immer wieder Freude an der eigentümlichen Mischung von nord- und mitteldeutschen Lebenselementen. Die Tannenwälder, vornehmlich des Ober- und Hochharzes, können auf die Länge mit eintönigem Ernst bedrücken. Prachtvoll ist die Anschaulichkeit des Namens Brocken, der das Ungefüge, Gewaltige dieses Granitmassivs aufklingen läßt. Seine Walpurgisnacht freilich ist ein Ableger der berlinischen Silvester- und Faschingsindustrie; ich ziehe es vor, ihn zu echterer und einsamerer Stunde zu besteigen. Allein den lebendigsten und kräftigsten Harzeindruck gewähren doch zwei andere Landschaftsszenerien: die Flußtäler der Randgebiete und die Gesamterscheinung des Gebirgskörpers, die freilich am ehesten von der Peripherie aus gefaßt werden kann.

Zu nächtlicher Weile habe ich mit Ballenstedt eine dieser Peripheriestädte erreicht. Die langgedehnten Straßen sind ausgestorben, dunkle Türme verlieren sich mit den Spitzen im schwarzen Himmel; es ist niemand, den ich um den Weg fragen kann, und ich habe Mühe, eine Unterkunft zu entdecken.

In der Morgenhelle spaziere ich durch das patriarchalische Städtchen mit den niedrigen, oft nur einstöckigen Häusern, deren manche von dörflicher Natur sind; eben um dieser Bauart willen nimmt der kleine Ort soviel Raum ein, daß ich ihn in seiner nächtlichen Verworrenheit für unendlich habe halten können.

In einer Seitengasse, heute Kügelgenstraße genannt, steht das behagliche Wohnhaus des alten Mannes; so dicht ist es berankt, daß die Gedenktafel sich kaum entdecken läßt. In der großen Porträtgalerie der deutschen Memoirenliteratur steht Wilhelm von Kügelgens Bild in einer herzlich besonnten Nische; dem bescheidenen, lebensscheuen, vielgehemmten und kindlich reinherzigen Menschen, der glückloser gewesen ist, als seine Jugenderinnerungen ahnen lassen, flutet unversieglich ein Strom von warmer Zuneigung entgegen.

Seine Erinnerungen, noch mehr die Briefe seines Mannesalters lassen mir Ballenstedt in einer guten Vertraulichkeit erscheinen. Eine schöne, breite Kastanienallee steigt schnurstracks dem Schlosse zu. Sie mündet auf einen geräumigen, stillen Platz, ein vollkommenes Biedermeiergemälde. Links liegt das Große Gasthaus, ein riesiger alter Bau, der oft genug fürstliche Gäste beherbergt haben mag; vor seinen Dimensionen wird sich manches neuzeitliche Welthotel verstecken müssen. Gegenüber steht ein Amtshaus, der gelbe Anstrich, das rote Dach schmettern in den goldblauen Herbstmorgen. Geradeaus, am winzigen Theaterchen vorbei, geht es zum Schloß und Schloßpark. Aus allem spricht eine vornehme, ruhige Schlichtheit, wie sie sich auch in dem bescheidenen Denkmal der Witwe Friederike, letzter Herzogin von Anhalt-Bernburg, ausdrückt. Ein prunkloses Tor leitet in den Komplex der Schloßbaulichkeiten; hier also ist der Hofmaler und Kammerherr Kügelgen täglich hinaufgestiegen, die wunderlichen Launen eines kranken Fürsten mit Treue, Überwindung und Geduld zu ertragen.

Im Schloß als askanischem Stammsitz liegt Albrecht der Bär begraben, der Christen- und Deutschtum ins verlorengegangene Wendenland vortrug und den Titel eines Markgrafen von Brandenburg annahm. Ein launenhafter Gedanke, daß ehemals von Ballenstedt die Oberhoheit über Berlin ausgegangen ist.

Der Park, der sich, dem Städtchen abgekehrt, seitlich an den Hängen des Schloßberges hinzieht, gehört zu jenen prachtvollen Anlagen, an denen das alte fürstenreiche Deutschland so großen Überfluß hat. Er ist wohlbestellt mit Wasserkünsten und allerlei architektonischem und plastischem Zierat, Urnen, Quellgenien, Hirschen und askanischen Bären. Edelkastanien umstehen die Teiche, in denen Goldfische langsam zwischen welken Baumblättern hingleiten. Herrlich ist die scheinbar absichtslose und doch höchst kunstvolle Zusammen- und Gegeneinanderstellung der verschiedenfarbigen Laubarten. Der Park hat Partien von einer traumhaften Verwilderung, und fast unmerklich geht er über in einen bergigen, wildreichen Laubwald.

Ich fahre am Unterharz entlang. Zur Rechten begleitet mich die Teufelsmauer, ein wallartiger Sandsteinzug, der von Ballenstedt bis Blankenburg läuft und dort seine stattlichste Höhe gewinnt, manchmal groteske Einzelzacken erhebend wie die Gegensteine und den abenteuerlich aufragenden Mönch, manchmal fast im Boden verschwindend. Er erinnert mich von fern an den freilich gewaltigeren Pfahl im Bayerischen Walde, den mächtigen Quarzgang, der sich kammartig durch den Wald zieht, drei Tagereisen lang, bis an die Senke des Naabflusses im Nordwesten, dazwischen sich unter die Erdoberfläche hinabduckt wie ein Wurm und dann wieder rötliche, weiße, graubraune Blöcke aus dem Tannendickicht reckt, manchmal zugespitzt wie ein Dachfirst, manchmal Raum bietend für bäuerliche oder burghafte Anwesen. Dieser Pfahl hat als Sonnenweg eine uralte kultische Bedeutung, die auch sein Name festhält, denn Phol ist die südgermanische Bezeichnung für Balder gewesen; ich möchte glauben, daß auch das merkwürdige Gebilde der Teufelsmauer zu verschollenen Göttervorstellungen seine Beziehung gehabt hat.

An meinem Wege ragt die Roseburg auf, die künstliche Neuschöpfung einer alten Burg; mit ihrem vielen verwirrenden Beiwerk muß sie in der Dämmerungs- oder Abendzeit einen phantastischen Anblick gewähren; jetzt, im hellen Tageslicht, übermittelt sie den ernüchternden Eindruck des launisch Gewollten.

Hinter Rieder gerate ich in die weite, der Sonne geöffnete Niederung der Bode und ihrer Zuflüsse. Hier sind die buntfarbigen, im Sonnenlicht jubilierenden Blütenfelder, die Samenzüchtereien und Baumschulen. Vom Flugzeug aus müßte man auf ein märchenartiges Teppichbild blicken dürfen. Aus der bewegten Ebene wachsen über spitzen und hohen Stadtdächern Schloß und Dom von Quedlinburg mächtig aus moosgrünen Felsklötzen.

Harzlandschaft

Quedlinburger Abschied

Der große Anblick der doppeltürmigen Quedlinburger Domhöhe geht mir wieder verloren, da das Gewirr des bürgerlichen Mittelalters mich einfängt. In der Stadtmauer stehen grausteinerne Türme, an den schadhaften Stellen lustig mit Fachwerk und rotem Backstein geflickt. In den engen Straßen schieben sich unregelmäßig die Häuser vor, hölzernes Fachwerk mit dem Zierat farbiger Schnitzerei. Im Rathaus wird der scheußliche, zwei Meter hohe Kasten gezeigt, in welchem die Quedlinburger den gefangenen Raubgrafen verwahrt hielten. Eine Bekanntmachung stellt für Stadtbesichtiger aus dem Auslande einen Führungs- und Dolmetscherdienst zur Verfügung. Es ist, so erfahre ich, Vorsorge getroffen für Französisch, Englisch, Russisch und Portugiesisch. Nun, es fällt mir nicht leicht, mit einem portugiesischen Scharenansturm auf Quedlinburg zu rechnen, und mein herzhaftes Bedauern wendet sich den unversorgten Spaniern, Italienern und Skandinaviern zu.

Aber diese Stadt mit Rathaus, Kirchen, bürgerlichen Wohn- und Wehrbaulichkeiten, sie lebt für den Anreisenden doch nur in einem Bezuge auf den Felsen des Stiftsschlosses und Domes und auf die Macht, welche dort oben wirksam war und von dort oben ausgegangen ist. Noch inmitten der Stadt, aber bereits auf steigendem Boden liegt ein kleiner, dreieckiger Platz mit schmalem, rührendem, spitzem Häuserwerk. Das ist der Finkenherd, und hierhin hat die Überlieferung jenen Vogelfang verlegt, bei welchem der Adler des Reiches in die rechten Hände geriet. Die kleinen grauen Häuserchen atmen eine solche Bescheidenheit, daß einem an dieser Stelle unwillkürlich der Beiname in den Sinn kommt, mit dem einige Chronisten den König Heinrich bezeichnet haben. Sie nannten ihn »der Demütige«, und das scheint wohl zu treffen, wenn man dies Wort im Sinne des volksmäßig Schlichten nimmt.

Vom Finkenherd sind es wenige Schritte bis an den Platz, der den Sandstein-Mücken des Schloßberges vorgelagert ist. Ein säulengetragener Erker springt vor: In diesem Hause wurde einer der großen Befreier und Toröffner unserer Dichtung geboren: Friedrich Gottlieb Klopstock. Quedlinburg richtete sein Herz auf die deutsche Vorzeit. Die Ungarnbezwingung durch König Heinrich hat ihm vor Augen gestanden als Gegenstand des großen epischen Gedichtes, mit dem er in merkwürdig bewußter Zielsicherheit eine neue Epoche der deutschen Dichtung heraufzuführen gedachte. Es wird berichtet von einer entscheidungsvollen Nacht im Leben des Jünglings, der damals Primaner in Schulpforta war: jener Nacht, da er sein Schwanken zwischen dem Heinrichs- und dem Messiasstoff mit plötzlichem Entschluß endete; und von dieser Nacht mag das Werk hergeleitet werden, das ihn drei Jahrzehnte festhielt.

Gegenüber diesem Hause geht zwischen zerklüfteten Steinblöcken steil der Felsenweg aufwärts, und man denkt sich den Bauherrn von Quedlinburg, Heinrich den Finkler, gern diesen Weg hinanreitend, obwohl die Gelehrten für jene erste Burgzeit einen Saumpfad an anderer, heute nicht mehr besteigbarer Stelle annehmen möchten. Unweit des Schlosses lag im Tal der alte Hof Quitilinga, der Heinrich vom Vater und Großvater überkommen war und der neuen Burg den Namen gab. Von der Höhe des Felsens läßt sich die Ansiedlung blicken, die später ein Prämonstratenserkloster wurde und heute ein Landgut ist; verbaut und verborgen, hat sich die uralte Krypta des Quitilingahofes erhalten, sie reicht zurück bis in die Tage der Karolinger. Geschichtsforscher wollen meinen, auch der Domfelsen habe schon vor Heinrich irgendeine Befestigung, vielleicht karolingischen Ursprunges, getragen. Dennoch bleibt Heinrich Quedlinburgs Erbauer, und es ist des großen Städte- und Burgengründers Lieblingsschöpfung gewesen. Er errichtete zur Burg den Dom, der seine romanische Größe freilich erst unter Heinrichs Urenkeln erhielt und gleich manchen deutschen Gottesbauten in Gegenwart des nachmals heiliggesprochenen Kaiserpaares Heinrich II. und Kunigunde geweiht wurde. Wiederherstellungen und Umbauten und die im vorigen Jahrhundert geschehene Errichtung der beiden Türme haben das ursprüngliche Baubild gewandelt, das Wesentliche der alten Schöpfung aber unangetastet gelassen. Heinrich der

Vogler bestimmte sich das Grab, das er in der Krypta erhalten hat. Neben ihm liegt Mathilde, und die großartige Schlichtheit der Grabstätten inmitten der Säulenpracht des herrlich gewölbten, dämmerigen Raumes ergreift aufs tiefste; hier hat Heinrichs Wesen sich ein letztes Mal den Ausdruck gegeben. Zu Häupten der beiden liegt hier ihre Enkelin Mathilde, Ottos des Großen Tochter, Äbtissin des reichsfreien Quedlinburger Frauenstifts.

Die Errichtung dieses Stifts geht auf einen Wunsch Heinrichs zurück und ist von der verwitweten Königin unmittelbar nach seinem Tode vorgenommen worden. Bis in die Hohenstaufenzeit bleibt Quedlinburg ein vielumkämpfter, aber auch vielbeglänzter Kaiserort; danach beginnt immer ausschließlicher die Stiftsdamennatur zu herrschen. Das Schloß verliert seinen machtvollen Festungscharakter. An einer der Mauern erscheint die heute noch lesliche Inschrift: »fortissima turris nomen domini – der Name des Herrn ist der festeste Turm«. Durch eine Äbtissin aus dem kursächsischen Hause waren die beiden gekreuzten Schwerter ins Quedlinburger Stiftswappen geraten; höchst symbolisch haben sie sich unter den Händen der Damen mit der Zeit in zwei Tortenmesser umgewandelt.

Bis zur Auflösung des alten Reiches haben in Quedlinburg Äbtissinnen und Pröpstinnen regiert, darunter Kaiserwitwen und Kaisertöchter. Acht Jahre lang residierte hier oben als Reichsverweserin Ottos II. Witwe, die Griechin Theophanu, innig befreundet mit Roswitha von Gandersheim, der ersten Dichterin unseres Landes. Aus dem letzten Jahrhundert der Stiftsherrlichkeit klingen die Namen zweier Frauen, die vom halblegendarischen Schimmer großer Barock- und Rokokoamouren umflossen sind; der Äbtissin Anna Amalia von Preußen, Schwester Friedrichs des Großen, wird, vielleicht grundlos, die schicksalbestimmende Leidenschaft für den windbeuteligen Abenteurer Trenck nachgesagt; die Pröpstin Aurora von Königsmarck, Mutter des kriegsberühmten Marschalls von Sachsen, ist von August dem Starken geliebt und von halb Europa gefeiert worden; bis vor einem Menschenalter wurde ihr Leichnam gezeigt, Hände und Gesicht der Greisin sollen noch immer Spuren ihrer berühmten Schönheit aufgewiesen haben; denn gleich wie in manchen Kirchenbauten läßt auch in der Quedlinburger Fürstengruft die trockene Beschaffenheit der Luft kein Verwesen zu.

Domkrypta in Quedlinburg

Unschätzbare Kostbarkeiten sind ehedem in den Stiftsbauten aufbewahrt worden. Vieles hat sich verloren, König Jerome von Westfalen hat manches versteigern lassen, um »morgen wieder lustik« sein zu können. Aber noch heute sind einzigartige Schöpfungen alter Kunst vorhanden, darunter die Reliquienschreine Heinrichs und Ottos des Großen und die herrlich gemalten, herrlich gebundenen Evangelienbücher der frühesten Stiftszeit.

Vom Schloßhof trete ich in den alten Abteigarten, der auf Grund eines überaus glücklichen Einfalls wiederhergestellt worden ist, nämlich im Stile eines Burggärtleins mittelalterlicher und renaissancehafter Art. Über dem jähen Abfall des Felsens ziehen sich sieben Terrassen hin, mit höchster gartenkünstlerischer und geschichtlicher Sorgfalt angelegt. Hier hat sich nichts ereignen können von dem Unheil, das sonst so häufig bei Erneuerung und Wiederherstellung verfallener Baualtertümer geschieht, denn der wichtigste Baustoff sind ja die Pflanzen selber. Da blühen und duften die Zierblumen, Lilien und Akanthus und alle die Würz- und Heilkräuter der alten Zeiten, und so verschwistert sich hier die Burg- und Stiftsstadt von einst mit der Gärtnerstadt unserer Tage.

Nach vielen Ausblicken, die ich habe kosten dürfen, koste ich nun jenen von der Quedlinburger Höhe. Ein ferner goldener Dunst mischt sich in die Herbstklarheit der Luft. Jenseits der unten am Burgfelsen hängenden Häuschen, jenseits der Blumen- und Stoppelfelder stehen in der Ferne bläulich die Harzberge. Drei Harzstädte umfaßt der Blick: Quedlinburg, Ballenstedt, Gernrode. Jede der drei hat ihren Herrn und seine Grabstätte. Heinrich liegt in Quedlinburg, Albrecht der Bär in Ballenstedt, Markgraf Gero in seiner Stiftskirche zu Gernrode. Das Dreieck dieser Städte- und Männernamen bezeichnet zweieinhalb Jahrhunderte einer geschichtlichen Aufgabe: der deutschen Macht- und Reichsausbreitung nach Osten, bis nach Böhmen und Schleswig, über die Elbe und Oder bis an die Warthe.

Keine bessere Stätte könnte ich mir erdenken, um meiner deutschen Reise ein Ende zu geben, als diesen Ort, den Ort Heinrichs und Klopstocks. Der Geist und die Macht scheinen sich gleichnishaft zu begegnen an dieser Stätte und in diesen zwei Männern, von denen jeder ein großer Beginner und Begründer gewesen ist. Und hier, im Ausblick auf Gebirge und Ebene, auf Städte und Burgen, am Ausgangspunkt zweier deutscher Epochen, fühle ich mich getrieben zu einer Rückschau auf das durchfahrene deutsche Land; nicht auf sein Einzelnes, sondern auf seine Gesamtheit. Ich habe es unternommen, ein paar Bilder nachzuzeichnen. Aber da ich mir nun eine solche Rechenschaft zu geben suche, fühle ich zugleich tief das Bedenkliche meines Unternehmens, das ja notwendig ein Stückwerk bleiben muß. Einem Reisen, einem Buch wie dem meinigen setzen sich natürliche Grenzen; und von allem sichtbaren und unsichtbaren Reichtum dieses Bodens, der einmal die Herzkammer der abendländischen Völker gewesen ist, ein rechtes Bild geben zu wollen, das wäre die Aufgabe eines Menschenlebens; aber selbst ein solches würde der Verpflichtung nicht genug tun können. Und hier fühle ich mich erinnert an das Wort eines mir durch Freundschaft und gleiche Herkunft verbundenen Dichters, welcher einmal fragt, ob denn die Brocken, die unsere Hand beim Mahle knetete, Zeugnis ablegen können von unserem Hunger; eine Frage, die nicht nur von diesem Reisen und Schreiben, sondern wohl von jedem menschlichen Handeln und Äußern gelten mag. Kann denn, wer etwas Völliges aussagen möchte von der unendlichen Vielfalt des deutschen Landes, kann der es anders tun als in der Unendlichkeit? Allenfalls kann er es versuchen in jener Gesinnung, welche im Teil, und sei es der bescheidenste, das keimartige Abbild des Ganzen zu gewahren trachtet. Und ich habe ja auch kein Kompendium schreiben wollen, sondern Zeugnis geben von meinen Erschütterungen und Entzückungen, Zeugnis von der ewigen Magie dieses Landes, dem unsere Liebe gehört und unser Schmerz, unser Stolz und unser Zorn, unser Sterben und unsere Wiederkehr.

Ortsverzeichnis

Bildnachweis

Foto Arnold, Füssen i. Allg.: 71 – Foto Bauer, Bamberg: 98 – Fritz Bloss, Baden-Baden: 59 – Verlag Hans Carl, Nürnberg: 94 (mit freundlicher Genehmigung des Verlages entnommen aus: Eugen Kusch, »Unvergängliches Nürnberg« – Deutsche Fotothek, Dresden: 102–106, 108, 109 – Deutscher Kunstverlag, München: 1–6, 9 ,11–16, 22–30, 42, 43, 50, 56, 62, 64, 65, 74, 82, 84, 90, 92, 93, 95, 99, 101, 107, 110 – Trudel Fehr-Bechtel, Rückholz i. Allg.: 36 – Fotohaus Karl Fiedler, Freudenstadt: 57 – Albrecht Heil: 33 – Dr. Hans Heil, Fränkisch-Crumbach i. Odw.: 34 – F. &t E. Heimhuber, Sonthofen/Oberstdorf: 68 – Rudolf Heussel, Traunstein: 83 – Jos. Jeiter, Hadamar/Nassau: 80 – Josef Keller, Erlangen: 96 – Hans Kenner, Bad König i. Odw.: 35, 38 – Lichtbild-Archiv Kester, München: 7, 8, 46, 49, 69, 70, 72, 73, 76, 81, 87–89, 91 – Kurdirektion Baden-Baden: 61 – Kurverwaltung Lindenfels i. Odw.: 32 – Landesbildstelle Niederrhein, Düsseldorf: 18 – Landesbildstelle Rheinland, Düsseldorf: 20 – Landesbildstelle Württemberg, Stuttgart: 44, 45, 47, 4–8, 51–55, 67 – Heinz Müller-Brunke, Grassau i. Chiemgau: 78 – Rheinisches Bildarchiv, Köln: 19 – Hans Saebens, Worpswede: 10 – Heinz Schmidt, Baden-Baden: 58 – Helga Schmidt-Glassner, Stuttgart: Ioo – Hugo Schmölz, Köln: 17 – Toni Schneiders, Lindau-Schachen: 86, 97 – Rudolf Schuler, Heidelberg: 41 – Stadtverwaltung Heidelberg, Bildarchiv: 37, 39 – Stadtverwaltung Remagen: 21 – Dr. Wolf Striche, Stuttgart: 31 - Luftverkehr Strähle, Schorndorf: 63 – Süddeutscher Verlag, München: 77, 79, 85 (mit freundlicher Genehmigung des Verlages entnommen aus: Robert Löbl, »Land vor den Bergen«) – Verkehrsamt Bad Wimpfen: 40 – Dr. Paul Wolff & Tritschler, Frankfurt a. M.: 60 – Richard Wörsching, Starnberg: 75.